Gabriele Praschl-Bichler

Kaiserin Elisabeth

MYTHOS UND WAHRHEIT

Mit einem Vorwort von Hans Dichand
und
Kommentaren von Gerti Senger und
Walter Hoffmann

Ueberreuter

Die Deutsche Bibliothek – CIP-Einheitsaufnahme

Praschl-Bichler, Gabriele:
Kaiserin Elisabeth : Mythos und Wahrheit / Gabriele Praschl-Bichler. –
Wien : Ueberreuter, 1996
ISBN 3-8000-3627-4

AU 0357/1

Umschlagfoto: Kaiserin Elisabeth/Privatarchiv

Printed in Austria
1 3 5 7 6 4 2

Inhalt

Die Kommentare von Gerti Senger und Walter Hoffmann befinden sich jeweils am Ende der Kapitel

GEDANKEN ZUR WELTFLUCHT DER KAISERIN

Von Hans Dichand

„Er hat nur seinen eigenen Willen für heilig gehalten, und seine Träume bedeuteten ihm das Leben." Das hat Kaiserin Elisabeth über ihr Idol Achilles gesagt, dessen Statue sie in ihren stillen Garten vor dem Achilleion auf Korfu stellen ließ. Sie benützte Achilles dazu, sich selbst zu erkennen, wie sie auch versuchte, Heinrich Heines Seele nahe zu sein. Das konnte nicht ganz gelingen, und das gehäufte Unglück ihres Lebens lag wie ein Schleier über ihr.
Diese Frau, die zu einer Monarchin wider Willen geworden war, entwickelte jedoch eine Gabe, die ihr half, vieles zu überwinden; es war das Ausweichen in Träume. „Mein liebster Umgang mit Menschen ist ein indirekter – im Traum", sagte sie, und fügte hinzu: „Im Leben habe ich Begegnungen nicht gern, es ist wie ein Zusammenstoßen von Stirnen."
Damit machte sie sich, ohne es zu ahnen, zum Symbol vieler Frauen, ganz gleich ob adeliger oder bürgerlicher Herkunft, die in für die Zeit typischen, ganz auf Form und Würde ausgerichteten Ehen vereinsamten, vielleicht sogar für eine schweigende Mehrheit.
Die Flucht aus der Wirklichkeit machte Shakespeares „Sommernachtstraum" für die Kaiserin so bedeutend. In der Feenkönigin Titania meinte sie, sich zu erkennen. In all den Palästen, die Elisabeth bewohnte, finden sich Darstellungen dieser Szenen. Manchmal veranstaltete sie Aufführungen von Teilen der hintergründigen Shakespeare-Komödie und übernahm dabei die Rolle der Titania. Christomanos, ihr griechischer Vorleser, der elegante, bucklige Homosexuelle, mußte die Rolle des Puck spielen.
In den Inszenierungen des gerne romantisierenden 19. Jahrhunderts

war Puck – und das ist bis heute so geblieben – eine lustige Figur, ein harmloser Waldschratt. Ganz anders sah ihn die Kaiserin. Für sie war er ein Teufel, ein Dämon, der nur vorübergehend harmlose Gestalt angenommen hatte. Hier stimmte sie viel eher mit Shakespeare überein als die Theatermacher ihrer Zeit. Puck, wie ihn Shakespeare gemeint hat, bringt die Wanderer vom Weg ab, wird zu einem gefährlichen Irrlicht im Sumpf, „der oft bei Nacht den Wanderer irreleitet". So veranstaltet dieser Puck in einem Wald, der von Teufeln, Vampiren, Hexen und Zauberinnen bevölkert ist, ein orgiastisches Spiel voll animalischer Anwandlungen. Der „Sommernachtstraum" ist das erotischste aller Stücke Shakespeares. Wie immer bei ihm, ist die Liebe etwas Plötzliches, ist sie Faszination auf den ersten Blick. Diese Liebe stürzt herab wie ein Habicht. Solche Erotik herrscht in der von Puck herbeigeführten heißen Nacht.

Im sexuellen Alptraum dieser Sommernacht symbolisiert der Esel, mit dem Titania schläft, keineswegs die diesem Tier zugeschriebene Dummheit. Von der Antike bis in die Neuzeit wurde ihm die größte Potenz zugetraut. Nach dieser Kraft hat sich die Feenkönigin im Unterbewußtsein vielleicht stets gesehnt. Die poetische Titania, die – wie Elisabeth – über Blumen und Landschaften Gedichte schreibt, wird so nachts zu einer ekstatischen Liebhaberin, die dem Sexus verfällt.

In ihrem Gedicht „Titanias Klage" schildert Elisabeth diese Nacht mit dem Esel. Bei all der auferlegten Zurückhaltung einer für die Nachwelt bestimmten Poesie wird hier doch ihr eigenes Versinken in eine dunkle Zone des Sexus spürbar. Am Morgen danach ist Titania/Elisabeth entsetzt über die Geschehnisse „bei schwülem Vollmondschein". Zum Verständnis dieser seltsamen Frau, die viel stärker in ihrer Traumwelt als mit den reellen Menschen ihrer Umgebung gelebt hat, können heute die Psychologen ihr Wissen und die Fähigkeit der Seelenanalyse einsetzen. Und so ist dieses äußerst interessante Buch als Gemeinschaftswerk der Historikerin Gabriele Praschl-Bichler sowie der Psychologen Gerti Senger und Walter Hoffmann entstanden – überraschend und enthüllend, die Kaiserin uns naherückend in unsere Tage.

Das Wittelsbacher Erbe

Kaiserin Elisabeth entstammt sowohl mütterlicher- wie auch väterlicherseits dem Geschlecht der Wittelsbacher, das vom 12. Jahrhundert bis zum Ende des Ersten Weltkriegs in Bayern regierte und das ab dem 13. Jahrhundert auch die Würde der Pfalzgrafen bei Rhein innehatte. Beide Familienzweige teilten sich im Laufe der Jahrhunderte in zahlreiche Nebenlinien, und einer der späteren Zweige der Pfalzgrafen bei Rhein erhielt im Jahr 1799 den Titel der „Herzoge in Bayern". Wilhelm, Pfalzgraf von Birkenfeld, war der erste Träger dieser Würde, die er an seinen Enkel Maximilian, den Vater Elisabeths, weitergab.

Es gehört zu den gesellschaftlichen und politischen Eigentümlichkeiten der vergangenen Jahrhunderte, daß sich die regierenden Fürstenhäuser mit den immer selben Familien verbanden, vorrangig, um durch diese verwandtschaftlichen Beziehungen kriegerische Konflikte möglichst zu unterbinden und Machtpositionen zu halten oder zu mehren. Die Wittelsbacher sind diesem Brauch – wie die meisten europäischen Herrscherfamilien – mit schöner Regelmäßigkeit nachgekommen. Beim Betrachten der Stammtafeln fällt ins Auge, daß dabei bestimmten Verbindungen der Vorzug gegeben wurde. Eheschließungen von Angehörigen der diversen wittelsbachischen Linien (Bayern und Pfalz) mit den Habsburgern herrschen vor. Das bedeutet, daß unter den Vorfahren Kaiser Franz Josephs und Kaiserin Elisabeths so viele Verwandtenehen stattgefunden hatten, daß die beiden mehrfach miteinander verwandt waren – ganz abgesehen davon, daß beider Mütter Schwestern waren. 26 Verbindungen zwischen Habsburg und Wittelsbach und an die 30 Wittelsbacher-mit-Wittelsbacher-Ehen zählen zur genealogischen Gemeinsamkeit des Kaiserpaares, wobei für Kaiserin Elisabeth die doppelte Wittelsbacher-Mischung ihrer Eltern noch hinzukommt.
Auf dieses Erbe soll im folgenden hingewiesen werden, um verschiedene – besonders stark ausgeprägte und besonders familientypische – Eigenschaften aufzuzeigen und auf deren unmittelbare Auswirkungen hin zu überprüfen. „Aus der ersten Ehe (König Maximilians I. von Bayern, Elisabeths Großvater mütterlicherseits) mit einer Prinzessin von Hessen-Darmstadt ging König Ludwig I. hervor (ein Onkel Elisabeths), der trotz seinem von der Mutter stammenden bald heiteren, bald jähzornigen Temperament mit Neigung zu Absonderlichkeiten eine ausgesprochen sympathische Herrschergestalt war. Ludwig I. besaß zahlreiche Eigenschaften, wie schalkhaften Witz, Kunstbegeisterung, Liebe zum Hellenismus und nationales Gefühl, die später in vielen Persönlichkeiten der bayrischen Familie wiederkehren sollten. Er dichtete, obwohl er dazu wenig Begabung besaß, aber das änderte nichts daran, daß er sich für alles Hohe und Schöne begeistern konnte ... Der Kult der Schönheit blieb nicht

auf die Poesie und die bildende Kunst allein beschränkt. Kaum jemand war für ein hübsches Frauengesicht so empfänglich wie König Ludwig I., der Begründer jener weltberühmten Schönheitsgalerie, die neben den Bildern von Prinzessinnen auch dem Porträt des reizenden Töchterleins eines ehrsamen Schuhmachermeisters Raum gab." (Corti, S. 9f.)

Viele dieser Eigenschaften und Interessen finden sich unter den Nachkommen wieder, vor allem bei der Kaiserin selbst und bei ihrem Neffen, König Ludwig II. Witz, Ironie und Schalkhaftigkeit besaß auch Kaiserin Elisabeth in ausgeprägtem Maße, die aber ihr Wesen nicht so nachhaltig prägten wie verschiedene andere Eigenschaften. Denn allem Humor und aller Begeisterung für Späße war eine gewisse Kurzlebigkeit beschieden, da Kaiserin Elisabeth – wie zahlreiche Mitglieder ihrer Familie – stets wechselnden Launen unterlag, die plötzlich von einem Extrem ins andere umschlagen konnten. Der jugendliche „Herzog Max (der Vater Elisabeths) zeigt sich im allgemeinen ... von überquellender Lebensfreude. Zuweilen jedoch, plötzlich und ganz unvermittelt, legt sich ein Schatten trübsinniger Anwandlungen über seine heitere Lebensart." (Corti, S. 13)

Am stärksten unterlag der spätere bayrische König Ludwig II. diesen Gemütsschwankungen, die Carl Theodor, dem Lieblingsbruder Elisabeths, schon im frühen Jugendalter aufgefallen waren: „Seltsam berührt es (Carl Theodor), wenn der Vetter (der jugendliche Ludwig II.) bei Theaterproben aus der Rolle fällt, sein Spiel unterbricht, aller Abrede zuwider, mit sich selbst Gespräche zu führen beginnt und auf Stimmen antwortet, die nur er allein vernimmt." (Sexau, S. 52)

Was die Kunstbegeisterung König Ludwigs I. anbelangt, eine Leidenschaft, für die viele Wittelsbacher berühmt waren, so zeigte sie bei der Kaiserin nur geringe Auswirkung. Sie besuchte zwar ab und zu Museen und hielt sich während ihrer Paris-Aufenthalte gerne im Louvre auf, zählte aber keineswegs zu den großen Sammlern und Kennern, die in der Familie zahlreich vertreten waren. Wesentlich stärker ausgeprägt war die Neigung zur Dichtkunst, der Elisabeth seit Kindertagen eifrig nachging. Aber auch hier hatte Elisabeth, was ihr Hauptwerk – ein in Gedichtform geführtes Tagebuch – betrifft, das Mittelmaß nicht überschritten.

Die Dichtkunst wurde aber nicht nur im mütterlichen Zweig der Familie mit Leidenschaft betrieben, auch der Vater der Kaiserin verfaßte seit seiner Jugend Prosastücke und Gedichte. Herzog Max in Bayern „ist ein ausgesprochener Künstlermensch. Er schreibt Erzählungen, Novellen (ab 1828), die er unter dem Pseudonym ‚Phantasus' herausgibt, Bühnenstücke (1833 ‚Lucrezia Borgia' nach dem Vorbild Victor Hugos), deren einige nicht nur über die Bretter des herzoglichen Haustheaters gehen, sondern auch auf der Münchner Hofbühne, ja in Wien freundliche Aufnahme finden. Zu einer großen Reihe bemerkenswerter geschichtlicher Aufsätze und Studien gesellen sich Beschreibungen seiner ungezählten Auslandsreisen" (Sexau, S. 8), die er 1839 unter dem Titel „Wanderungen nach dem Orient" unter seinem eigenen Namen veröffentlichte. „Schon als Fünfzehnjähriger hat er (Herzog Max) einen Einakter geschrieben, und in der Folge bleibt seine Feder nicht mehr müßig ... Die literarischen Arbeiten behandeln im Wesen recht abenteuerliche und phantastische Stoffe. Immerhin aber erfreut sich der Herzog nebenher auch an kleinen Dialektdichtungen, Knüttelversen und Reimen heiterer Art" (Corti, S. 12), die er selbst gerne zum besten gab und sich dabei mit der Zither begleitete. Denn neben der Freude an der Dichtkunst kennzeichnet die Liebe zur Musik und Volkskunst die Familie der Herzoge in Bayern, allen voran den Vater der Kaiserin, der sehr gerne musizierte und seine Kinder dazu anhielt, verschiedene Instrumente zu erlernen. Er selbst hatte z. B. nach der Begegnung mit einem Zithervirtuosen das Instrument mit Eifer spielen gelernt: „Im Februar 1836 gab (Johann) Petzmayer zwei Konzerte im Bamberg, und Herzog Max war von seinem Spiel so entzückt, daß er selbst beschloß, dieses bisher nicht salonfähige Instrument von Petzmayer, den er im Januar des nächsten Jahres zu seinem Kammervirtuosen ernannte, zu erlernen." (Dreyer, S. 46) Bald be-

herrschte der Herzog – als Schüler Petzmayers, der auch einer seiner engsten Freunde wurde – das Instrument virtuos, für das er, „wie übrigens auch für Klavier zahlreiche Kompositionen verfaßt. Eine verdienstvolle ‚Sammlung oberbayrischer Volksweisen und Lieder' legt Zeugnis ab für seine innige Verbundenheit mit der Heimat. Zu einem großen Teil hat er sie selbst dem Volk abgelauscht." (Sexau, S. 8f.) Als Vorbild für die Pflege des Volksliedes und der Volkskunst galt Herzog Max allerdings kein Wittelsbacher, sondern ein Habsburger: der in der Steiermark lebende Erzherzog Johann (1782–1859), dessen Sammlungen den Grundstock des nach ihm benannten Museums, des Joanneums in Graz, bildeten.
Die meisten Kinder des bayrischen Herzogs hatten die Liebe zum Volkstum übernommen und auch das Zitherspiel erlernt. Außerdem erhielten sie – mehr oder minder regelmäßig – Klavierunterricht. Während Elisabeth als begabte Zitherspielerin galt, dem Klavier aber nur Mittelmäßiges entringen konnte, erreichte ihr Bruder Carl Theodor große Virtuosität als Pianist. Den meisten Wittelsbachern (allen voran König Ludwig II.) war die Verehrung für Richard Wagner gemein, dessen Kompositionen in jener Zeit noch heftig umstritten waren. Herzog Max in Bayern hatte in Würzburg und Frankfurt einigen Tannhäuser-Aufführungen beigewohnt, von denen er nachhaltig schwärmte: „Das ist eine herrliche, großartige Musik. Man hört Akkorde und Töne, die noch nicht da waren." (Originalzitat in: Dreyer, S. 49f.)
Interessant in diesem Zusammenhang ist die allgemeine wittelsbachische Begeisterung für umstrittene Künstler, deren Werke zu ihrer Zeit als so gesellschaftskritisch (wie die Schriften Heinrich Heines und Victor Hugos) oder revolutionär (wie die Musik Wagners) galten, daß man in den sogenannten besseren Kreisen nicht einmal wagte, über sie zu sprechen, geschweige denn, sich mit ihrer Kunst auseinanderzusetzen.
Die bei König Ludwig I. angesprochene Liebe für die griechische Antike entsprach einer Modeerscheinung, denn im ausgehenden 18. Jahrhundert begann man sich auf allen Gebieten der Kunst mit

der Klassik auseinanderzusetzen. Bei der Kaiserin fand dieses Interesse seinen Niederschlag im Bau der Villa auf Korfu, des nach ihrem Lieblingshelden der griechischen Mythologie benannten Achilleion, das nach einer Idealvorstellung von antiken Gebäuden entstand. Zudem ließ sich Elisabeth jahrelang in Alt- und Neugriechisch unterrichten und studierte die klassische griechische Literatur und Geschichte. Zur Zeit des Korfu-Bauprojektes unternahm sie gemeinsam mit ihrem damaligen Lehrer, Alexander Warsberg, Reisen zu den verschiedensten antiken Gedenkstätten und wiederholte in gerafftem Tempo die Fahrten des Odysseus. Wie extrem sie ihren Leidenschaften huldigte, zeigt sich u. a. darin, daß sie sich, angeregt von den Homerschen Schilderungen, während stürmischster Seereisen an einen Schiffsmast anbinden ließ, um das Meer zu beobachten.

Auch das bei König Ludwig I. schon erwähnte Nationalgefühl zählte zu den typischen Charakterzügen der Kaiserin. Es wirkte sich bei ihr auf besonders übersteigerte Art aus und sollte – in politischer Hinsicht – zwei völlig gegensätzliche Wirkungen zeigen. Als Bayerin geboren, erhielt Elisabeth mit ihrer Heirat die Habsburgermonarchie zur (Schutz-)Herrschaft übergeben, eine Patenschaft, der sie zeit ihres Lebens mit wenig Einsatzfreude nachkam. Geweckt wurden aber ihr Interesse und ihr Nationalgefühl für Ungarn vor allem durch spontane Sympathiekundgebungen der ungarischen Bevölkerung ihr gegenüber. Die Ungarn wollten sich zwar vom österreichischen Machteinfluß auf ihr Land lösen und strebten nach Selbstverwaltung, ließen sich aber deshalb nicht davon abhalten, die österreichische Kaiserin, ihre vorerst noch ungekrönte Königin, zu verehren, in der sie eine eifrige Fürsprecherin ihrer Wünsche fanden. Die Gründe für diesen Einsatz Elisabeths waren weder ideologischer noch politischer Natur. Er wurde vielmehr ausgelöst und getragen von den Sympathiekundgebungen des sie verehrenden Volks und gipfelte in Freundschaften mit dem einen oder anderen Repräsentanten Ungarns. Eine innige Beziehung bestand zwischen der Kaiserin und Graf Gyula Andrássy sowie mit dem als Vermittler zwi-

schen den österreichisch-ungarischen Fronten auftretenden ungarischen Politiker Franz Deák. Die intensive Arbeit am Ausgleich von 1867 wurde letztendlich auch durch Vermittlerdienste der ungarischen Hofdamen der Kaiserin gefördert, die ihre Vorzugsstellung politisch geschickt einzusetzen wußten. Wie auch immer der Einsatz der Kaiserin in der ungarischen Frage zu bewerten ist – und er artete wie viele Leidenschaften Elisabeths heftig und einseitig aus –, sicher ist, daß er unter den anderen Völkern der Monarchie Neid und Mißgunst heraufbeschwor, die wie die Ungarn am Kaiserhof in Wien auch gerne einen Vertreter ihrer politischen Wünsche und Ziele gehabt hätten.
Zu König Ludwig I. läßt sich eine weitere Parallele nachweisen. Gleich dem bayrischen König sammelte Kaiserin Elisabeth seit frühen Tagen Bilder und Photographien schöner Frauen. Diese Leidenschaft führte unter anderem auch zu der immer wieder kolportierten Annahme, die österreichische Kaiserin hätte homoerotische Beziehungen zu ihren Hofdamen gepflegt. Fest steht, daß die Kaiserin gerne Umgang mit Frauen hatte; dieser ging aber niemals über eine innige Freundschaft hinaus. Elisabeth teilte mit ihren Freundinnen, einem Backfisch gleich, ausschließlich Schwärmereien und Erlebnisse mit Verehrern des anderen Geschlechts. Was die Porträtsammlung betrifft, so scheint sie im Leben der Kaiserin, die allen reisenden Familienmitgliedern und Diplomaten auftrug, Photographien der schönsten Frauen aller Nationen zu erbitten und mitzubringen, eine andere Bedeutung als die unterstellte gehabt zu haben. Elisabeth war in ihr eigenes Aussehen verliebt und blätterte in den Alben vermutlich auch deshalb, um ihre Schönheit im Vergleich mit anderen schönen Frauen bestätigt zu finden.
Wie der bereits erwähnte Drang, sich den Ideen freigeistiger und revolutionärer Künstler anzuschließen, prägten noch andere markante Charakterzüge die bayrische Herrscherfamilie. Das väterliche Erbe brachte Kaiserin Elisabeth eine der augenfälligsten wittelsbachischen Eigenschaften ein – den Unruhegeist und die unbändige Reiseleidenschaft: „Max Herzog in Bayern ist schon in seiner Jugend

das, was man eine ‚unruhige Flugvogelnatur' nennt, und sehnt sich ... (danach), auf großen Reisen die Welt kennenzulernen ... Erst die Ehe fesselt den unruhigen ... Mann einige Zeit an die Residenz (in München), wo dem jungen Paar ein Palast errichtet wird ... (Am) 21. Juni 1831 wird ihm der erste Sohn Ludwig geboren. In ihm und den folgenden Kindern macht sich die Inzucht psychisch dadurch fühlbar, daß die in einzelnen Gliedern der Nachkommenschaft Maximilians schwach vorhandene Neigung zu Weltflucht, Verlegenheit und einer gewissen nervösen Unruhe in verstärktem Maße wiederkehrt." (Corti, S. 11) Der Sucht nach Freiheit kam der Vater der Kaiserin in ausgedehnten Reisen nach, auf denen er sich von der Gesellschaft und deren Zwängen zumindest für einige Zeit befreit fühlte. Dieser Zug und der abnorme Bewegungsdrang zählen zu den markantesten Eigenschaften, die Kaiserin Elisabeth von ihrem Vater geerbt hatte. Beide litten unter starker innerer Ruhelosigkeit, die sowohl auf die familiäre Herkunft als auch auf verschiedene Schicksalsschläge und Lebensumstände zurückzuführen ist. Herzog Wilhelms Sohn Pius, der Vater von Herzog Max in Bayern, „war in ein schwieriges Familienschicksal hineingeboren worden, das ihn durch den Wechsel der Wohnsitze in sehr verschiedenen Gegenden und den Selbstmord des angeheirateten Schwagers übernervös machte". (Rall, S. 413) Sein Sohn Max, der unter den psychischen Problemen des Vaters litt, reagierte seine Seelennöte seit frühester Kindheit mit langgedehnten Spaziergängen und Ausritten ab. Auch Elisabeth, die die Nervosität vom Großvater geerbt zu haben schien, war seit ihrer Kindheit „fortwährend in Bewegung, und nur ihrer Lust zu zeichnen war es zu verdanken, sie ab und zu auf einen Sessel festzubannen." (Corti, S. 15) Als Erwachsene sollte sich dieser Bewegungsdrang noch weiter steigern: Bei ihren Langstreckenritten und kilometerlangen „Spazierläufen" konnte ihr bald niemand mehr folgen. Abgesehen von der Begeisterung für das Reiten – als Körperertüchtigung und im Zusammenhang mit der familieneigenen Bewegungslust –, hegte die gesamte wittelsbachische Familie eine ganz besondere Liebe zu Pferden. Herzog Max in Bayern veranstaltete

„in einem eigens bei seinem Palast erbauten Hippodrom Vorstellungen, bei denen er selbst die Hohe Schule vorreitet und seinen Gästen besonders gelehrige Tiere zeigt. Reiterquadrillen, Pantomimen und Parforcejagden werden aufgeführt.“ (Corti, S. 13) Außer seinen Fähigkeiten als Reiter und Pferdepsychologe verfügte der Herzog über eine besondere Begabung als Dresseur, der seine Künste in einem eigenen Zirkus vorführte, „zu dem er den überdachten hinteren Hof des Palais an der Ludwigstraße (in München) ... verwandelt hat“. (Sexau, S. 9)
Auf Anregung ihres Vaters erhielt Elisabeth eine Ausbildung zur Zirkusreiterin, um im hauseigenen Zirkus vor geladenem Publikum Vorführungen geben zu können. Als Erwachsene war die Kaiserin, die zu den besten Reiterinnen ihrer Zeit zählte, ständig bemüht, ihr Können zu vervollkommnen. In Wien wurde sie vom Ersten Stallmeister der Spanischen Hofreitschule im Kunstreiten unterrichtet, und ihr Akrobatikprogramm auf dem Pferd erweiterte sie unter der Aufsicht der Kunstreiterin Elise Renz, der Tochter des Zirkusdirektors Ernst Jakob Renz. Die stete Beschäftigung mit dem Reitsport machte Kaiserin Elisabeth zur außergewöhnlichen Pferdekennerin und Pferdeliebhaberin, eine Leidenschaft, die – wie viele Eigenheiten der wittelsbachischen Familie – in übersteigerter Form ausgelebt wurde.
Abgesehen vom Vater hatte auch Elisabeths Lieblingsbruder, Carl Theodor, eine Passion für Pferde. Während seiner militärischen Ausbildungszeit bewohnte er sogar einen Raum direkt neben dem Pferdestall, doch selbst die eine Wand schien ihn von den Tieren zu sehr zu trennen, weshalb er sie eines Tages durchbrechen ließ: „Manchmal findet sich die Lieblingsstute in der Wohnstatt ihres Herrn ein, beschnuppert, was ihre Neugierde erregt, bläst Briefschaften vom Schreibtisch oder läßt sich gar ... in allem Behagen auf dem wolligen Schaffell (neben dem Lager ihres Herrn) nieder.“ (Sexau, S. 92)
Kaiserin Elisabeths innige Beziehung zu Pferden überstieg mitunter ihre Liebe zu den Menschen. Sie verfügte über die Kraft, in die Seelen der Tiere einzudringen, und vermochte sie psychisch zu beein-

flussen. „Als man eines Tages in einem Gestüt des Grafen Festetics beabsichtigte, einen prachtvollen Hengst zu erschießen, der drei Stallburschen zu Tode gebracht und etlichen Menschen schwere Bein- und Rippenbrüche zugefügt hatte, suchte die Kaiserin, kaum daß sie von der geplanten Tötung des Tieres gehört hatte, in aller Eile das Gehöft auf, um sich sofort in den Stall zu begeben. Sie betrat den Verschlag des unbändigen Hengstes, koste ihn, sprach beruhigend auf ihn ein, sattelte ihn, bestieg ihn zum Ausritt, und das Tier gehorchte ihr aufs Wort und ließ sich – lammfromm geworden – von ihr führen." (Praschl-Bichler/Cachée, S. 72) Nach kurzer Therapie galt das Pferd als sanft und gezähmt und konnte, da man keine weiteren Gefahren befürchten mußte, auf dem Gehöft verbleiben.

Doch es waren nicht nur außergewöhnliche Begabungen, die in dieser Familie gehäuft auftraten. Vielmehr litten viele Wittelsbacher im 19. Jahrhundert unter krankhaften Eigenschaften, die sich auf verschiedene Weise bemerkbar machten. Zu den augenfälligsten zählte die Angst, angestarrt zu werden. Bei Kaiserin Elisabeth trat sie spätestens ab dem Zeitpunkt in Erscheinung, als sie ihr – beinahe anonymes – Leben als eine von vielen bayrischen Prinzessinnen aufgab, um an der Seite ihres Vetters Franz Joseph Kaiserin von Österreich zu werden. Als Herzogin Ludovika in Bayern 1853 mit den beiden Töchtern Helene und Elisabeth nach Bad Ischl reiste, um – vermutlich – die ältere der beiden Schwestern, Helene, mit Franz Joseph zu verloben, nahm die Geschichte schon am Tag der Ankunft jenen verhängnisvollen Verlauf, der Elisabeth den Platz an der Seite des Kaisers bescherte. Sie reagierte darauf einesteils glücklich, anderenteils verlegen und begann auch schon bald, über ihr Schicksal zu grübeln. Monatelang hätte sie die Möglichkeit gehabt, die Verlobung mit dem Vetter zu lösen. Aber das wollte sie auch wieder nicht, denn natürlich fühlte sie sich geschmeichelt, als Braut des begehrtesten Junggesellen Europas im Mittelpunkt der allgemeinen Aufmerksamkeit zu stehen. Deshalb begnügte sie sich damit, ihr Schicksal zu beklagen, ohne zu vergessen, daß ihr der künftige Status als Kaiserin auch eine Menge Vorteile bescheren würde. Nach außen hin trat Elisabeth zunächst als scheue Braut auf, die sich irritiert zeigte, daß alle Welt sie „betrachten" wollte. Daß Repräsentieren zu den wenigen Verpflichtungen zählte, denen sie hätte nachkommen sollen, verstand sie nicht. Wann immer es ihr gelang, floh sie davor und ließ sich bei öffentlichen Auftritten auf Reisen sogar von ihrer Friseuse oder einer ihr ähnlichen Hofdame vertreten.

Interessanterweise stammt diese Idee von Elisabeths Lieblingsbruder, Carl Theodor, der sie in jugendlichem Alter zum ersten Mal während einer Bildungsreise in die Tat umsetzte. Er sollte als Vertreter des bayrischen Herrscherhauses einen offiziellen Termin wahrnehmen, dem er sich entzog, indem er einem seiner Begleiter diese Rolle überließ. (Sexau, S. 84) Es ist typisch für ihn, der, ähnlich seinem Schwager Kaiser Franz Joseph, ein Leben in eiserner Selbstdisziplin führte, daß er sich später dafür schämte und diesen Trick nie wieder anwandte. Seine Schwester Elisabeth jedoch hatte sich in diese Idee geradezu verliebt und bis an ihr Lebensende nicht mehr davon abgelassen.

Gleich seiner Verwandten litt auch der bayrische König Ludwig II. unter den neugierigen Blicken der Menschen und „erfand" für sich die Theatervorstellung für ein Einpersonenpublikum: „Ich (Ludwig) kann keine Illusion im Theater haben, solange die Leute mich unausgesetzt anstarren und mit ihren Operngläsern jede meiner Mienen verfolgen. Ich will selbst schauen, aber kein Schauobjekt für die Menge sein!" (Hacker, S. 226f.) In der Folge fanden für ihn Separatvorstellungen statt, die – ohne störendes Publikum – ausschließlich für ihn gegeben wurden. Immer öfter zog er sich von seinen Pflichten als Regent zurück, sagte öffentliche Termine ab und brachte seine Mitarbeiter damit in arge Bedrängnis: „S.M. der König war heute mittags so aufgeregt, daß Er ganz elend aussah ... Gestern und heute stellten Kollege Lutz und ich (der Kabinettssekretär) Seiner Majestät ernsthaft und dringend vor, daß es eben doch sehr wünschenswert wäre, wenn Allerhöchstderselbe demnächst die Kammern persönlich eröffneten. Bei der großen Abneigung, die der König eben gegen die Abhaltung dieser Feierlichkeit hegt, mag das beharrliche Zureden und die Hinweisung auf die Mißstimmung, welche die Unterlassung persönlichen Auftretens jetzt ohne Zweifel im Gefolge hätte, aufregend und beunruhigend auf ihn gewirkt haben." (Hacker, S. 114f.)

Als Grund für das Bedürfnis, sich zurückzuziehen, gab sowohl der bayrische König als auch Kaiserin Elisabeth an, sich „von der Welt und von den Menschen mißverstanden und verkannt und deshalb abgestoßen" zu fühlen. (Hacker, S. 231) Die Kaiserin zog sich in ihren Elfenbeinturm zum Dichten zurück und widmete diesem Gedanken eine Strophe in einem ihrer Tagebuchgedichte: „Wird mir die Welt zu bitter, die Menschen zu fatal, so schwing ich mich aufs Flügelroß und mache mich von der Erde los ..."

Betrieb die Kaiserin mit Hingabe die Dichtkunst, so beschäftigte sich König Ludwig von Bayern jahrelang mit der Geschichte der französichen Könige des 17. und 18. Jahrhunderts. „Seit 1867 üben der ‚Sonnenkönig' und überhaupt die Bourbonenkönige des absolutistischen Zeitalters eine immer stärker werdende Faszination auf Ludwig aus. In seiner übersteigerten Auffassung vom Königtum sieht Ludwig im französischen Absolutismus die ideale Verkörperung königlicher Macht und Majestät. Die seinen Namen tragenden Bourbonenkönige werden ihm zu mystisch verklärten Vorbildern. Mit unermüdlichem Eifer vertieft sich Ludwig in die Geschichte jener Zeit, wobei ihm seine Kabinetts- und Hofsekretäre behilflich sein müssen." (Hacker, S. 261) In Stunden der Umnachtung „empfing" Ludwig II. die verstorbenen Vorbilder aus Frankreich zu nächtlichen Banketten, und die Bediensteten hatten je nach der Anzahl der „Geladenen" Gedecke und Speisen aufzutragen. Da natürlich niemand die Teller leerte, ließen die Bediensteten das Essen verschwinden, und wenn der König nach den „Empfängen" die Küche aufsuchte und nur leere Teller vorfand, nahm er mit Genugtuung zur Kenntnis, daß die „Geladenen" – entgegen den Meinungen verschiedener Menschen, die ihn der Wahnvorstellungen bezichtigten – eben doch anwesend gewesen waren und gegessen hatten.

Die intensive Beschäftigung mit den französischen Bourbonenkönigen gipfelte in einer anderen Eigenheit, die abermals zu Kaiserin Elisabeth überleitet: „Zu dem Kult, den der König mit Ludwig XIV. treibt, gehört auch seine eigenartige Gehweise, die ihm wohl zum Teil angeboren ist, die er aber in Nachahmung des von Ludwig XIV. angewandten pompösen ‚Königsschrittes' noch besonders akzentuiert ... Es sprach diese Gangart aller Natur hohn. Weitausschreitend warf (er) seine langen Beine von sich, als ob er sie von sich schleudern wolle, und trat dann mit dem Vorderfuß auf, als wolle er mit jedem Tritt einen Skorpion zermalmen. Dabei streckte er den Kopf ruckweise seitwärts und senkte ihn dann automatenhaft auf die niedere Erde herab." (Hacker, S. 264)
Die Beschäftigung mit Gangarten scheint eine Marotte der Wittelsbacher gewesen zu sein, denn Herzog Max in Bayern, der Vater Elisabeths, hatte einen eigenen Lehrer bestellt, der seine Kinder in „richtigem Gehen" unterrichten mußte. Die Technik verlangte, daß man sich während jeden Schritts von dem vorangegangenen ausruhte und sich dabei vorstellte, die Leichtigkeit des Flugs der Schmetterlinge nachzuahmen. Und es ist interessant, daß sogar die Kaiserin Stellung zum französischen „Königsgang" bezog. Gleich Ludwig II. empfand sie ihn als „majestätswürdig", wenn sie auch für sich persönlich den „Schmetterlingsgang" nicht aufgeben mochte: „... wir (die Kaiserin und ihre Schwestern) gehen nicht, wie Königinnen gehen sollen. Die Bourbonen, die fast nie zu Fuß ausgegangen sind, haben eine eigene Gangart bekommen – wie stolze Gänse. Sie gehen wie wahre Könige ..." (Heyden-Rynsch, S. 76)
König Ludwig II. von Bayern zog sich ab dem Sommer 1865 von seinen Amtsgeschäften zurück, um nur noch in der Abgeschiedenheit seiner ländlichen Residenzen zu leben. In seiner Freizeit unternahm er wie die meisten Wittelsbacher und Habsburger gerne ausgedehnte Ausritte. „Von verschiedenen Seiten erfahre ich (ein Hofbediensteter) übereinstimmend, daß Seine Majestät sich selbst ihrer nächsten, persönlichen Umgebung fast ganz isoliere und hauptsächlich an langen scharfen Ritten, sogar an mehrtägigen Ausflügen zu Pfer-

de im strengsten Inkognito und nur in Begleitung eines Reitknechts Gefallen finde." (Hacker, S. 57) Selbst im Krisen- und Kriegssommer des Jahres 1866 verließ Ludwig II. sein Refugium nicht. „Seit Montag befindet sich der König auf der Roseninsel. Er hat dahin drei Betten bringen lassen, eines für sich, eines für den Adjutanten Fürst Taxis, eines für den Reitknecht Völk. Dort wohnt er nun, und drei Tage hindurch haben ihn weder die Minister noch die Kabinettssekretäre sprechen können. Ein Boot bringt die zu unterschreibenden Papiere hin und zurück." (Brief des Grafen Blome, zitiert in: Hacker) Hierin unterschied sich die österreichische Kaiserin vom bayrischen König, denn sie kam zumindest in frühen Ehejahren in Krisenzeiten – wie im Jahr der Schlacht bei Königgrätz, während der italienischen Unabhängigkeitskriege und der ungarischen Bestrebungen nach Ausgleich und Selbstverwaltung – kleinen Verpflichtungen nach: Sie besuchte Verwundete in den Lazaretten und ließ deren Verpflegung organisieren.

Beiden Wittelsbachern – Elisabeth und Ludwig – war eine ziemliche Selbstüberschätzung der eigenen Person gemeinsam. Der bayrische König empfand sich als den „letzte(n) König autokratischer Prägung, mit einem geradezu übersteigerten Begriff monarchischer Selbstherrlichkeit, (und er) erblickt eine heilige Pflicht in der Wahrung auch des belanglosesten Souveränitätsrechtes". (Sexau, S. 191) Auch Kaiserin Elisabeth empfand sich und ihre Stellung als einzigartig, worauf sie im geeigneten Moment gerne verwies und auch die Unantastbarkeit ihrer Urteile stützte. Oftmals tauschten die beiden „Absolutisten" ihre Erfahrungen als unantastbare, für den Rest der Menschheit in unerreichbarer Stellung befindliche Geschöpfe aus und ließen ihre vermeintliche Überlegenheit bei Bedarf handfest spüren. König Ludwig liebte es zum Beispiel, sich für seine Bediensteten die absonderlichsten Strafen auszudenken, sie zu quälen oder zu züchtigen, und auch von Kaiserin Elisabeth ist bekannt, daß sie ihre Friseuse ohrfeigte, wenn sie nicht zu ihrer Zufriedenheit gearbeitet hatte. Sie erfand – auf die verschiedenen Personen abgestimmt – noch andere, subtilere und „leisere" Formen der Bestra-

fung wie etwa die stete Nichtbeachtung einer anwesenden Person oder den auf eine bestimmte Zeit festgelegten Liebesentzug. So ließ sie sich zum Beispiel mitunter im gemeinsamen Haushalt nicht blicken, schwieg in Gesellschaft bestimmter Personen oder ließ, wenn sie auf Reisen war, tagelang nichts von sich hören. Bittsteller oder hohe Würdenträger wies sie nach Lust und Laune ab. Und wenn sie auf Reisen war, liebte sie es, ganze Areale für sich absperren zu lassen, um ungestört irgendwelchen Sportarten nachgehen zu können. Auch König Ludwig verfügte über eine große Palette von Tricks und Finessen, womit er mitunter ihm unbekannte Personen seine Mißachtung fühlen ließ. Wenn zum Beispiel Audienzwerber in den Empfangssaal eingelassen wurden, fanden sie sich dort oftmals alleine und mußten in der für sie ungewohnten Umgebung eine Weile verunsichert des weiteren Geschehens harren. Sie ahnten nicht, daß der König ohnehin im Saal war, daß er sich aber einen Spaß daraus machte, die verwirrten Leute ohne ihr Wissen zu beobachten: „Mit gesenktem Kopfe trat ich (eine bayrische Hofschauspielerin in den Audienzsaal) ein, machte die vorgeschriebenen Verbeugungen, wagte endlich aufzublicken und sah mich zu meiner Überraschung ganz allein. Der große Saal war leer. Ich wurde nun ein bißchen dreister, besah mir die Bilder an den Wänden und richtete eben den Blick auf einen goldenen Blumenkorb in der Ecke, der mit einer bis zur Decke reichenden Palme geschmückt war, als der König in Uniform mit Ordensband hinter demselben hervorkam." (Hacker, S. 53)
Ähnlich wie Elisabeth verteilte Ludwig seine Gnade und Freundschaft nach Tageslaunen (und zwar unabhängig von der gesellschaftlichen Stellung der betreffenden Personen). So gelangten oft einfache Menschen aus der Landbevölkerung, denen er während eines Spazierganges begegnet war, eher in den Genuß einer Gunstbezeigung als Mitglieder der Hofgesellschaft oder gar die Verwandten. Ludwig Thoma, der bayrische Schriftsteller, dessen Vater ab 1865 im Revier des Königs als Oberförster tätig war, erinnerte sich als Erwachsener an diese Zeit, als sich bei Ludwig II. die ersten Anzeichen

von Stadtflucht bemerkbar machten und er das Stadtschloß mit dem Landhaus vertauschte: „Damals (vor Erbauung von Schloß Linderhof) fühlte er (der König) sich wohl in dem bescheidenen Jagdhause, das sein Vater hatte errichten lassen, und er suchte nichts als Stille und Abgeschiedenheit. Seine Freude an der Natur galt in meinem Elternhause wie bei allen Leuten in den Bergen als besonderer Beweis seines edlen Charakters, und niemandem fiel es ein, an krankhafte Erscheinungen zu glauben. Der König schloß sich auch keineswegs auffallend vor jeder Begegnung mit Menschen ab, wenn er schon gegen manches empfindlich war. Bei seinen kurzen Spaziergängen hatte er nichts dagegen, Leuten zu begegnen, die in den Wald gehörten, und zuweilen redete er einen Jäger an. Jedenfalls hat er alle bei Namen gekannt und sich zuweilen nach ihnen erkundigt." (Hacker, S. 240) Und wie Kaiserin Elisabeth auch, die auf Wanderungen in Almhütten einkehrte, um in der Gesellschaft von Bauern und Sennern ein Glas Milch zu trinken, die während ihrer Auslandsreisen fremden, in Not geratenen Menschen hohe Summen Geldes zukommen ließ oder sich in Korfu für die Sorgen der Fischer interessierte, war der bayrische König wegen seines spontanen Zugehens auf seine Untertanen besonders beliebt: „Bei den Landleuten, denen ihre jeweiligen Herrscher bis jetzt fremd und gleichgültig geblieben waren, erfreute sich der König einer ungemeinen Beliebtheit. Er war der erste Wittelsbacher, der sein Leben fast ausschließlich in ihren Gauen verbrachte (– die Bauern zweifelten auch am Wahrheitsgehalt der Gerüchte über die Geisteskrankheit des Königs –), weil der sonst so leutscheue König sich offenbar zu ihnen hingezogen fühlte und oft wider alles Erwarten in einer jähen Anwandlung von spielerischer Volkstümlichkeit einen Bauern besuchte oder mit Holzknechten im Gebirge beisammensaß, sich freundlich mit ihnen unterhielt und dem einen oder anderen irgendein Geschenk machte." (Hacker, S. 243)

Im Unterschied zu Kaiserin Elisabeth, die zwar ein Leben lang glaubte, eines Tages wie einige wittelsbachische Verwandte wahnsinnig zu werden, aber nicht geisteskrank war, sondern mit dem Krankwerden

nur liebäugelte und den Wahn als eine Art mondäne Eigenschaft sah, verfielen König Ludwig und auch sein Bruder Otto tatsächlich dem Irrsinn. Otto folgte seinem Bruder 1886 zwar nominell auf den Thron, für ihn regierte aber der Prinzregent, sein Onkel Luitpold, da bei Otto die Krankheit noch früher und stärker zum Ausbruch gekommen war: „Sein Gehirnleiden begann bei seiner Rückkehr von einer Reise nach dem Orient, wo er sich eine sehr traurige Krankheit geholt hatte. Der arme Mensch bekam furchtbare Krampfanfälle, und es war ein schmerzlicher Anblick, ihn im Theater zu sehen, da sein Leiden ihn oft zwang, sich die Hände zu kratzen, bis sie bluteten. Später litt Otto auch an epileptischen Anfällen ..." Marie Wallersee, eine Nichte Kaiserin Elisabeths, schildert eine Episode, wonach sie ihn unerwartet traf und er sie freundlich fragte, ob sie Blumen liebe. „‚Sehr', antwortete ich voller Neugier, was nun wohl kommen würde. Otto begann sofort allerhand Gewächse auszureißen, die er in einem Haufen zu meinen Füßen aufschichtete ..." (Larisch-Wallersee I, S. 114) Otto wurde mit zunehmendem Wahn fern der Gesellschaft gehalten, von Ärzten und Pflegern umsorgt. Sein Zustand veränderte sich dahingehend, daß Aussehen und Benehmen in immer stärker werdenden Ausmaß animalische Züge bekamen.
Zu den kranken Gemütern der Wittelsbacher zählte auch eine Tante des Brüderpaares Otto und Ludwig, eine unverheiratet gebliebene Cousine ersten Grades der Kaiserin, Prinzessin Alexandra von Bayern. Sie „wurde von der fixen Idee verfolgt, sie sei von Staub bedeckt. Sie und ihre Kleider wurden daher den ganzen Tag lang von Mädchen, die sich hierin ablösten, abgebürstet, ja, selbst ihre Speisen und ihr Trank mußten vor ihren Augen abgestaubt werden. Eine andere ihrer Wahnideen ging dahin, daß ein Sofa seinen Aufenthalt in ihrem Kopfe genommen habe, sodaß die Prinzessin es für höchst gefährlich für sich hielt, durch eine Tür zu gehen, da sie dabei leicht die Enden des Sofas abstoßen konnte". (Larisch-Wallersee I, S. 121f.) Als sie sich eines Tages übergeben mußte, warf eine findige Person ein Puppensofa in das Erbrochene und wies darauf hin, daß sie jetzt von ihrem Leiden erlöst sei, was Erfolg gezeitigt haben soll.

Obwohl König Ludwig tatsächlich an einer schweren Geisteskrankheit litt, konnte er seinen Zustand zeitweise verbergen oder überspielen und die ihn behandelnden Ärzte täuschen. Die Störungen traten nicht immer in einer für Kranke bezeichnenden Weise auf, und oft erschwerten erstaunliche Auffassungsgabe, Geistesklarheit und Denkschärfe den behandelnden Psychiatern die Diagnose. Die Fähigkeit, „... sich zu beherrschen und ein völlig normales Wesen vorzutäuschen"(Sexau, S. 305) (was Ludwig auch noch nach seiner Absetzung als König und während seiner Internierung meisterhaft gelang), war bei ihm besonders stark ausgeprägt, und er verwirrte mit nachhaltigem Erfolg die ihn behandelnden Ärzte, die sich zu völlig falschen Schlüssen verleiten ließen. Die Urteile über den Zustand des Königs reichten von „Gewohnheitsphantasien", die ihn seit seiner Jugend befielen, bis hin zum totalen Irrsinn. Als nach seinem Tod die Leiche geöffnet wurde, fand man die vermutete Diagnose bestätigt, der organische Befund des Hirns schloß jeden Zweifel an einer Geisteskrankheit des Königs aus: „Hochgradige Veränderungen degenerativer Natur am Schädel, am Gehirn und seinen Häuten, die teils auf abnorme Entwicklung, teils auf chronische Entzündungsvorgänge älteren und jüngeren Datums zurückzuführen seien ..." (Hacker, S. 323)
Trotz oder vielleicht auch gerade wegen seines absonderlichen Charakters hegte Kaiserin Elisabeth eine innige Beziehung zu Ludwig, vor allem in den sechziger und siebziger Jahren war der Kontakt intensiv. Einer der Hauptgründe mag darin gelegen haben, daß sich die Kaiserin, die sonst keinen regelmäßigen Verkehr mit Freunden pflegte, geschmeichelt fühlte, als einzige Frau vom (homosexuell veranlagten) König verehrt zu werden. Allmählich wurden ihr die Zusammenkünfte mit Ludwig jedoch zu kompliziert, da er sie sehr beanspruchte und seine geistigen Höhenflüge sie bald langweilten. Sie fühlte sich zunehmend eingeengt und versuchte, die Begegnungen zu reduzieren. Ludwig wandte sich deswegen im November 1875 in seinem Schmerz sogar an Kronprinz Rudolf, den mittlerweile 18jährigen Sohn Elisabeths: „Du Glücklicher, Beneidenswerter,

dem es vergönnt ist, so viel bei der angebeteten Kaiserin weilen zu dürfen, o bitte, lege mich Ihr zu Füßen und flehe Sie in meinem Namen an, gnädig Ihres getreuen, sie von jeher und für immer verehrenden Sklaven zu gedenken ... Dein Bild will ich mir einrahmen lassen, damit ich es zugleich mit dem der Kaiserin beständig vor Augen habe. Denn niemand auf Erden ist mir so teuer als Du und Sie." (Zitiert in Hacker)

Trotz kurzer Unterbrechungen rissen die Kontakte jedoch nie ganz ab. Wenn die Kaiserin alljährlich im Sommer ihre Mutter in Possenhofen besuchte, wo sie im benachbarten Feldafing Quartier bezog, stattete sie meist auch dem bayrischen König einen Besuch ab. 1881 ließ sie sich im Kahn des Gasthofs, in dem sie wohnte, zu ihm bringen, ein Auftritt, den sie mit einer dem König würdigen Dramatik gestaltete. Mit im Boot befanden sich ein Ruderer und ihr zwergwüchsiger Mohr Rustimo, den sie vom ägyptischen Pascha geschenkt bekommen hatte. Als sie das Schloß des Königs verließ, „begleitete sie (Ludwig) auf dem einfachen Kahn zurück und beschenkte den Mohren, der auf der Heimfahrt fremde Volkslieder zur Gitarre sang, mit einem goldenen Ring ..." (Hacker, S. 136)

Elisabeth und Ludwig schickten einander Blumengrüße, tauschten Gedichte aus, und wenn sich die Kaiserin auch mitunter durch die Freundschaft belastet fühlte, so betrieb sie sie doch mit einer für sie ungewöhnlichen Intensität. Als der König schließlich am 13. Juni 1886 unter mysteriösen Umständen starb, stilisierte Elisabeth die Freundschaft im nachhinein zu einer Art übersinnlicher Liebe hoch, erging sich in monatelanger Trauer um ihn und nahm mit ihm (wie mit dem von ihr verehrten Dichter Heinrich Heine) spiritistischen Kontakt auf. Von den vielen Gedichten im poetischen Tagebuch der Kaiserin, die sich auf die Liebe zu Ludwig beziehen, sei das folgende stellvertretend herausgegriffen:

„O könnt ich die Rosen nur raffen
Und duftenden weissen Jasmin,
Den rings sich der Frühling geschaffen,

Die heute dem Juni erblüh'n!

Ich wollte sie schichten und türmen
Hoch über den schlafenden Aar,*
Erstickend das Wüten und Stürmen
Der Krähen wild tobender Schar**...

Drauf wand ich aus blühenden Rosen
Den Kranz von berauschendem Duft,
Den trug ich voll Sorgfalt und Liebe
Hinab in die dunkelnde Gruft.

Dort habe ich Abschied genommen
Und drückte noch leise zum Schluss,
Mein unvergesslicher König,
Auf deinen Sarg einen Kuss."

(13. Juni 1886)

Seit vielen Jahren wird immer wieder darüber diskutiert, ob die Eigenarten der Kaiserin Elisabeth nicht „erblich" gewesen sein könnten. Diese Erklärung wäre zu einfach und vor allem falsch.
Nach dem heutigen Stand der Wissenschaft ist davon auszugehen, daß die genetische Disposition eines Menschen sein Verhalten nur bis zu einem bestimmten Grad spezifisch beeinflußt. Die „Erbcharakterologie" blieb einer Epoche vorbehalten, die spätestens 1945 endete. Seit damals gibt es keine wissenschaftlich haltbaren Veröffentlichungen zu degenerativen psychischen Erbkrankheiten. Eine Ausnahme bilden erbliche neurologische Erkrankungen, die zu ei-

* Gemeint ist der verstorbene König.
** Die Verantwortlichen, die seine Internierung betrieben hatten.

ner frühzeitigen Zerstörung der Hirnsubstanz führen. Das ist allerdings im Falle von Elisabeth auszuschließen.
In diesem Zusammenhang wollen wir nicht unerwähnt lassen, daß manisch-depressive Erkrankungen in direkter Erblinie gehäuft vorkommen können. Es kann jedoch bis zum heutigen Tag keine organische Ursache dafür angegeben werden. Andererseits ist es eine Tatsache, daß von Sisi als auch von ihrem Sohn Rudolf und ebenso von ihrem Vater, Herzog Max in Bayern, ähnliche Verhaltensweisen beschrieben werden. Unsere Analyse zeigt jedoch, daß diese verblüffenden Übereinstimmungen mit „Vererbung" im biologischen Sinn nichts zu tun haben.
Elisabeths Mutter, Ludovika, und Sophie, die Mutter Kaiser Franz Josephs, waren Töchter des Königs von Bayern, der aus der Hauptlinie der Wittelsbacher stammte. Ludovikas Eheschließung mit Herzog Max in Bayern, der aus einer Nebenlinie der Wittelsbacher kam, war demnach eine Heirat „hinunter".
Elisabeth stand also hinsichtlich ihrer Herkunft unter ihrer Schwiegermutter. Dieser Umstand hat sich – nach unserer Einschätzung – als Krisenherd erwiesen:
Aus einem daraus resultierenden Unterlegenheitsgefühl war die tieferstehende Sisi nahezu zwanghaft darauf aus, ihre höherstehende Verwandtschaft „herunterzumachen".
Nicht nur das. Viele ihrer oppositionellen Verhaltensweisen der Schwiegermutter gegenüber sind damit zu erklären, daß Sisi schlicht und einfach mit der Kaiserinmutter rivalisierte. Unter dieser Perspektive lassen sich viele scheinbar unverständliche Verhaltensweisen – zum Beispiel ihre Protektion der Ungarn – als Form der Konterdependenz (Gegenabhängigkeit) verstehen. Wann immer Sophie eine bestimmte Position bezog, nahm Sisi gezwungenermaßen eine gegensätzliche Haltung ein. Wenn die eine „hü" sagte, meinte die andere „hott!".
Ein weiterer wichtiger Gesichtspunkt besteht für uns in Sisis Stellung in der Geschwisterreihe.
Elisabeth war das, was wir heute als „Sandwichkind" bezeichnen.

Sie war von neun Kindern das vierte. Zwei Jahre nach ihr, im Jahre 1838, wurde Carl Theodor, ihr späterer „Lieblingsbruder", geboren. Charakteristisch für Sandwichkinder ist deren Position: Sie fühlen sich oft eingeklemmt, zu wenig beachtet und überflüssig. Häufig ziehen sie sich vor der Wirklichkeit in eine von Phantasie und Träumen beherrschte Welt zurück. Typisch ist auch, daß Sandwichkinder isoliert und mit wenig Bezug zur Außenwelt leben. Nicht selten sind sie auf sich selbst fixiert und entwickeln narzißtische, trotzige Züge, weil sie sich für die vermeintlich vorenthaltene Zuwendung schadlos halten wollen.

Elisabeth strafte mit ihrem trotzigen Schweigen in Gesellschaft mancher Menschen diese mit jener Nichtbeachtung, unter der sie selbst gelitten hat.

Aus unserer psychologischen Praxis wissen wir, daß Mädchen, die in der Geschwisterreihe die undankbare mittlere Stellung einnehmen, diesen Umstand ihrer Mutter unbewußt zum Vorwurf machen. Sie lassen aber nichts unversucht, um deren Aufmerksamkeit auf sich zu lenken. Am leichtesten gelingt dies mit einem Verhalten, das dem gleichkommt, durch das sie „entthront" wurden: dem Kleinkindverhalten.

Wenn aus historischen Beschreibungen hervorgeht, daß die Kaiserin Kleinstkinder nicht mochte, ja sie nicht einmal riechen konnte, so ist das kein Zufall: Wer selbst die Rolle des kleinen Kindes beansprucht, kann den Rivalen nur ablehnen.

Sisis unterschwelliger, natürlich unbewußter Konflikt mit der Mutter verhinderte eine positive Identifikation mit der Frauen- und Mutterrolle. Aus dem Gefühl der Zurückgesetztheit blieb ihr gar nichts anderes übrig, als die Identifikation mit dem Vater zu suchen. So ist zu erklären, warum sie viele Eigenschaften wie ihr Vater entwickelte. Dazu gehörten zum Beispiel ihre Vorlieben für Reisen, Pferde, das Dichten und die Liebe zur Welt des Zirkus.

Der Vater ließ Sisi von Zirkusakrobaten im Reiten unterrichten, und es dauert nicht lange, und sie schlug tatsächlich und buchstäblich für den Vater Kapriolen.

Wie auch ihr Vater hatte Elisabeth nicht nur eine reiterische Begabung, sondern auch einen heftigen Bewegungsdrang. Vom Vater wird berichtet, daß er seine inneren Spannungen durch Reitereien und scharfe Spaziergänge abreagierte. Das könnte auch auf Sisi zutreffen. Es ist aber in beiden Fällen wahrscheinlich, daß in diesem getriebenen Verhalten die Schubkraft unausgelebter Begierden steckte. Diese können aggressiver, aber auch sexueller Natur sein: Im Laufen wird der Körper in dem Maß erschöpft, in dem er es eigentlich durch einen befriedigenden Geschlechtsverkehr werden sollte.

Wie wir später noch aufzeigen werden, erhellt die männliche Identifikation Sisis viele ihrer späteren Verhaltensweisen.

Interessant ist der Hinweis, daß Sisi wie ihr Onkel, König Ludwig I., Bilder und Photographien schöner Frauen sammelte. Diese Leidenschaft hat für uns doppelte Bedeutung:

Es liegt hier einerseits die Identifikation mit einem Mann vor, andererseits dienten unseres Erachtens die Bilder der schönen Frauen der Kaiserin als Spiegel. Er sollte Elisabeth ihre eigene Identitätsbildung ermöglichen. Auf der Suche nach einer eigenen Identität konnte sie sich im Vergleich mit den Schönen ihre Überlegenheit bestätigen – ganz nach dem Motto: „Spieglein, Spieglein an der Wand, wer ist die Schönste im ganzen Land?" Es ging der Kaiserin dabei freilich nicht um die Identifikation mit der Weiblichkeit, sondern darum, besser, schöner zu sein.

Hier handelt es sich um ein typisch phallisches Verhalten. Der infantile Kern des phallischen Verhaltens entsteht um das vierte bis fünfte Lebensjahr. In dieser Zeit wird der männliche Phallus von beiden Geschlechtern maßlos überschätzt. Jungen wollen dafür bewundert werden und zeigen den kleinen Penis bei jeder Gelegenheit her – egal ob ihn die anderen sehen wollen oder nicht. Kleine Mädchen fühlen sich in dieser Zeit vorübergehend benachteiligt und ersetzen das nicht vorhandene Organ durch eine ganzheitliche Erotisierung ihres Körpers. Schönheit wird zum phallischen Gegengewicht. Kleine Jungen wollen für ihre Stärke und Kraft bewundert und beneidet werden, kleine Mädchen für ihre Schönheit.

Die Beziehungen Kaiserin Elisabeths zu Männern und Frauen

Im Laufe ihres Lebens ließ die Kaiserin nur wenige Menschen an sich heran. Zu diesen Bevorzugten durfte sich kein Mitglied der kaiserlichen Familie zählen. Das Bindeglied zwischen ihr und den Habsburgern war die jüngste Tochter des Kaiserpaares, Marie Valerie. Ihr vertraute sich Elisabeth mitunter an, und ihr offenbarte sie ihr kompliziertes Seelenleben. Ansonsten hielt die Kaiserin nur Kontakt zu ihrer Herkunftsfamilie, den Wittelsbachern.
Da Elisabeth in ihrer Funktion als höchste Frau des Landes – vor allem aus Sicherheitsgründen – Gesellschaft um sich haben mußte, wurden einige aristokratische Damen engagiert, die der Kaiserin das

Leben erleichtern und zu ihrer Unterhaltung beitragen sollten. Ab ihrer Hochzeit verfügte die Kaiserin über ihr eigenes Gefolge, das aus Damen verschiedener Altersgruppen bestand, die sie aber, sobald sie begann, sich mit der ungarischen Nation und deren Problematik zu befassen, bald durch Frauen aus Ungarn ersetzte. Als Grund dafür gab sie an, ihre Ungarischkenntnisse erweitern zu wollen, hauptsächlich ging es ihr aber darum, mit Damen ausschließlich ihres Vertrauens Gespräche in einer Sprache führen zu können, die möglichst niemand verstand, da am Wiener Hof nur der Kaiser und einige wenige des Ungarischen mächtig waren. Ab den sechziger Jahren des 19. Jahrhunderts waren es die Damen Ida von Ferenczy, Marie von Festetics, Sárolta von Mailáth und Irma von Sztáray, die eine absolute Vertrauensstellung innehatten und von sich behaupten konnten, die besten Freundinnen Elisabeths zu sein.
An vorderster Stelle der Beliebtheit rangierte Ida von Ferenczy, die als die erste der ungarischen Damen zur Kaiserin gestoßen war. Für sie hatte sich Elisabeth, nachdem die ungarische Gräfin Almássy mit der Suche nach einer passenden Gesellschaftsdame beauftragt worden war, spontan entschieden, obwohl sie dem niederen Adel entstammte und für den Hofdienst deshalb eigentlich nicht geeignet war. Es war typisch für die Kaiserin, daß gerade der Umstand sie reizte, eine im Rang niedrige Person mit einem hohen Posten zu ehren und damit die Hofgesellschaft erfolgreich zu brüskieren. Abgesehen vom Charme, über den Ida von Ferenczy zweifellos verfügte, sprach noch ein anderer Grund für ihre Wahl: Sie kannte die beiden von Elisabeth bevorzugten ungarischen Politiker, Graf Gyula Andrássy und Ferenc Deák, persönlich, wodurch die Kaiserin von allem Anfang an in die Vermittlungsgespräche zwischen Österreich und Ungarn einbezogen war. Ida von Ferenczy, die sich schnell das Vertrauen der Kaiserin erworben hatte – und sich dafür als einer der wenigen Menschen mit dem Duwort belohnt sah –, wurde von Elisabeth geliebt wie eine Schwester. Mit ihr teilte sie auch private Geheimnisse, in die nicht einmal der Kaiser eingeweiht wurde. Daß die Kaiserin aber mit Ida von Ferenczy oder mit der wenig später hinzu-

gekommenen Gräfin Marie Festetics lesbische Beziehungen gehabt haben soll, wie gelegentlich behauptet wurde, ist absurd. Denn das, worüber Elisabeth mit den Damen ihres Vertrauens sprach, war im wesentlichen harmloses Geplauder, die letzten Reiseerlebnisse betreffend, oder anderer Klatsch, den sie wie ein Backfisch mit jemandem teilen mußte. Ida von Ferenczy, die wegen eines Herzleidens Elisabeth auf ihren Reisen nicht begleiten konnte, erhielt als eine der wenigen Erwählten Briefe von der schreibfaulen Kaiserin, in denen Elisabeth ihr mitteilte, daß sie ihr fehlte: „Viel denke ich an Dich (Ida von Ferenczy), während des langen Frisierens, während der Spaziergänge und tausendmal im Tage ... Das Leben ist hier genug langweilig. Eine lustige Gesellschaft fand ich noch nicht und habe auch keine Aussicht dazu ... Jetzt Gott mit Dir, liebe Ida, heirate nicht während dieser Zeit, weder Deinen Kálmán noch einen anderen, sondern bleibe treu Deiner Freundin E." (Elisabeth an Ida von Ferenczy, Bad Kissingen, 12. und 17. Juli 1865, zitiert in: Corti) Die Andeutungen über das Nicht-heiraten-Sollen finden sich in einigen Schreiben an die Hofdamen, da Elisabeth dem Heiraten gegenüber negativ eingestellt war, stehen aber in keinem Zusammenhang mit Liebesbeziehungen zu einer Frau. Die Kaiserin hatte stets Angst, eine ihrer Freundinnen, die endlich auf sie und ihren Lebensrhythmus eingestellt waren, als Gesellschaftsdame zu verlieren. Sie war in der Wiener Hofgesellschaft nicht sehr beliebt, da sie erstens kaum anwesend war und wenn doch, dann launenhaft oder schweigend. Das brüskierte viele Menschen. Im Gegenzug verwöhnte die Kaiserin einige wenige Personen – wie ihre Hofdamen –, gleichsam um den Kritikern zu beweisen, wie freundschaftlich und liebenswürdig sie sein konnte, wenn man ihr richtig, nämlich in Verehrung, entgegenkam. Deshalb vor allem bangte sie um das Bleiben einer jeden ihrer Damen, denen sie beigebracht hatte, ihr und ihrer Sache zu dienen, und für die sie – im Fall einer Heirat – Ersatz hätte suchen müssen. So ist auch der folgende Brief zu verstehen, der an eine andere Vertraute gerichtet war: „Unterhalten erlaube ich (Elisabeth) Ihnen (Gräfin Marie Festetics, um die ein Prinz Dolgoruki warb),

aber verlieben nicht und noch weniger heiraten. Ich will nicht, daß sie mich eines fremden Menschen wegen verlassen." (Aus einer Tagebucheintragung der Gräfin Festetics vom 5. Juni 1873, zitiert in: Corti)
Wem Elisabeth die Ehre gegeben hatte, bevorzugt zu werden, der hatte ihr treu zu bleiben. Wenn die Kaiserin das Spiel des Haltens auch mit einiger Raffinesse beherrschte, so ist der Druck, den sie auf ihre Damen ausübte und den diese oft gar nicht als solchen erkannten, doch nicht abzuleugnen. Und selbst eine harmlose Bemerkung wie: „Wer wird mehr Freude haben, mich (Elisabeth) wiederzusehen, Du (Ida von Ferenczy) oder Horseguard (einer der Lieblingshunde der Kaiserin)?" (Brief aus Zürich vom 28. August 1867, zitiert in: Corti) läßt auf nichts anderes als auf den stark ausgeprägten Egoismus der Kaiserin schließen. Typisch für ihre Erlebnisse mit den Hofdamen waren ausgedehnte Spaziergänge in fremden Städten, wo sich die Damen unerkannt unter die Menge mischen und Einkäufe tätigen konnten, was zu Elisabeths Lieblingsbeschäftigungen zählte. Besonders gerne fuhr sie mit ihren Damen ans Meer, wo sie sich – entgegen allen Anstandsregeln der Zeit – dem Schwimmen hingab. Abgesehen davon, daß es nicht schicklich war, sich in einer für die Empfindungen der Menschen des 19. Jahrhunderts zu leichten Sportbekleidung in der Öffentlichkeit zu zeigen, bedurfte es einer Menge von Vorkehrungen und Einrichtungen, um diese mit der Tageskleidung zu tauschen. Für eine Frau vom Status der österreichischen Kaiserin wurden deshalb alle möglichen Maßnahmen getroffen, um sie den Blicken der Neugierigen zu entziehen: Sie erhielt eigene Badehäuschen mit Gängen aus Leinentüchern, damit sie unbeobachtet den Weg von der Kabine ins Meer nehmen konnte; mitunter wurden auf Anordnung Elisabeths ganze Strandpartien gesperrt, weil sie Zuschauer eben nicht ertrug. Da diese Vorbereitungen zum Schwimmausflug viel Zeit und Aufwand erforderten, „erfand" die Kaiserin spontane Ausflüge zu weniger überlaufenen Badeplätzen. In Begleitung einer ihrer Hofdamen wechselte sie dann hinter einem Felsen oder im Gebüsch die Kleider, wobei sie einmal vermut-

lich von einem fremden Mann beobachtet wurde. Solche Abenteuer bildeten den Inhalt ihrer Tage und ihres Gesprächsstoffes, und sie entbehren nicht eines gewissen spätpubertären Charmes.
Ähnliche Backfischerlebnisse teilte Elisabeth mit ihrer Nichte Marie Larisch-Wallersee, der Tochter ihres ältesten Bruders Ludwig, der mit einer Schauspielerin in nicht standesgemäßer Ehe verheiratet war. Es war typisch für die Kaiserin, diese unebenbürtige Verwandte den anderen vorzuziehen. Schon die Vorstellung vom Klatsch darüber machte ihr Freude. Zu der Freundschaft mit Marie Larisch-Wallersee war es während eines Besuchs in Bayern gekommen. Elisabeth fand plötzlich Gefallen an dem etwa vierzehnjährigen Mädchen und bat deren Eltern, sie öfters bei sich haben zu dürfen. In der Folge begleitete die Nichte sie auf einige Reisen und unternahm mit ihr unter anderem Jagden und Reitausflüge. Marie wurde wie die Hofdamen zu etlichen Abenteuern angespornt, von denen eines durch den Leichtsinn der Kaiserin beinahe ein schlechtes Ende genommen hätte. Elisabeth war sehr abergläubisch und ließ keine Gelegenheit aus, einem Buckligen auf den Rücken zu greifen, da das nach Volksmeinung Glück brachte. Als sie eines Tages mit Marie Larisch-Wallersee durch die Straßen einer nicht sehr vornehmen Gegend Amsterdams spazierte, sah sie einen Buckligen und steuerte geradewegs auf ihn zu, ohne zu bemerken, daß zahlreiche Arbeiter sie dabei feindselig beobachteten. Je näher Elisabeth dem Mißgestalteten kam, desto enger zogen sich die Kreise der Arbeiter, die zu einem Angriff auf die vornehm gekleideten Repräsentantinnen einer verhaßten Gesellschaftsschicht rüsteten. Als Marie Larisch-Wallersee das bemerkte, riß sie die Kaiserin fort, zog sie zur Deckung hinter eine Straßenbahn und deutete ihr an, daß eine Flucht im Laufschritt angebracht war. Tatsächlich konnten sich die zwei Damen in Sicherheit bringen, aber der Vorfall zeigt, wie naiv und unbedacht Elisabeth an viele ihrer Unternehmungen heranging.
Zusammenfassend kann über die Kaiserin und ihre Beziehung zu den sie umgebenden Frauen nur der Schluß gezogen werden, daß Elisabeth sie als Freundinnen und Verbündete empfand, die mit ihr

gemeinsam kleine pubertäre Streiche ausführten und ihr bei Stelldicheins – mit Männern! – Hilfestellung leisteten. Der hauptsächliche Grund, warum sie dabei auf Frauen angewiesen war, lag darin, daß es im 19. Jahrhundert nicht nur für die Kaiserin von Österreich, sondern für jede verheiratete Dame der Gesellschaft völlig unmöglich war, allein einen Mann zu empfangen oder zu treffen. Gerade dieser Neigung gab Elisabeth aber gerne nach.

Einen interessanten Aspekt im Zusammenhang mit Elisabeths Kontakt zu Männern birgt die Tatsache, daß die Kaiserin sich drei „geistige Beziehungen" zu Toten aufgebaut hatte, die sie aus verschiedenen Gründen verehrte. Zwei von ihnen, Achill und Odysseus, entstammten der griechischen Mythologie, der dritte, die größte und intensivste dieser geistigen Beziehungen, war der im 19. Jahrhundert von der Gesellschaft scharf kritisierte Dichter Heinrich Heine.

Während die Kaiserin in Odysseus vor allem den verwegenen Helden verehrte, der sich als ehemaliger Freier Helenas zur Teilnahme am Trojanischen Krieg verpflichtet hatte und der wegen seiner Tapferkeit und List, mitunter auch Skrupellosigkeit und Tücke, aus der Menge der Kriegshelden hervorstach, so verband sie mit Achill schon eine engere, mystischere Beziehung. Den Schriftzug seines Namen trug sie – auf einer Taschenuhr eingraviert – stets bei sich. Sie bemühte sich, mit ihm spiritistischen Kontakt aufzunehmen, und widmete ihm zahlreiche Gedichte: „Der Geliebte", „der Herrlichste", „Schild und Speer" oder „Achilleos", die allesamt an spätpubertäre Träume erinnern.

„O stoss ins Herz mir deinen Speer,
Lös mich aus einer Welt,
Die ohne dich so öd, so leer,
Umsonst mich ferner hält."
(Ischl, Sommer 1885)

In derselben Tonart philosophierte sie über ihn mit ihrem Griechischlehrer, dem sie gestand, daß sie Achill liebte, „weil er so schnellfüßig war (offensichtlich auch als Vorbild für die stundenlangen Spazierläufe) ... stark und trotzig und ... alle Könige und Traditionen verachtet(e) und die Menschenmassen für nichtig gehalten, gut genug, um wie Halme vom Tod abgemäht zu werden. Er hat nur seinen eigenen Willen heilig gehalten und nur seinen Träumen gelebt, und seine Trauer war ihm wertvoller als das ganze Leben." (Heyden-Rynsch, S. 107)

Ohne Zweifel betrifft diese Beschreibung nicht nur Achill, sondern darf auch auf die Kaiserin selbst übertragen werden, die sich in ihrer Lebensgestaltung gerne an Vorbildern orientierte. Achill war das Schloß auf Korfu geweiht, das sogenannte Achilleion, vor dem sich eine Skulptur des „Sterbenden Achill" befand. Eine Kopie desselben Werkes ließ Elisabeth vor Schloß Miramare bei Triest aufstellen. Auch auf Reisen gedachte sie oft ihres griechischen Helden und verfaßte Gedichte, die eine rege geistige Verbundenheit bestätigen:

„Tiefblau ist das Firmament:
Und den dunklen Saphierbogen,
Den der Mond heut eigen nennt,
Hat er als Monarch bezogen.

Doch hat mir die stille Nacht
Auf des Lenzes lauen Schwingen
Den Geliebten (Achill) hergebracht;
Herz, nun kannst du jubeln, singen!

Und dem hehren Bräutigam
Duftig einen Kranz zu schlingen...

Und ich werf den Kranz dir zu,
Den die Liebe Dir gewunden,
Herrlicher und Hehrster Du!
Kaum erblickt und schon entschwunden!"

Noch inniger gestaltete sich der Kontakt zu einem wirklichen, aber nicht mehr lebenden Mann, dem Dichter Heinrich Heine, der wegen seiner scharfen Kritik an Religion und Gesellschaft als verpönter Künstler galt. Die Beziehung zu ihm, der von Elisabeth meist als „Meister" tituliert wurde, darf als die innigste aller geistigen Verbindungen der Kaiserin angesehen werden. An ihn, der sie lange Zeit faszinierte, richtete Elisabeth die meisten Gedichte:

„Auf schneebedeckten Pfaden
Ging ich wohl stundenlang…

Du (Heine) warst ja mein Begleiter,
Hast mir so viel gesagt;
Ernst klang es oft, oft heiter,
Hab stets es heimgebracht.

Doch lange jeden Abend
Steh' ich vor Deinem Bild,
Es in mein Herz begrabend,
Dass es die Qual dort stillt."
(Januar 1887)

Wenn sich die Kaiserin zum Dichten zurückzog, um „ins Reich der Träume zu eilen", so wandte sie sich stets an „ihren Meister", mit dem sie spiritistisch zu verkehren glaubte. Alles Verfaßte schrieb sie seinem Diktat zu, wofür sie ihm am 5. März 1887 in einem eigenen Gedicht – „An meinen Meister" – dankte:

„Es schluchzt meine Seele, sie jauchzt und sie weint,
Sie war heute Nacht mit der Deinen vereint;
Sie hielt dich umschlungen so innig und fest,
Du hast sie an Deine mit Inbrunst gepreßt.
Du hast sie befruchtet, Du hast sie beglückt,
Sie schauert und bebt noch, doch ist sie erquickt."

Heinrich Heine beschäftigte Elisabeth so intensiv, „daß die Träumereien mitunter sogar in Wahn-(oder Wunsch-?)Vorstellungen übergingen, die die Kaiserin innerlich zu zerreißen drohten. Ihre Tochter

Valerie machte sich ernsthaft Sorgen, als ihr die Mutter ‚... eines Tages schrieb, sie habe, als sie eines Abends im Bett lag und das Mondlicht durch das Fenster fiel, deutlich das Profil des Dichters vor sich gesehen, wie sie es von Bildern her kannte, und dabei die merkwürdige, ziemlich unangenehme Empfindung gehabt, als wolle diese Seele die ihrige aus dem Leib herausreißen ...'" (Praschl-Bichler/Cachée, S. 96f.)
Abgesehen von der innigen geistigen Beziehung zu Heine, schrieb die Kaiserin ihre gesamte literarische Produktion seinem Diktat zu, worauf in einem späteren Kapitel zurückzukommen sein wird.
Als schöne Frau liebte Elisabeth es, von Verehrern umgeben zu sein und mit deren Gefühlen zu spielen. Der vermutlich erste Flirt von Bedeutung verlief parallel zur ersten längeren Reise der Kaiserin, die sie nach Madeira führte. Sie wurde dorthin unter anderem von Graf Imre Hunyády begleitet, der in Hofkreisen als ausnehmend schöner Mann galt und den man ihr als Ehrenkavalier zugedacht hatte. In dem später, im September 1885, von der Kaiserin verfaßten Gedicht „Das Kabinet", in dem alle Männer als abgelegte Eselshäute (nach Shakespeares „Sommernachtstraum") erscheinen, wurde er auch als erster Mann von Bedeutung eingeführt:

„Der erste (Verehrer, Hunyády) war
ein hübsches Tier,
Nur Ohren über Mass;
Doch über seine Schönheit schier
vergass ich ganz auf das.

Ich hielt ihn mir im Tropenland,
bekränzt ihn mit Granat;
Bananen frass er aus der Hand;
doch wurd ich ihn bald satt."

Die Kaiserin scheint bei Hunyády nicht den Erfolg gehabt zu haben, den sie sich vorgestellt hatte. Wahrscheinlich wurde der Flirt von ihm vorschnell abgebrochen. Da er nach der Madeira-Reise den

Dienst bei der Kaiserin quittierte, läßt sich leicht denken, daß er dabei als Ehrenmann handelte, worauf auch die herabwürdigenden Bemerkungen der gekränkten Dichterin „Bananen frass er aus der Hand" und „doch wurd ich ihn bald satt" schließen lassen. Elisabeth wollte – wie sich später noch herausstellen wird – Männer gängeln und mit ihnen spielen. Die Rolle des Gewinners sollte in dem Spiel ausschließlich ihr vorbehalten bleiben.

Wie bereits erwähnt, bevorzugte die Kaiserin unter allen Völkern der Monarchie die Ungarn, weshalb auch Graf Imre Hunyády als einer der ersten Verehrer bei Elisabeth Anerkennung fand. Ihre besondere Freundschaft galt aber Graf Gyula Andrássy, der sie mit Temperament und Charme nicht nur als Frau umwarb, sondern der sie auch in die Pläne für den Ausgleich mit Österreich einweihte, ja sie sogar aufforderte, aktiv daran mitzuarbeiten. Die bis dahin am politischen Leben völlig uninteressierte Kaiserin begann sich plötzlich für die Sache zu ereifern und trat in der Folge sogar als Vermittlerin zwischen Kaiser Franz Joseph und den ungarischen Politikern auf. Alle Mutmaßungen, daß Elisabeth ab diesem Zeitpunkt eine wie auch immer angelegte politische Karriere anstrebte, sind jedoch bedeutungslos, da sie sich außer in dieser einen Angelegenheit niemals wieder politisch engagierte. Ihr Motiv war zweifellos Gyula Andrássy.

Es steht fest, daß die Kaiserin diesen Mann – in allen Ehren – liebte. Andrássy wird als schön und anziehend beschrieben und dürfte über eine starke Persönlichkeit und viel Temperament verfügt haben. Kaiserin Elisabeth verbrachte während ihrer Ungarnaufenthalte viel Zeit mit ihm, und man darf annehmen, daß beide stark voneinander angezogen wurden. Ebenso sicher darf man aber auch annehmen, daß gerade dieses Verhältnis das Maß des Schicklichen nie überstiegen hat: Graf Andrássy war ein Ehrenmann und hätte als solcher niemals gewagt, den Kaiser zu kompromittieren. Über die Freundschaft mit Graf Andrássy sind keine schriftlichen Dokumente bekannt geworden, wenn man von zwei Strophen des Gedichts „Das Kabinet" absieht:

„Der zweite (Verehrer, wahrscheinlich Andrássy) ach! wie war der lieb!
Der hat mir treu gedient;
Wenn so etwas auf Erden blieb,
Der hätt' Bestand verdient!

Oft streichle ich die alte Haut (die Eselshaut),
Gedenkend jener Zeit,
Die wir so innig und vertraut
Verkoseten zu zweit."

Besser dokumentiert ist die Freundschaft mit einer Zufallsbekanntschaft, Friedrich List Pacher von Theinburg , die einzig und allein auf Initiative der Kaiserin begann. (Vgl. Corti, S. 225ff.) Elisabeth hatte am Faschingsdienstag des Jahres 1874 mit ihrer engsten Vertrauten, Ida von Ferenczy, maskiert an einer Redoute teilgenommen, wo ihr ein Mann auffiel, den sie von ihrer Begleiterin ansprechen und zu sich bringen ließ. Im Schutz der Maske verbrachte sie mit ihm, dessen Name und Adresse sie erbat, einen fröhlichen Abend, nicht ahnend, daß der Verehrer schon sehr bald ihr Inkognito gelüftet hatte. In den darauf folgenden Wochen versuchte er, auf vielfältigste Weise, sich der Kaiserin zu nähern, wobei es ihm eines Tages wirklich gelang, sie beim Vorbeifahren in einer Kutsche von Angesicht zu Angesicht zu sehen. Elisabeth, die sich plötzlich wieder des nächtlichen Intermezzos erinnerte, setzte einen Brief an ihn auf, den sie über München an ihn adressierte, um den Verehrer, wie sie meinte, irrezuleiten. Es folgte eine zähe Korrespondenz, die von seiten der Kaiserin einmal werbend, ein anderes Mal fordernd oder tändelnd, dann wieder sehr gebieterisch geführt wurde. Als Friedrich Pacher von Theinburg in einem seiner zahlreichen Antwortschreiben die Behauptung wagte, er kenne die Identität seiner Briefpartnerin, brach die Korrespondenz abrupt ab.
Es dauerte elf Jahre, bis sich die Kaiserin eines Tages der Ball-Episode erinnerte, über Ida von Ferenczy die neue Adresse ihres Vereh-

rers ausforschen ließ und abermals einen Brief an ihn richtete. Die Geschichte ging mit einem Schreiben Pacher von Theinburgs – der mittlerweile verheiratet und Vater eines kleinen Mädchens war – dem Ende zu, als er Elisabeth bat, das Versteckspiel zu beenden und das Inkognito zu lüften, um die Sache zu einem fröhlichen Ende zu bringen. Als sie ihm diese Bitte abschlug, antwortete er mit einem verärgerten Brief, woraufhin der Briefverkehr abbrach. Zur Strafe wurde er in dem im September 1885 entstandenen Gedicht „Das Kabinet" mit einer bösen Strophe bedacht:

„Der dritte (Verehrer, Friedrich Pacher von
Theinburg), nein, war der ein Viech!
Ein ganz gemeines Beast;
Kahl war er auch, dazu noch schiech,
Gehört nur auf den Mist."

Zwei Jahre später übersandte ihm die Kaiserin – sich noch einmal auf den Flirt des Faschingsdienstags des Jahres 1874 beziehend – ein Gedicht, das sie ebenfalls 1885, aber in wehmütiger Erinnerung an diese Nacht verfaßt hatte:

„Denkst du der Nacht noch im leuchtenden Saal?
Lang, lang ist's her, lang ist's her,
Wo sich zwei Seelen getroffen einmal …
Denkst du der Worte, so innig vertraut …
Die wir getauscht bei der Tanzweisen Laut? …
Mein Antlitz enthüllen durft' ich dir nicht …
Jahre vergingen und zogen vorbei,
Lang, lang ist's her, lang ist's her …
Lebst du, so gieb mir ein Zeichen bei Tag …
Daß ich's kaum hoffen, erwarten vermag,
So lang ist's her, so lang ist's her!
Lass mich warten nicht mehr,
Warten nicht mehr!"
(Das Bild des gelben Dominos/ „Long, long ago",
April 1885)

Pacher von Theinburg antwortete auf das Gedicht in Versform. Die Kaiserin aber, die die zwei Jahre zurückliegende Abfuhr noch nicht vergessen hatte, ließ seinen Brief, der postlagernd aufgegeben wurde, niemals abholen.

Als Elisabeth in den siebziger Jahren des 19. Jahrhunderts an Fuchsjagden in England und Irland teilnahm, wurde ihr als Begleiter und Jagdführer der damals dreißigjährige Offizier William Bay Middleton zugeteilt, der zunächst wenig Freude hatte, die Kaiserin von Österreich „beaufsichtigen" zu müssen. Er änderte aber schon bald seine Meinung, da er in Elisabeth nicht nur eine ebenbürtige Reiterin fand, sondern auch eine echte Freundin gewann. Binnen kurzem scheinen beide viel Gefallen aneinander gefunden zu haben, und unter den vielen Männern, die im Leben Elisabeths eine Rolle gespielt haben und die „damals, meist ohne die geringste Berechtigung, als ihre Liebhaber bezeichnet wurden, weiß man bei Bay Middleton am wenigsten, woran man ist. Über ihn wird hauptsächlich in Jagderinnerungen berichtet, in denen aber selten etwas von dem Charme erwähnt wird, den er gehabt haben muß ... Denn daß Elisabeth von ihm betört war, steht fest ..." (Haslip, S. 314) In dem Gedicht „Das Kabinet" taucht er wie viele andere Verehrer als Halb-Esel-halb-Mensch-Kreatur auf: eine Figur, die die dichtende Kaiserin Shakespeares „Sommernachtstraum" entlehnte. Elisabeths Interpretation des Eselskopfs weicht vom literarischen Vorbild jedoch stark ab. Sie wollte mit dem bildhaften Vergleich die Männer im allgemeinen abwerten, im Unterschied zur „Urtitania" empfand sie die übriggebliebene Larve aber nur als Symbol für eine beendete Freundschaft oder Beziehung, ohne daß ihr vor der Larve graute.

„Ich tret' ans vierte Fell;
Der (Eselskopf) ward aus West' mir zugesandt,
Ein drolliger Gesell (Bay Middleton)!

Rostfarben (das bezieht sich auf die Haarfarbe) war mein Freund Langohr,

Sein Wiehern hell und laut,
And never was he sick, nor sore (und er war niemals krank oder schmerzempfindlich),
But jumped and pranced about (sondern sprang und bäumte sich auf)."

An dem Gedicht fällt ein etwas unterkühlter Ton auf. Das „Unterspielen" hängt sicher damit zusammen, daß auch Bay Middleton (wie früher schon Graf Hunyády) die Kaiserin „beleidigt" hatte, als er 1882 heiratete. Seit diesem Zeitpunkt steuerte Elisabeth England als Ziel ihrer Reisen nicht mehr an, wenn auch sicher ist, daß sie Bay Middleton später noch öfter traf: in Gödöllö, wohin sie ihn einlud, Jagden zu leiten, in Amsterdam und wahrscheinlich auch in Heidelberg. Anspielungen in diese Richtung finden sich in den Erinnerungen der Nichte der Kaiserin, Marie Larisch-Wallersee. Wenn auch einige Passagen in ihren Memoiren überzeichnet und nicht immer ganz richtig sind, so darf man doch an die angedeuteten Treffen glauben, da sich im nachhinein viele von Historikern zunächst angezweifelte und bedeutendere Ereignisse bewahrheitet haben. So geht aus den Aufzeichnungen Larisch-Wallersees hervor, daß die Kaiserin in der Zeit zwischen 1884 und 1886 auf Reisen einige Male mit Bay Middleton zusammentraf. Im April 1885 fuhr Elisabeth nach Heidelberg, wohin sie nicht von ihrer Nichte begleitet wurde. Dort entstand innerhalb des „Nordsee"-Liederzyklus ein Gedicht an eine Liebe, die sie sehr aufgewühlt haben muß, und es liegt nahe, darin Bay Middleton zu erkennen:

„Nur fort, nur fort von dir,
Ich kann's nicht mehr ertragen;
Das tolle Herz will schier
Den kranken Kopf erschlagen.

Die Augen drück' ich zu,
Ich will dich nicht mehr sehen,
Um jeden Preis nur Ruh',

Eh' alle Sinne gehen.

Denn heut, als ich dich sah,
Musst ich schon an mich halten,
Um nicht, als wär' Gott nah',
Die Hände hoch zu falten,

Um nicht laut auf zu schrei'n,
Mich auf die Knie zu werfen. –
Und o, dazu die Pein,
Das Toben aller Nerven.

Ist dies wohl Nemesis,
weil stets für irdisch Lieben
Mein Herz so ungewiss
Und ungetreu geblieben?"

Während die Elisabeth-Biographen Egon Conte Corti und Brigitte Hamann diese Gedichte auf einen schönen Unbekannten (Corti) oder auf Achill (Hamann) münzen, darf man ruhig annehmen, daß es sich auf den nachgereisten Bay Middleton bezieht. Der „schöne Unbekannte" bliebe eine – wenn auch schwache – Alternative, da die starken Gefühle eher für einen der bekannten Männer im Leben der Kaiserin sprechen. Achill jedoch scheidet aus zwei Gründen aus: erstens, weil ein zur selben Zeit – April 1885 – in Heidelberg entstandenes Gedicht an ihn, das durch eine Statue angeregt wurde, nur die Ausstrahlung der Plastik wiedergibt: leblos und steinern.

„Geliebter! (Achill) Hier willst du weilen (in Form der Statue),
Mit Blüten und Liebe bedeckt,
Die herrlichen, edlen Glieder
In marmorner Ruhe gestreckt.
Mein Lieb ist aus Stein,

Mein Herz ist aus Stein,
Kalt wie sein Marmor bin ich;
Drum währt meine Lieb',
Wie sein Bild so rein,
Treu immer und ewiglich."

Zweitens, weil der im zuerst zitierten Gedicht beschriebene übersteigerte Liebesausbruch, der mit Sicherheit einem lebenden Menschen galt, nicht nur in der Literatur, sondern auch in Wirklichkeit stattgefunden haben muß. Denn die zuletzt angesprochene Nemesis, die strafende Gerechtigkeit, bezieht sich auf die besonders starke Empfindung dem „wirklichen Mann" gegenüber, der die Kaiserin – weil sie verheiratet war – nicht nachgeben durfte. Im April 1885 entstand in Heidelberg noch ein anderes Gedicht, das die Theorie bestätigt, daß ein „leiblicher" Mann – eben wahrscheinlich Bay Middleton – Elisabeths Inneres aufwühlte. Einen Hinweis dafür gibt auch der Titel des Gedichts, „Ramsgate" (das ist der Name eines *englischen* Seebadeorts), der auf die Herkunft des Geliebten verweisen könnte:

„Zu spät, zu spät sind wir begegnet
Uns (abermals ein Hinweis darauf, daß die Kaiserin verheiratet war) auf des Lebens Dornenpfad;
Zu weit schon hat uns fortgetragen
Der Zeiten unaufhaltsam Rad.

Zu spät hat deiner tiefen Augen
Magnet'scher Blick auf mich geschaut,
Selbst unter diesen warmen Strahlen
Hat's starre Herz nicht mehr getaut ...

O wende weg die ernsten Augen!
Lass ruhigen Wegs mich weitergeh'n!
Kann Glück ich nicht mehr eigen nennen,
So will ich's wenigstens nicht seh'n!"

Sollte mit dieser Aussage die für die verheiratete Kaiserin schwer zu ertragende Beziehung zu Bay Middleton nicht gemeint sein, so bliebe als Alternative nur eine andere anonym gebliebene Liebschaft, sicher aber nicht Heinrich Heine, wie Hamann vermutet, da bei ihm, der schon lange tot war, das „zu späte Begegnen" keine Rolle gespielt hätte. Daß es sich um eine reale Beziehung gehandelt haben muß, wird in den letzten Versen bestätigt – es wäre sonst nicht notwendig gewesen, auf das Unglück des Gebundenseins hinzuweisen.
In Zusammenhang mit Bay Middleton sei auch eine Episode aus den Erinnerungen Marie Larisch-Wallersees erwähnt, die nur wenige Monate später in Bayern stattfand und die auf einen Bruch der Beziehung durch Elisabeth rückschließen läßt. Middleton war aus Wien gekommen, von wo er vielleicht aus der Hofburg Weisungen erhalten hatte, nach Bayern zu reisen. Dort wurde er von Marie Larisch-Wallersee empfangen, die in seinem Gesicht hilflos schmerzliche Züge fand: „Wie vernichtet saß er da. Endlich fragte er: ‚Shall I really see her tonight?' (Werde ich Elisabeth wirklich heute abend sehen?) Ich versicherte es ihm, vorausgesetzt, daß er mir verspräche, mit einer kurzen, ruhigen Rücksprache zufrieden zu sein ... (Wenig später kam die Kaiserin.) Zerstreut fragte sie: ‚Ist er da? Was hat er gesagt?' Und ich erzählte. Scheinbar ruhig hörte meine Tante zu. ‚Ich werde ihn selbstverständlich sehen', sagte sie. Als es Zeit war, erhob sie sich, nahm Mutters Wollschal um und sagte, Henny (eine Verwandte Larisch-Wallersees) und ich sollten sie begleiten (und während der Aussprache in der Nähe warten) ... Ein leises Gespräch (zwischen Elisabeth und Middleton) konnte nicht bis zu mir dringen, also ging alles friedlich zu. Gar nicht lange, da kam die Kaiserin um die Ecke ... (Wir) gingen denselben Weg zurück. Unter der Haustür sagte meine Tante: ‚Geh schlafen, du wirst müde sein.' Sie umarmte mich. Ich wußte, daß sie geweint hatte." (Larisch-Wallersee I, S. 220ff.)
Was immer sich an diesem Abend ereignet haben mag und ob die Beziehung für alle Zukunft beendet war, entzieht sich dem Wissen der Nachwelt. Fest steht, daß ihr im Leben der Kaiserin eine wesent-

lich höhere Bedeutung zukam, als allen anderen Freundschaften. Denn im Prinzip wollte sie zwar von Männern – als eine Art Ikone – verehrt werden, es durfte ihr dabei aber nicht zu nahe getreten werden. Vor allem mußte ihr das Recht vorbehalten bleiben, mit dem Anbeter zu spielen und die Beziehung nach ihren Vorstellungen zu gängeln. Die folgende Episode ist deshalb wesentlich typischer für sie als die offensichtlich wirklich empfundene Liebe zu Bay Middleton.

Die Geschichte trug sich im Jahr 1877 in England zu, wo die Kaiserin an Reitjagden teilnahm. Ihre Nichte Marie Larisch-Wallersee hatte sie begleitet. Man hielt sich in Combemere auf, wohin der Prinz von Wales, der spätere König Eduard VII., ein Bewunderer Elisabeths, zum abendlichen Tee bitten ließ. Die Kaiserin, die ihn offensichtlich reizen wollte, empfing ihn in einem Spitzenneglige, was der Verehrer als eindeutige Einladung auffaßte. Als er sich dicht neben sie setzte, rief sie rasch ihre Nichte Marie, die sie vorher auf diesen Spaß vorbereitet hatte. Während der Prinz „... der Kaiserin seine Aufwartung machte, (wartete) ich (Larisch-Wallersee) in der unteren Halle, die gleichzeitig Bibliothek war und durch eine Zimmertreppe mit dem Salon in Verbindung stand ... bis ich gerufen würde. Ich suchte mir ein Buch und vertrieb mir die Zeit mit Lesen. Dennoch hörte ich, wenn auch undeutlich, die Stimmen von oben und mitunter das typische kleine Lachen der Kaiserin. Plötzlich rief sie meinen Namen, ich warf das Buch zur Seite und eilte die Treppe hinauf. Oben an der Balustrade stand meine Tante, hielt sich das Taschentuch vor den Mund, an ihren Augen sah ich, daß sie mit dem Lachen kämpfte. An mir vorbei jedoch kam der Prinz, ziemlich eilig, wie es mir schien, und hatte für meine Verneigung nur ein kleines Kopfnicken." (Larisch-Wallersee I, S. 58)

Die literarische Verwertung dieser kleinen Episode nahm Elisabeth zehn Jahre später – im September 1887 – in einem Gedicht mit dem Titel „There's somebody coming upstairs!"* vor:

* Da kommt jemand – nämlich die Nichte Marie – die Treppe herauf.

„‚May I come to tea to-day?‘
(Darf ich heute zum Tee kommen?)
Sprach der Prinz zur schönen Lady (Elisabeth),
‚Himmlisch ist's in Ihrer Näh'!‘
‚If your highness will be steady.‘
(Wenn Ihre Hoheit treu/fest/sicher sind.)
Und die Schöne knickst dabei …

Sanft und milde fällt Licht
Auf die breite Ottomane,
Wo mit rosigem Gesicht
Ruht des Hauses schöne Dame.

In dem Spitzen-Negligé
Ist sie reizend anzuschauen,
Während lässig jetzt den Thee
Ihre weissen Finger brauen.

Im Fauteuil, dicht neben ihr,
Sitzt der Prinz; mit seinen Blicken
Zu verzehren scheint er schier
Sie, die schön bis zum Entzücken.

Immer näher rückt er hin,
Endlich hält er sie umschlossen.
Sollen wir den Vorhang zieh'n,
Über gar zu dreiste Posen? …

Doch ein Held zu jeder Zeit,
Gibt er sich nicht selbst verloren,
Gleich dem Fechter feinte-bereit (zur Finte bereit),
Spitzt er plötzlich seine Ohren:
‚There's somebody coming upstairs!‘
(Da kommt jemand die Treppe herauf) …

Um der Lady Rosenmund
Züngeln schon des Lächelns Schlangen:
‚Highness, trotz der späten Stund'
Deucht es mir auch jetzt mit Bangen,
‚There's somebody coming upstairs!'"

Noch mit 51 Jahren, elf Jahre nach dem Abend mit dem Prinzen von Wales, war die Kaiserin zu ähnlichen Abenteuern bereit, wobei diesmal ein wesentlich jüngerer und unbedeutenderer Mann zum Spielball auserkoren war. Alfred Gurniak Edler von Schreibendorf war im Jahr 1888 Anlaß zu einer Romanze, in einer Zeit, als die Schwiegertochter, Kronprinzessin Stephanie, wenige Monate vor dem Selbstmord des Kronprinzen Rudolf, bereits deutlich auf die psychischen Probleme ihres Mannes aufmerksam gemacht hatte.
Die Kaiserin war mit dem jugendlichen Verehrer beschäftigt und hielt ihre – mitunter bösen – Spiele in einem eigenen Gedichtzyklus über Titania/Elisabeth und Alfred fest:

„In meiner schönen Mache
Verzapple dich zu Tod,
Ich schaue zu und lache
Von jetzt bis Morgenrot."

Gleichzeitig bewunderte sie aber auch die Mühen des Verehrers, den sie dann und wann sogar mit kleinen Überraschungen belohnte:

„Und wem's an keckem Mute nicht gebricht,
Dem wird die Elfenkönigin (Elisabeth) sich zeigen, –
entschleiernd ihm ihr bleiches Angesicht."
(„An der grünen Isar", Sommer 1888)

Eine weitere Belohnung erhielt Gurniak mit der Einladung in den kaiserlichen Privatpark in Lainz:

„Verzaubert der Garten, verzaubert das Schloß ...
Der Jüngling musst' warten (bis sich die „Feenkönigin" zum Stelldichein einfand, – wahrscheinlich, um

seine Geduld zu erproben) …
Im Mondlicht ruht Titania gern …
Den wilden Eber (Alfred) krault sie hinterm Ohr,
Doch nie und nimmer werden zugelassen,
Die draussen an des Zauberwaldes Thor; (andere Verehrer, die nicht in den Genuß dieser Ehrbezeigung kamen)
Um Einlass fleh'n mit Schreien und mit Scharren,
Die alten Esel und die jungen Narren."
(„Titanias Zauberschloss", Sommer 1888)

Auch Alfred wurde nicht müde, Elisabeth seine Liebe zu beweisen, weshalb er ihr sogar bis Rumänien nachreiste. Die Kaiserin dankte später mit einem neuen Gedicht, in dem sie darauf Bezug nahm:

„Alfred, ich liebe dich,
Borstiges Ungetüm! … Blickst mich so zärtlich an.
Wie du es dereinst getan,
Alfred im Zaubertal" (Rumänien)
(„Alfred, der verzauberte Eber")

Vielleicht reiste Alfred im Sommer 1888 auch nach Bad Ischl nach, wo ihn die Kaiserin sicher nicht treffen konnte, da sie mit Familienangelegenheiten beschäftigt war, die rund um den Geburtstag Kaiser Franz Josephs stattfanden – ob es sich beim folgenden Gedicht um eine Phantasie oder um eine Anspielung auf den tatsächlich in Ischl anwesenden Verehrer handelt, läßt sich nicht entscheiden. Auf jeden Fall gedenkt Titania/Elisabeth am Gipfel eines Berges im Salzkammergut des jungen liebeskranken Mannes:

„Tief unten in seinem Wehe
Da steht ein Jüngling im Thal
(von wo „ein Klagelaut" bis zu Titania dringt:) …
‚Ich bin es, Jüngling der Leiden,
Verzaubert hast du mein Herz …

Ich suche nur Deine Liebe,
Ich opfere Hab und Ruh',
Und wenn mir auf Erden nichts bliebe,
Mein Endziel bleibst doch du!'"

Plötzlich erfolgte ein Umschwung der Gefühle, die Feenkönigin erinnerte sich ihrer gottähnlichen Unerreichbarkeit:

„,An Liebe glaube ich (Titania) nicht mehr,
D'rum geh von mir ...

Mein Herz ist kalt, so eisig kalt,
Kehr heim in Ruh ...

Besitztest du den kecken Mut,
Mich jemals zu erreichen?
Doch tödtet meine kalte Glut,
Ich tanze gern auf Leichen.'"

Es folgt ein Stimmungswechsel in Richtung verzweifelte Geliebte, weil der jugendliche Anbeter das „Zauberreich" verließ, um eine kurze Reise in seine Heimat nach Dresden anzutreten.

„Auch meinem Herz, dem wankelmütig kranken,
Selbst kurze Lenzeslust blieb ihm nicht treu ...

Und du bist fort, bist wirklich mir entschwunden –
Was riss urplötzlich dich aus meiner Näh? ...

Hast dein bezaubert Herz du schwach befunden? ...
Das schrecklichste selbst lasse mir's bald wissen ..."

Es dauerte nicht lange, und die Feenkönigin besann sich wieder ihres hohen Standes und beschloß, den kühnen Verehrer zu strafen:

„Titania reicht aus ihrem goldnen Kranze
Dir einen Zweig, eh' sie auf ewig flieht;

Vergebens suchst du sie beim Elfentanze,
Umsonst bist du um ihre Spur bemüht …

Mit ihren Elfen ist sie nun entflogen."
(„Auf dem Zauberberge", Ischl 1888)

Trotz aller Beteuerungen wurde die Romanze fortgesetzt, wobei plötzlich das Bild wechselte und der junge Mann in die Rolle des Verlassenen schlüpfte. Bald dauerte er sie, und sie erhörte ihn abermals:

„Ein junger Esel (Alfred in der Maske des Esels) lärmte gotterbärmlich,
Und schrie: ‚Titania komm' und streichle mich!'
Sein Klagen klang so namenlos erbärmlich,
In's Ohr drang jeder Ruf ihr wie ein Stich,
Und da er ihre Ruhe endlich störte
Mit diesem nimmer endigenden Fleh'n,
So kam's, dass sie ihn schliesslich doch erhörte …"
(„Titania und Alfred")

Der Zyklus wird mit des „Esels Klage an Puck" (einem Elfen im Gefolge Oberons und Titanias aus Shakespeares „Sommernachtstraum") weitergeführt, wobei Elisabeth sich in die Rolle Alfreds versetzt:

„Es peinigt die Liebe
Seit Jahr mich (Alfred) und Tag,
Es peitschen mich Triebe,
Dass ich schier verzag!
Seit ich sie gesehen
Im glänzenden Saal,
Ist's um mich geschehen,
Begann meine Qual …

Titania schreitet

Im Urwald und träumt. –
Gefunden, gefunden!
So jubelt mein Herz,
Nun wird es gesunden
Und endigt mein Schmerz.
Doch Ärmsten mir, Wehe!
Ich kam ihr nie nah ..."

Die mittlerweile wieder über die Beziehung räsonierende Kaiserin nahm abermals Abstand vom Verehrer, den sie wie üblich mit einer niederen Rolle bedachte:

„Ich (Elisabeth) hab' dich nicht gerufen,
Du drängtest selbst herbei
An meines Thrones Stufen
Mit endlosem Geschrei.
Was kamst du mir zu stören
Die wonnig süsse Ruh',
Soll mich vielleicht betören
Ein Eselein wie du? ...

In meiner schönen Mache
Verzapple dich zu Tod,
Ich schaue zu und lache
Von jetzt bis Morgenrot."
(„Titanias Spinnlied")

Der Stimmungsumschwung blieb nicht aus, als Alfred der Kaiserin offensichtlich nach Gastein folgte:

„Im Schatten der Tannen da steht eine Bank,
Dort sitzet der Jüngling so herzmüd und krank ...

Der Jüngling aber sinket ihr zu Füßen (Titanias, die sich gerufen fühlte):
‚Nur so Titania darf ich (Alfred) dich begrüssen;

Ich bete dich ja an, und seit zwei Jahren
Hab' rastlos ich die Welt nach dir durchfahren.

Seit mich im Feensaal dein Blick getroffen,
Bist du mein Schicksalsstern, mein Schmerz, mein Hoffen …'"

(„Gastuna"/Gastein)

Im Herbst 1888 endete die Romanze, für die Elisabeth so viele Verse bemüht hatte. In der „Schluss-Stanze" vermengen sich die Gefühle.

„Wie Ariadne einst, weilt heut verlassen
Titania auf hohem Fels allein …

Titania starret regungslos in's Weite,
Ihr feuchter Blick, wem giebt er noch Geleite?

Und dennoch hiess sie selbst ihn gehen,
Stiess ihn zurück mit schneidend kaltem Hohn,
Verachtend seiner heissen Liebe Flehen …
Nie wird die Elfenkönigin mehr sehen
zu heit'rem Spiel sich nah'n den Erdensohn …"

In „Finis", dem letzten poetischen Nachschlag des Zyklus, ließ die Kaiserin den Verehrer sterben, um vor der Welt und vor sich selbst wieder den unerreichbaren Platz auf dem Piedestal einnehmen zu können:

„… in Dresden fiel ein Schuss.
Das Märchen ist nun aus, und Alfred todt;
Titania sinnt und starrt ins Morgenrot,
Den Blick getrübt, von Thränen noch gerötet,
Denn ihre Elfen haben ihn getödtet."

Wahrscheinlich waren mit den Elfen Hof- oder Sicherheitsbeamte

gemeint, die – sicher über die Vermittlung des Kaisers – auf ein Ende der Episode drängten.
Parallel zur Alfred-Geschichte entstand im August 1888 in Bad Ischl ein Gedicht an den portugiesischen Thronprinzen Karl aus dem Haus Sachsen-Coburg-Gotha, der sich wahrscheinlich auf Sommerfrische im Salzkammergut befand. Er war fünfundzwanzig Jahre alt und offensichtlich so schön, daß die Kaiserin seinetwegen sogar ihre Abneigung gegen die Familie Sachsen-Coburg-Gotha überwand. In ihrem Gedicht „An Carl" gesteht sie:

„Ja du bist schön, schön zum Entzücken,
Bewundernd staunte ich dich an
Ob all der Reitze, die dich schmücken,
Und doch bist du noch kaum ein Mann …

Treu wie ein Kind weisst du zu schauen,
Und feurig dennoch wie ein Mann …

Doch was vor allem mich entzückte,
War dein melodisches Organ,
Wer meine Sinne je umstrickte,
Hat mit der Stimme es getan …

Drei Abende durfte ich verweilen,
Drei Abende kamst du zu mir,
Dann musst ich rastlos weitereilen.
Nun trennt mich eine Welt von dir."
(August 1888)

Als Schlußwort zu diesem Kapitel kann ein Absatz aus den Erinnerungen der Nichte der Kaiserin, Marie Larisch-Wallersee, herangezogen werden, die – ungeachtet der Männer, die hinter den erwähnten Beziehungen standen – Elisabeths Verhältnis zur Liebe richtig erkannt hatte: „Elisabeth war in die Liebe verliebt, weil sie ihr das Lebensfeuer bedeutete. Sie betrachtete die Sensation, angebetet zu werden, als einen Tribut, der ihrer Schönheit zukam. Doch ihre Begeisterungen dauerten nie lange, offenbar, weil sie zu künstlerisch empfand, um ihre Sinne gefangen zu geben. Und der Geliebte, der den Glauben an seine Idealgestalt erschütterte, erhielt sofort den Laufpaß." (Larisch-Wallersee II, S. 93)

Es ist charakteristisch für Elisabeth, daß sie niemanden der kaiserlichen Familie akzeptierte. Ihre Bindung an die eigene Familie, aber auch die Bevorzugung von Menschen, die unter ihrem Stand waren, lassen auf folgenden Hintergrund schließen:
Sisi fühlte sich in der kaiserlichen Familie als Außenseiterin. Entsprechend dem österreichischen Psychologen Alfred Adler, dem Begründer der Individualpsychologie und dem Schöpfer des Begriffes Minderwertigkeitskomplex, handelt es sich bei solchen Verhaltensweisen oft um die Kompensation eines Unterlegenheitsgefühles. Sisi stammte ja aus einer Nebenlinie der Wittelsbacher, war also von Geburt aus rangniedriger als Erzherzogin Sophie, die Mutter des Kaisers. Es ist anzunehmen, daß die Rivalität zwischen den beiden Wittelsbacher Linien schon in Elisabeths Kindheit ein mehr oder weniger deutlich formuliertes Familienthema war.
Der Standesunterschied zwischen Sisi und ihrer Schwiegermutter wird vielleicht auch bei Hof für boshaften Klatsch gesorgt haben. Daß die Hofgesellschaft mit ihrem aristokratischen Weltbild nicht großzügig darüber hinwegging, daß Sisi „nur" eine Herzogs- und nicht eine Königstochter war, ist naheliegend. Selbst wenn diese Haltung nicht offen zur Schau getragen wurde, war sie doch atmosphärisch spürbar und mußte das Selbstbild der postpubertären Kaiserin nachhaltig verletzen. Dafür rächte sie sich: Sehr zum Ärger der kaiserlichen Familie wählte Sisi nur unstandesgemäße Frauen als Gesellschafterinnen. Es ist auch kein Zufall, daß sie sich mit der unstandesgemäßen Frau ihres Bruders, einer Schauspielerin, an-

freundete. Zur weiteren Demütigung der Hofgesellschaft vergab sie hohe Posten grundsätzlich nur an Rangniedrigere. Mehr noch – sie sprach auch nur ungarisch mit ihren Hofdamen, um ihrerseits die anderen auszugrenzen.

Der Umstand, daß Elisabeth an Hofgesellschaften nur selten teilnahm und wenn, nur launisch oder schweigsam, ist ebenfalls als Versuch zu werten, die anderen zu brüskieren und mit dieser Haltung gleichzeitig die Aufmerksamkeit auf sich zu lenken.

Nun wundert es nicht mehr, wenn man hört, daß Sisi gerne schwamm: Auch der Schwimmsport wurde damals nur von „gewöhnlichen" Frauen betrieben.

Sisis abergläubischen Tick, Buckelige an ihrer Mißbildung anzufassen, deuten wir als kontraphobische Handlung. Wie Märchen und Mythen zeigen, gelten Buckel, lange Nasen und Besen als Attribute von Hexen. Psychoanalytisch gesehen ist die Hexe der Inbegriff einer phallischen Frau. Darunter versteht man eine Frau, die sich mit ihrer Weiblichkeit nicht abfinden kann, weil sie sich von Natur aus dem Mann gegenüber benachteiligt fühlt. Der zwischen die Beine geklemmte Besen, der hervorstechende Buckel und die lange Nase erinnern zwingend an den männlichen Phallus.

Die moderne phallische Frau, die Elisabeth verkörpert, kommt natürlich auch ohne Buckel und Besen zu Rande. Um die vermeintliche fehlende Macht auszugleichen, schafft sie sich auf andere Weise Ersatz. Ihr Motto lautet: „Wenn ich schon nicht vollkommen bin, sollst du es auch nicht sein." Sie „depotenziert" andere, indem sie sie brüskiert, beleidigt oder kränkt und deren Schwächen hervorstreicht. Diese Haltung kommt einer symbolischen Kastration gleich.

Wie wir später noch sehen werden, bestätigt Sisis Umgang mit anderen Menschen diese These.

Ihr Zwang, jeden Buckel zu berühren, kann als magische Handlung gegen die gefürchtete eigene Kastration gedeutet werden.

Der interessante Umstand, daß ihre drei Lebensmänner Heinrich Heine, Achill und Odysseus waren, ist ein weiterer Hinweis auf ihre Identifikation mit dem Männlichen.

Es ist nicht ohne Pikanterie, daß Elisabeths ruheloses Leben Parallelen zu den Irrfahrten des mythischen Weltumseglers Odysseus aufdrängt. Sisi geht in ihrer Identifikation mit dem antiken Helden sogar so weit, daß sie sich wie er an den Mast eines Schiffes binden ließ. Sie tat es, um das stürmische Meer zu beobachten, er tat es, um den stürmischen Verlockungen der Sirenen standzuhalten. Der gemeinsame Nenner könnte in beiden Fällen die Abwehr gefährlicher innerer Versuchungen sein. Mag fürs erste Elisabeths Mastszene so wirken, als wolle sie nur einem Naturschauspiel beiwohnen, steckt im tosenden Meer doch die Symbolkraft entfesselter Sexualität. Denken wir nur an die schaumgeborene Venus.

Wenn Odysseus symbolisch für das Suchen und Herumirren der Kaiserin steht, spiegelt sich ihr Trotz in Achill. Während sie sich vom Speer des vitalen Kriegshelden Achill durchbohren lassen will, erträumt sie sich eine geistige Verschmelzung mit dem Dichterfürsten Heinrich Heine. Er „befruchtet" sie sogar. Ihr „Erschauern", „Erbeben" und „Erquicktsein" entspricht in der Chronologie dem Ablauf eines gewöhnlichen Geschlechtsaktes.

Sisis fixe Idee, mit Heine spiritistisch in Kontakt zu treten und sein Schreibmedium zu sein, bestätigt ihre bereits früh vorhandene Tendenz, sich aus der Realität in die Welt der Phantasie zu flüchten. Daß die Wahl ihres „Meisters" auf Heinrich Heine fiel, wundert nicht mehr: Heine galt als „enfant terrible", da er es sich herausnahm, die etablierte Gesellschaft herunterzumachen. Auf diese Neigung stößt man bei der Kaiserin immer wieder …

KAISERIN ELISABETH UND KAISER FRANZ JOSEPH

Das „Einführen in die Gesellschaft" zählte zu den bedeutendsten Ereignissen im Leben einer jungen Dame des 19. und auch noch zu Beginn des 20. Jahrhunderts. Aus Anlaß eines Geburtstages wurden die 16- bis 18jährigen Mädchen – meist mit der Wintersaison beginnend – in die Gesellschaft eingeführt: Man nahm sie zu zahlreichen Veranstaltungen wie Bällen oder Empfängen mit, um sie in entsprechendem Rahmen mit den Söhnen gesellschaftlich gleichgestellter Familien zusammenzuführen. Diese Zusammenkünfte waren „tatsächlich die erste und einzige Gelegenheit für ein junges Mädchen aus gutem Hause, eine größere Gruppe von Altersgenossen männlichen Geschlechts kennenzulernen. Die Bekanntschaft mit jungen Herren beschränkte sich vorher lediglich auf einige Freunde der Brüder oder ein paar Vettern, die im Hause verkehrten ... Die so wohlbehüteten jungen Damen hatten also zu warten, bis es ihre Eltern für richtig hielten, sie auf ihren ersten Ball und somit ‚in die Welt' zu führen. Bei diesen standesgenössischen Bällen war dafür gesorgt, daß alle Teilnehmer einander vorgestellt und den jungen Mädchen möglichst viele Tänzer zugeordnet wurden. Jede Dame erhielt ein ‚carnet de bal', eine Ballkarte, in der das vorgesehene Tanzprogramm des Abends angeführt war. Die jungen Kavaliere hatten gleich zu Beginn des Balles die Aufgabe, sich für bestimmte Tänze bei den Damen ihrer Wahl einzutragen. Besonders wichtig war für jedes Mädchen, sich für den sogenannten Cotillon einen begabten Tänzer zu sichern, was oft schon tagelang vor der Ballveranstaltung besorgt wurde. Der Cotillon war eine komplizierte Tanzformation mit vielen verschiedenen Figuren, die von einem sogenannten Vortänzer angesagt wurden. Er galt als Höhepunkt des Balles, und den anwesenden Müttern schien die Frage von größter Wichtigkeit, mit wem ihre Tochter den Cotillon tanzen würde. Wenn eine junge Dame während einer Faschingssaison den Cotillon mehrmals mit dem gleichen Kavalier tanzte, wurde dies als ein sehr ernst zu nehmendes Vorzeichen für eine bevorstehende Verlobung angesehen. Es ist natürlich zuzugeben, daß diese Ballveranstaltungen für die adelige Jugend die Funktion eines großen Heiratsmarktes hatten ..." (Spiegelfeld, S. 170ff.)

Dies sei an den Anfang gestellt, um zu erklären, was Elisabeth an Vorbereitungsarbeit fehlte und ihrer älteren Schwester Helene schon zuteil geworden war, die im Jahr 1853 gemeinsam mit ihrer Mutter nach Bad Ischl gereist waren, um dem Kaiser als mögliche Bräute präsentiert zu werden. Die oft kolportierte Geschichte von der einzig dafür ausersehenen älteren Helene scheint nicht der Wahrheit zu entsprechen, wie im folgenden mit einem noch nie veröffentlichten Brief Erzherzogin Sophies, der Mutter Kaiser Franz Josephs, bewiesen werden kann. Es gehörte zu den Eigentümlichkeiten der vergangenen Jahrhunderte, daß man – wenn vorhanden – einem hohen Brautwerber zwei herangewachsene Töchter derselben Familie vorführte, damit er eine – wenn auch kleine – Wahl hatte. Erzherzogin Sophie, die gemeinsam mit ihrer Schwester Ludovika, der Mutter Helenes und Elisabeths, das Treffen der jungen Leute vorbereitet hatte, berichtete am 16. August 1853 in einem Brief an eine Amalie (entweder an ihre Schwester Amalie, die spätere Königin von Sachsen, eher aber an ihre Cousine und beste Freundin Amalie Wasa, die Tochter des letzten Königs von Schweden aus dem Haus Pfalz-Zweibrücken) über diese Zusammenkunft. Daraus geht hervor, daß sehr bald Elisabeth als bevorzugte Braut unter den beiden Schwestern festgestanden hatte. Den warmen Worten Erzherzogin Sophies entnimmt man, daß sogar sie von allem Anfang an von der jüngeren Nichte eingenommen war: „Luise (Herzogin Ludovika in Bayern) habe ich bei einem großen Bauernhaus über dem Strobl (wahrscheinlich Strobl am Wolfgangsee) … während einer guten Stunde erwartet, denn ihre unglückliche Migraine, die sie in der Nacht in Traunstein sehr stark hatte, verspätete ihre Abreise dort um 2 Stunden … Luise und ihre lieben Töchter führte ich in das Hotel, wohin ich Sophie Frappart (wahrscheinlich ein Mädchen in ihren Diensten) mit Kamm und Bürste kommen ließ, da die Leute (im Gefolge der Herzogin Ludovika) und fourgon (Wagen mit Gepäck) zurückgeblieben waren, u. mit innigem Wohlgefallen sah ich Sisi zu, wie sie mit Anmuth und Grazie ihr schönes Haar selbst ordnete. Sie folgten mir dann bald mit ihrer Mutter in unser Haus, wo die ganze Gesellschaft … den The und souper genommen hatte, u. in meinem Toilettezimmer begrüßten die hohen Herrschaften die Neuangekommenen, währenddessen trieb Fritzi (eine Hofdame der Erzherzogin Sophie) sämtl. Suiten (Leute im Gefolge der Familienmitglieder) in den letzten Salon … und wir blieben dann ungestört en famille zusammen in meinen Sallons, während die Husarenmusik von Wels vor dem Haus musizierte … (Um) halb 9 Uhr wird getanzt zur großen Freude der Jugend. S. (Sisi) hat sehr gefallen. Doch nun in Eile lebewohl meine Geliebte, mit der innigsten Liebe umarmen wir Dich Alle!“ Daß Sisi

„sehr gefallen“ hat, muß bedeuten, daß sich der Kaiser bereits für sie entschieden hatte.
Im Zusammenhang mit der schnellen Wahl der noch nicht ganz sechzehnjährigen Cousine drängt sich die Frage auf, was im weiteren Eheleben des Kaiserpaares anders verlaufen wäre, hätte Elisabeth schon ein wenig mehr von dem Spiel zwischen den Geschlechtern gewußt. Denn alles, was ihr von Liebe, Heirat und Ehe bekannt war, entstammte romantischen Büchern und dem, was sie sich aus dieser Literatur zusammengereimt hatte. Wie man aus ihren im Backfischalter geführten Tagebüchern weiß, war sie vor ihrer Verlobung zumindest zweimal verliebt gewesen, allerdings nur von weitem und ohne das Wissen der Angebeteten. Als Kaiser Franz Joseph in Bad Ischl erschien, war er der erste Mann, der selbst mit seiner Liebe an sie herantrat, und Elisabeth erwiderte zunächst diese Gefühle. Egal, wie sehr dabei die Attraktion mitschwang, der älteren, gesellschaftserfahrenen Schwester vorgezogen zu werden und durch diese Heirat zur Kaiserin von Österreich aufzusteigen, fest steht, daß am Anfang der Beziehung beide Partner einander wertschätzten und liebten. Elisabeth jedoch wurde die Liebe des Ehemanns im Laufe der Zeit lästig, wenn sich auch im Alter wieder gewisse Anzeichen von Anhänglichkeit bemerkbar machten. Im Unterschied dazu liebte Kaiser Franz Joseph seine Frau ein Leben lang, und mit zunehmendem Alter immer mehr. Dokumente seiner innigen Zuneigung stellen die zahlreichen Briefe dar, die er der immer öfter abwesenden Ehefrau nachschickte, oder die Briefe an seine Mutter und später an die Schauspielerin Katharina Schratt, denen er laufend die Einzigartigkeit Elisabeths schilderte.
Der erste Brief über die junge Braut ging an die Mutter, die Kaiser Franz Joseph ebenso liebte, wie er ihre Urteilskraft schätzte, und der er nie seine Gefühle verbarg. „Gestern nach Tisch erhielt ich Ihren lieben Brief vom 3., für die viele Liebe und Güte, mit der Sie mich in der göttlichen Ischler Zeit (Verlobung mit Elisabeth) überhäuft haben, ich nie genug danken kann ... Es war ein harter und schwerer Sprung aus dem irdischen Himmel in Ischl in die hiesige papierene

Schreibtischexistenz mit ihren Sorgen und Mühen … Mit unendlicher Sehnsucht nach Westen (in Richtung Bayern, wo Elisabeth lebte) … bleibe ich Ihr treuer Sohn Franz." (Schönbrunn, 6. September 1853, Briefe I)
Dieser Brief belegt eindeutig die alles andere als krisenhafte Einstellung Erzherzogin Sophies der künftigen Schwiegertochter gegenüber; sie hat die Wahl des Sohnes nicht nur respektiert, sondern auch von Anfang an gutgeheißen. Wegen dieser Einstellung wurde sie auch der bevorzugte Ansprechpartner des sonst emotional wenig mitteilsamen Franz Joseph, der der Mutter den Verlauf seiner Liebe in mehreren Briefen darstellte: „Ich kann den Augenblick gar nicht mehr erwarten, wo ich nach Possenhofen reisen kann, um Sisi wieder zu sehen, an die ich unaufhörlich denken muß. Ich habe schon zwei sehr liebe Briefe von ihr bekommen, die mich ganz beglückten … Ich habe mein größeres Porträt (von einem Maler namens Schwager) … im Kleinen kopieren lassen und es in einem sehr schönen Brasselett von Diamanten … Sisi geschickt …" (Schönbrunn, 15. September 1853, Briefe I)
Wenn seine Geschäfte es zuließen, reiste der Kaiser nach Bayern, um seine Braut zu besuchen, die er immer mehr liebgewann, wie er seiner Mutter in zahlreichen euphorischen Briefen gestand. „In aller Eile ergreife ich inmitten einer sehr großen Hetze die Feder, um Ihnen vor allem für Ihren lieben Brief vom 13. zu danken … um Ihnen zu sagen, wie unaussprechlich glücklich ich hier und besonders in Possenhofen war, wo ich in aller Ruhe meinem Glücke leben konnte. Nie werde ich es Ihnen, liebe Mama, genug danken können, mir ein so inniges Glück gegründet zu haben. Alle Tage liebe ich Sisi mehr und immer überzeuge ich mich mehr, daß keine für mich besser passen kann als sie …" (München, 17. Oktober 1853, Briefe I)
Eine Fortsetzung erfuhren die brieflichen Höhenflüge des Kaisers, als er im Winter 1853 mit der Familie seiner Braut Weihnachten feierte. Über die Bescherung berichtete er seiner Mutter: „Meine Geschenke und besonders mein Porträt … freuten Sisi sehr; ebenso Ihr

Rosenkranz samt Bukett (Geschenke Sophies), welches sie morgen zu einem Balle ... anziehen wird und hier, wo solche Blumen nicht zu finden sind, sehr viel Effekt machen wird." (München, 27. Dezember 1853, Briefe I)

Wenn die Geschenke der künftigen Schwiegermutter auch bescheiden wirken, so muß hinzugefügt werden, daß sie später sehr großzügig Schmuckstücke an Elisabeth weitergab und daß ihre anfängliche Zurückhaltung im Schenken mit dem geringen Vertrauen in den organisierten Haushalt ihrer Schwester Ludovika, der Mutter Elisabeths, zusammenhing. Denn als sie eines Tages wertvollen Opalschmuck für die Braut des Sohnes nach Bayern sandte, fragte sie in den folgenden Briefen wiederholt, ob der Schmuck ordentlich verwahrt worden sei, so daß man ihn bei Bedarf auch wieder finden würde.

Trotz aller Liebe, Sorge und Achtung, die man Elisabeth entgegenbrachte, verschlechterte sich die Stimmung der jungen Braut mit jedem Tag, der der Hochzeit näherrückte. Kurz bevor sie Schloß Possenhofen in Bayern, den Sommersitz der Familie, verließ, um sich nach Wien zu begeben, überfiel sie eine melancholische Stimmung, und wehmütig nahm sie in einem Gedicht Abschied von ihrer Heimat:

> „Lebt wohl, ihr kahlen Bäume, und ihr Sträucher, klein und groß.
> Treibt ihr wieder frische Keime, bin ich weit von diesem Schloß."
>
> (Zitiert in: Corti, S. 45)

Elisabeths Stimmung sollte sich lange Zeit nicht ändern. Obwohl sie bei den Hochzeitsfeierlichkeiten mit dem Kaiser allerorts Jubel und Begeisterung empfing, glich ihre Anteilnahme nur einem Erdulden. Sie mochte das Hofzeremoniell und das Leben in der Öffentlichkeit nicht ertragen, und sie empfand es als eine Qual, nach den Nächten mit Franz Joseph (die Ehe wurde erst in der dritten Nacht vollzogen) gemeinsam mit den Verwandten an einem Frühstück teilnehmen zu müssen.

Wahrscheinlich hätten etliche Mädchen von nicht einmal 17 Jahren im 19. Jahrhundert und auch in den Epochen davor auf ähnliche Weise empfunden, da man die jungen Bräute vor der Eheschließung nur notdürftigst aufgeklärt hatte und sie keine Ahnung hatten, wie sie Pflicht und Sexualität in Einklang bringen sollten. Auf ihre Rolle als Ehefrau kaum vorbereitet, wurden sie seelisch von einem Extrem ins andere gestoßen: Sie sollten von einem Tag auf den anderen die mit einem Tabu belegte körperliche Liebe nicht nur „ertragen", sondern sich ihr auch noch mit eifriger Regelmäßigkeit hingeben, bis eine von allen Seiten gewünschte Schwangerschaft eintrat. Es ist zwar erwiesen, daß viele Frauen trotz alledem nicht nur keine Angst davor hatten, sondern sich dieser Pflicht auch mit Freuden hingaben, aber Kaiserin Elisabeth zählte zumindest anfänglich nicht dazu. Sie war eine eher schamhafte Natur – eine Eigenschaft, die erst mit zunehmendem Alter schwand. Der 23jährige Kaiser, der zum Zeitpunkt der Eheschließung bereits liebeserfahren war, empfand das Ausüben der ehelichen Pflichten keineswegs als eine Last, weshalb der ansonsten taktvolle Mann gar nicht auf die Idee kam, Elisabeth nach den Liebesnächten die „Schmach" eines gemeinsamen Familienfrühstücks zu erlassen.

Nach der Hochzeit bezogen Franz Joseph und Elisabeth Schloß Laxenburg, und die junge Kaiserin, die zunächst froh war, dort dem höfischen Zeremoniell zu entwischen, begann sich allmählich zu langweilen. Ihr Ehemann verbrachte die Tage in Wien, um seinen Amtsgeschäften nachzugehen, und sie mußte für sich ein eigenes Programm entwerfen. Nach ihrem Geschmack hätte das aus scharfen Ausritten ohne Begleitung bestanden, und es war nicht einfach, ihr zu erklären, daß man sie – vor allem aus Sicherheitsgründen – nicht alleine durch die Landschaft streifen lassen konnte: Als Kaiserin von Österreich hätte sie jedem Regimegegner eine willkommene Zielscheibe geboten. Aus diesem Grund mußte sie zumindest von Hofdamen begleitet werden, die sich redlich Mühe gaben, sie zu zerstreuen. Wenn sie auch später mit Eifer Sprachen studierte und sich in Literatur unterrichten ließ, so interessierte sie sich zu Beginn ihrer Ehe beinahe ausschließlich für den Reitsport, der jedoch kein tagefüllendes Programm ergab. In der Folge fühlte sich Elisabeth gelangweilt und eingeengt – als „gefangener Vogel" in seinem Käfig in Laxenburg.

> „Umsonst muß ich zum Himmelsblau,
> Gefangen, eingekerkert, schmachten.
> Die Eisenstäbe kalt und rauh,
> Mein bitt'res Heimweh schnöd verachten."
> (Zitiert in: Corti, S. 55)

Als die Anzeichen einer ersten Schwangerschaft eintraten, hatte Elisabeth nicht nur mit den Begleitumständen fertig zu werden, sondern auch den Reitsport – wenn schon nicht aufzugeben – so zumindest vorsichtiger zu betreiben. Die Ehe verlief in dieser Zeit in ruhigen und harmonischen Bahnen, und Elisabeth fand in ihrem Mann einen zärtlichen, sie umsorgenden werdenden Vater, der versuchte, ihr den Zustand der Schwangerschaft so angenehm wie möglich zu gestalten. Im Frühjahr 1855 wurde die erste Tochter, Sophie, geboren, ihr folgte ein Jahr später die zweite Tochter, Gisela. Große Verzweiflung brach über die junge Familie, als im Jahr 1857 die ältere der beiden Töchter plötzlich verstarb. Wie aus zahlreichen Briefen bekannt ist, beweinten beide Elternteile das verlorene Kind, und im Trost füreinander erhielt ihre Liebe innige Festigkeit.
Es dauerte nicht lange, und die Kaiserin wurde abermals schwanger. Die Geburt des ersehnten Kronprinzen machte das Glück der Familie wieder komplett. Allerdings brach wenig später der Krieg mit Italien aus, und der Kaiser mußte seine Familie verlassen, um im Kriegsgebiet die Entwicklung an Ort und Stelle verfolgen zu können. Unzählige Briefe erreichten die Kaiserin, die von der zärtlichen Liebe des Ehemanns zeugen. „Ehe (sich die Verhältnisse in Italien nicht ordnen,) kann ich weder von hier fort, noch Dich, mein Engel, kommen lassen, so sehr mein Herz mich auch nach Dir zieht. Wenn es klarer wird, können wir uns vielleicht sehen, und das ist ein Augenblick, nach dem ich mich unendlich sehne. Sei nur guten Muthes

und gräme Dich nicht. Der Himmel wird alles zum Besten führen und uns noch so glückliche Tage schenken, wie wir sie schon zusammen durchlebt haben ... Ich kann Dir nicht genug sagen, wie lieb ich Dich habe und wie viel ich an Dich, mein Engel, denke." (Verona, 11. Juni 1859, Briefe II)
Die Anspielungen darauf, daß Kaiser Franz Joseph der zurückgebliebenen Ehefrau fehlte, lassen auf die noch intakte Ehe schließen, dabei muß aber erwähnt werden, daß der Kaiser seiner Frau als Gesellschafter fehlte, der schon damals ihre Launen aufzufangen hatte und dem es ein ritterliches Anliegen war, sie in bessere Stimmung zu versetzen. Wenn er als Kaiser sich und seinen Mitarbeitern auch die strikteste Selbstdisziplin und Pflichterfüllung abverlangte, so gab er als Ehemann jeder Caprice und jedem Wehwehchen seiner jungen Frau nach.
Als gegen Ende der fünfziger Jahre ein chronischer nervöser Hustenreiz Elisabeths die Familie beunruhigte, schickte man die junge Kaiserin zum Auskurieren für mehrere Monate in den Mittelmeerraum. Es ist erwiesen, daß sich ihr Zusand, kaum daß sie die Grenze überschritten hatte, sofort besserte und daß sie sogar als einzige der mitreisenden Damen während der langen Schiffsfahrten nicht seekrank wurde. Für ihr Seelenheil hatte diese erste Reise noch eine andere Konsequenz: Als Elisabeth merkte, daß alle ihre Leiden mit der Entfernung zu Wien abnahmen, beschloß sie, sich in Hinkunft weniger in ihrer Heimat aufzuhalten und in vermehrtem Maße auf Reisen zu gehen. Ihre immer länger dauernden Abwesenheiten vom Hof machten in der Öffentlichkeit jedoch böses Blut, und es entspricht der allgemeinen Meinung, was eine Hofdame Elisabeths nach einer Rückkehr der Kaiserin an eine Freundin berichtete: „(Elisabeth) geht und fährt sehr viel mit Seiner Majestät aus, ist er abwesend, bleibt sie allein hier im gesperrten Garten in Reichenau. Doch Gottlob ist sie doch zu Hause und gedenkt es auch zu bleiben, das ist die Hauptsache. Mit ihm (Franz Joseph) ist sie vor uns wenigstens sehr freundlich, gesprächig und natürlich, alla camera mögen manche Meinungsverschiedenheiten vorkommen, das blickt so manchmal

durch.“ (Fürstin Helene Thurn und Taxis – eine Hofdame Elisabeths, die nicht zu verwechseln ist mit ihrer gleichnamigen Schwester – an Gräfin Karoline Wimpffen, Schönbrunn, 15. September 1862)
Von seiten des Kaisers überwog immer die Freude über die Rückkehr seiner Frau. Kleine Unstimmigkeiten, die sich im häuslichen Leben einstellten, vergaß er schnell, und als das Paar im Jahr 1865 den Sommer in Bad Ischl verbrachte, schien das Glück vollkommen. Man genoß das private Leben auf dem Land und gab sich Erinnerungen an die voreheliche Zeit hin: „Vorgestern habe ich allein mit Sisi beim herrlichsten Wetter eine sehr hübsche Partie (nach Hallstatt) gemacht … Wir waren beide seit unserem Verlobungstage nicht in dem schönen Tal gewesen und gedachten recht viel der damaligen Zeit.“ (Ischl, 1. Juli 1865, Briefe I) Trotz aller häuslichen Harmonie verließ Elisabeth schon bald wieder die Familie, und Kaiser Franz Joseph mußte seine Gefühle auf schriftlichem Wege mitteilen. Seine Bitten bezogen sich stets auf ein baldiges Wiederkommen der Gemahlin, da er aber ihre Launen kannte, trug er sie nur sehr vorsichtig vor. Die Kaiserin war sich zu diesem Zeitpunkt ihrer Stärke dem Ehemann gegenüber bereits bewußt und spielte mit ihrer Macht, die sich „strafweise“ in noch längerer Abwesenheit auswirken konnte. Franz Joseph wog deshalb jedes seiner Worte ab, wenn er Elisabeth um ein Kommen bat, da er wußte, was eine falsche oder drängende Bemerkung auslösen konnte: „Jetzt hätte ich (Franz Joseph) halt eine schöne Bitt. Wenn Du mich besuchen könntest! Das würde mich unendlich glücklich machen … ich habe so eine Sehnsucht nach Dir, und Dich freut es ja vielleicht auch, mich in so trüber Zeit (während der Schlacht bei Königgrätz) wiederzusehen … (Du) könntest bald zu mir kommen. Es wäre ein großer Trost für mich. Bitte telegraphiere mir Deinen Beschluß.“ (Schönbrunn, 28. Juli 1866, Briefe II) Elisabeth folgte damals tatsächlich der Bitte, zu ihrem Ehemann zu kommen. Das Treffen scheint jedoch nicht den Erwartungen des Kaisers entsprochen zu haben, der seine zwiespältigen Gefühle darüber in einem Brief nachschickte: „Komme bald wieder, mich zu besuchen, das heißt, wenn es Deine Kräfte und Deine Gesundheit erlauben,

denn, wenn Du auch recht bös und sekant warst, so habe ich Dich doch so unendlich lieb, daß ich ohne Dich nicht sein kann." (Schönbrunn, 4. August 1866, Briefe II)
Was immer zwischen Franz Joseph und Elisabeth vorgefallen war, fest steht, daß um diese Zeit die Freundschaft der Kaiserin mit Graf Gyulà Andrássy und ihr zunehmendes Interesse an der ungarischen Frage ihren Anfang nahmen, weshalb damals auch die meisten ihrer Reisen nach Ungarn führten. Sie fühlte sich plötzlich nur noch von ihren Freunden in Ungarn verstanden, ließ ihre Launen immer stärker am Ehemann aus, der in seinen Briefen seinen Zustand beklagte. „Innigsten Dank für Deinen Brief vom 5., den ich Gestern in der Stadt erhielt und dessen ganzer Inhalt nur den Zweck hat, mir mit einer Menge Gründen zu beweisen, daß Du mit den Kindern in Ofen bleiben willst und wirst ... Wenn Du die hiesige Luft ungesund findest, so wird es so sein ... so muß ich mich eben trösten und mein langgewöhntes Alleinsein wieder mit Geduld tragen. In dieser Beziehung habe ich schon viel auszuhalten gelernt und man gewöhnts endlich. Ich werde über diesen Punkt nicht ein Wort mehr verlieren, denn sonst wird unsere Correspondenz zu langweilig, wie Du sehr richtig bemerkst, und ich werde in Ruhe erwarten, was Du später beschließest." (Schönbrunn, 7. August 1866, Briefe II)
Dieser Ton schien sogar der Kaiserin gefährlich genug, um den Ehemann mit einer Begegnung zu belohnen, die aber auch nicht mehr in der Harmonie früherer Tage ablief, wie einem Brief Franz Josephs zu entnehmen ist: „Du (Elisabeth) gehst mir fürchterlich ab, denn mit Dir kann ich doch sprechen und dann erheiterst Du mich doch manchmal, wenn ich auch im Augenblicke finde, daß Du etwas sekant bist. Ja der Schatz, und was für einer!! fehlt mir sehr. Lasse mich nicht zu lange allein ..." (Schönbrunn, 22. August 1866, Briefe II)
An den Gewohnheiten der Ehe des Kaiserpaares sollte sich in den nächsten Jahren nichts Wesentliches ändern. Elisabeth verbrachte immer mehr Zeit auf Reisen, ging ihren eigenen Interessen nach und hielt mit ihrer Familie vorwiegend brieflichen Kontakt. Wenn

sie Franz Joseph besuchte, hing es von ihrer Tagesverfassung ab, wie sie den Ehemann behandelte. Als ewig verliebter Anbeter seiner Frau reagierte der Kaiser stets sehr gerührt auf ihr seltenes Entgegenkommen und schickte ihr, kaum daß sie wieder abgereist war, glühende Briefe nach, in denen er nie vergaß, sich für ihre meist kurze Anwesenheit herzlich zu bedanken.

In die Mitte der sechziger Jahre fällt das große Engagement der Kaiserin für die Ungarn und deren Unabhängigkeitsbestrebungen. Durch ihre Freundschaft mit Graf Gyula Andrássy und Franz Deák wurde sie – allerdings auch sehr einseitig – mit der Problematik der Nation vertraut gemacht. Sie spürte, daß sie bei den „Freunden" gebraucht wurde, und begann sich plötzlich für Politik zu interessieren, die sie dem Ehemann niemals anders als langweilig dargestellt hatte. Vor allem auf ihr Bitten und Betteln lenkte Kaiser Franz Joseph in der ungarischen Frage tatsächlich ein, und es kam 1867 zum Geschichte gewordenen Ausgleich. Das politische Ereignis gipfelte in der Krönung des Kaiserpaares zu Königen von Ungarn. Man ist geneigt anzunehmen, daß die darauffolgende letzte Schwangerschaft der Kaiserin eine Art Belohnung für Kaiser Franz Joseph darstellte, der in der Behandlung der Ungarnfrage so klaglos „funktioniert" hatte. Als Dank an die ungarische Nation, die Elisabeth soviel Sympathie bekundete und die ihr 1867 sogar das geliebte Schloß Gödöllö geschenkt hatte, brachte die nunmehrige Königin im Frühjahr 1868 die Tochter Marie Valerie als einziges ihrer Kinder in Ungarn zur Welt. Diese Tochter sollte in Hinkunft im Leben der Kaiserin die wichtigste Rolle spielen. Sie bezeichnete Marie Valerie als ihr „einziges" Kind, und es wurde unter ihrer strengen Obhut mit von ihr besonders geprüften Gouvernanten aufgezogen.

An den Gewohnheiten der Kaiserin sollte sich aber auch in den Jahren nach der Geburt der kleinen Tochter nicht viel ändern, wenn man davon absieht, daß Elisabeth in dem Kind zumindest für einige Zeit einen neuen Lebensinhalt fand und sein Heranwachsen mit panischer Sorge überwachte. Die Kaiserin setzte ihre Reisen fort, und Marie Valerie machte sie im Kleinkindalter mit, vor allem, wenn sie in die Wahlheimat Elisabeths, nach Ungarn, führten. Wenn seine Zeit es zuließ, besuchte Kaiser Franz Joseph die beiden Herzensdamen, wofür sich die Kaiserin in dem ihr üblichen Ton bedankte: „Du gehst mir recht ab, mein lieber Kleiner ... die letzten Tage hatte ich Dich wieder so nett erzogen. Nun muß ich wieder von vorn anfangen, wenn Du zurückkehrst ..." (Ofen, 14. April 1869, zitiert in: Corti)

Als Marie Valerie in die Obhut von Lehrern kam, begleitete sie ihre Mutter seltener auf Reisen, und Elisabeth setzte ihr unstetes Leben wieder allein fort. Um sich dabei zu zerstreuen und sich ihren Träumereien hingeben zu können, begann die Kaiserin ab den achtziger Jahren Gedichte zu verfassen, die sich auf Tagesereignisse bezogen und die sie unter dem Titel „Das poetische Tagebuch" heimlich drucken ließ. Die darin aufgearbeiteten Männergeschichten waren sicherlich nicht viel mehr als Flirts, die Kaiserin maß ihnen aber ideell immer große Bedeutung zu. Im selben Ausmaß, wie sie sich in diese Tändeleien verstieg, verlor der *Mann* Franz Joseph für sie an Reiz. Im Februar 1885 philosophierte Elisabeth über die Liebe, die auf jeden Fall mit einem anderen als dem eigenen Mann in Verbindung zu bringen ist: „... Liebe, die muss frei sein, darf kommen und darf geh'n; ein Schloß wär wie ein Eh'ring, die Lieb hätt' kein Besteh'n." Das Gedicht heißt „Antwort an den Baumeister" und bezieht sich wahrscheinlich auf den Vorschlag eines Verehrers, in Amsterdam, wo sie sich damals aufhielt, eine Villa bauen zu lassen. Bemerkenswert ist der Satz über die Liebe – „die frei sein muß" – und der Vergleich mit der Gebundenheit in Form eines Eheringes, eine Idee, die an anderen Stellen auch gegenteilig ausgelegt werden konnte.

Im Frühjahr 1885 und im darauffolgenden Sommer war Elisabeth vom Unruhegeist beherrscht; ihr Interesse galt ausschließlich Amouren und kleinen Flirts. Als sie aber den gewohnten Sommeraufenthalt in Ischl nahm und der Kaiser anscheinend nicht genügend Zeit für sie aufbrachte, kränkte sie sich:

„Eine Möve (Elisabeth) kommt geflogen
Von dem fernen Norden her;
Achtend nicht des weiten Weges;
Denn die Liebe führt sie her …

Und sie denkt der langen Jahre,
Wo sie alles ihm (dem Ehemann) geweiht,
Nur für ihn gelebt, gelitten,
Jedes Opfers froh bereit …

Sieh', da kommt der kleine Sperber (Franz Joseph),
Und ihr Herz schlägt höher auf;
Doch sie ist ihm ungelegen,
Hindert heute seinen Lauf.

Und den Schnabel unbarmherzig
Stösst er in ihr liebend Herz,
Dass es, bis zum Tod getroffen,
Fest erstarrt zu kaltem Erz …

Die maledeite Kränkung
Sammt dem verfluchten Schmerz,
Ich wickle sie zusammen
und schmeiss' sie thalabwärts.

Die ärgste Strafe aber
Das dumme Herz erhält;
Ich werf es aus dem Leibe
Mitten ins Gletscherfeld.

Nun kann es dort erstarren
Zu Eis und Bergkrystall …"
(„Legende von Almsee", Sommer 1885)

Was immer der Anlaß der Kränkung gewesen sein mag, so wurde er von Elisabeth sicher überbewertet, da Kaiser Franz Joseph seiner Frau gegenüber niemals seine Erziehung vergaß und sie liebte, selbst wenn sie bei übler Laune war. Der Auslöser zu dieser Streitigkeit scheint banal gewesen zu sein und läßt sich damit erklären, daß der Kaiser – vermutlich wegen tagespolitischer Ereignisse – zu wenig Zeit für seine Gattin erübrigen konnte, während sie erwartet hatte, daß er zu ihrer Verfügung stand. Der Kaiser scheint auch seine Worte nicht richtig abgewogen zu haben, worauf Elisabeth in ihrem Tagebuch Bezug nahm:

„Es war mein Herz reiner Krystall,
Dein Zünglein ein Demant;
Was der 'nein schnitt zu meiner Qual,
Sei lieber nicht genannt.

Wir wischen beide nun daran,
doch will's nicht mehr heraus.*
(„Schwamm d'rüber", Sommer 1885)

Im September 1885 beklagte Kaiserin Elisabeth – wieder in der Person der Feenkönigin Titania – die erstorbene Liebe Kaiser Franz Josephs:

„Tief ermüdet geht Titania (Elisabeth) in dem Garten auf und nieder …
Und sie denkt der längstvergangnen Zeiten, wo sie hier geweilet;
Sieht noch, wie im Mondenscheine dem Geliebten zu sie eilet –
‚Hier auf dieser Bank, da sassen Arm in Arm wir lang verschlungen …

* Leider kann man die Briefe des Kaisers zur Darstellung der Gegenseite nicht zu Rate ziehen, da die Exemplare vom Ende der siebziger und Anfang der achtziger Jahre entweder nicht veröffentlicht wurden oder nicht mehr vorhanden sind.

Und wir tauschten heiße Küsse, wie die Vollmondnacht, noch schwüler,
Dachten nicht des nahen Morgens, wo es grau wird, ach! und kühler!'
So Titanias schwere Abendgangerinnerungen."

Wer die Briefe Kaiser Franz Josephs an Elisabeth gelesen hat, und zwar alle Jahrgänge von 1859 bis 1898, der weiß, daß seine Liebe niemals erloschen ist. Wenn die Kaiserin sich während dieser Zeit irgendwann unbeachtet oder ungeliebt fühlte, so lag das an der Art des Zusammenlebens, wie sie selbst es eingeführt hatte. Sie war es, die meist darauf bestand, allein gelassen zu werden. Wenn sie aber einmal das Gegenteil wollte und plötzlich Lust auf längere Gesellschaft des Ehemanns hatte, so konnte Franz Joseph diesem Wunsch nicht immer unmittelbar entsprechen: Zum einen übte er das Amt des Regenten aus, das ihn viele Stunden des Tages beanspruchte, und er konnte sein Arbeitsprogramm – selbst wenn er es gewollt hätte – nicht innerhalb kürzester Zeit umwerfen. Zum anderen hatte er sicherlich seine Probleme mit der plötzlich auftretenden Anhänglichkeit Elisabeths, die ihn seit der Hochzeit, die 1885 schon 41 Jahre zurücklag, gerne auf Distanz hielt: „Ich – Elisabeth – weiß, wie Du mich liebhast, auch ohne Demonstrationen, und wir sind deshalb glücklich zusammen, weil wir uns gegenseitig nie genieren." (Brief Elisabeths an Franz Joseph, Ventnor, 13. September 1874, zitiert in: Corti)
Die Liebesdepression der Kaiserin hielt an, und im November 1885 verfaßte sie in Gödöllö das letzte Gedicht – „Novemberphantasie" – dieser Serie über die gestorbene Liebe des Ehemanns:

„... Wo ist der Schlüssel hingekommen?
Ich sucht' ihn ewig nicht hervor,
Den du zu meinem Herz genommen,
Der ging dir längst schon in Verlor! ...

Ach! muß die Liebe denn erkalten,

Gibt's nichts, dass sie wohl fesseln mag?
Kein Band, den wilden Geist zu halten,
Zu binden seinen Flügelschlag? ...

Ich habe heiss um dich gerungen,
Ich wich nur Schritt um Schritt zurück;
Und dennoch wurde ich bezwungen;
In Schutt und Asche lag mein Glück ...

Hab, armer Freund, dich wohl betrogen,
Als ich mich in dein Herze stahl,
Hätt' mich fast selbst dort festgelogen
Zu unsrer beiden Schmerz und Qual.

Du ahntest nichts von meinen Schwingen,
Was Schwingen hat, ist niemals treu;
Nie lässt sich in den Käfig zwängen,
und wär 'er golden auch, was frei."

Abgesehen davon, daß sich Elisabeth in diesem Gedicht selbst widerspricht – sie war im selben Frühjahr ständig mit irgendwelchen Amouren beschäftigt –, überfiel sie im Herbst dieses Jahres offensichtlich eine große Rührung sich selbst gegenüber. Sie verwechselte dabei aber, daß es nicht sie, sondern immer der Kaiser gewesen war, der von allem Anfang um die Liebe gekämpft hatte. Gegen Ende des Gedichts kam die Kaiserin auf die körperliche Beziehung zu sprechen, und es ist anzunehmen, daß der Kaiser den von ihr erwähnten „eisigkalten Hauch" gar nicht wahrnahm, weil er zu glücklich und voll von Liebe war, wenn die Gemahlin einmal das Ehebett mit ihm teilte:

„Nur staune nicht (Franz Joseph), wenn beim Verrichten
Nach altem Patriarchenbrauch
Der legitimen Ehepflichten

Dich streift ein eisigkalter Hauch.

Es ist der Geist der alten Liebe,
Der zieht mit leisem Flügelschlag
An deinem Herzen still vorüber,
Dass es dir schier erstarren mag."

Interessant im Zusammenhang mit der Entstehung der Liebesweh-mut-Gedichte ist der Ort Gödöllö, an dem – laut eines Zeitzeugen – die Kaiserin besonders selten mit dem Gemahl zusammentraf. So erzählt der Kammerdiener Eugen Ketterl: „In Gödöllö bekam der Kaiser seine Gattin kaum zu Gesicht und ging er ohne Anmeldung zu ihr hinüber, erklärten die diensthabenden Geister Ihrer Majestät, die Kaiserin schlafe noch! Manchmal war die hohe Frau auch schon in den Bergen, von wo sie erst abends mit ihrer unglücklichen Hofdame zurückkehrte und jetzt, todmüde, den Kaiser erst recht nicht empfing. So kam es vor, daß der Kaiser oft zehn Tage lang umsonst zu ihr hinüberging." (Ketterl, S. 39)
Ungeachtet der plötzlich aufkeimenden Liebe zu ihrem Ehemann unternahm Elisabeth nach wie vor zahlreiche Reisen, die sie meist für lange Zeit weit weg von ihm führten. Irgendwann begann Elisabeth das schlechte Gewissen zu drücken, weil sie den Kaiser so oft alleine ließ, und sie gebar die Idee, ihm für die Dauer ihrer Abwesenheiten eine Gesellschafterin zu finden, die ihm die karge Freizeit verschönern sollte. Da Kaiser Franz Joseph eine große Liebe für das Theater hegte und ein Verehrer der Schauspielerin Katharina Schratt war, schien es ihr nur natürlich, gerade sie mit diesem Amt zu betrauen. Die Kaiserin arrangierte ein Treffen zwischen der Schauspielerin und dem Kaiser, die sich bereits flüchtig kannten, und die beiden Menschen fanden so viel Gefallen aneinander, daß mit dieser Begegnung der Grundstein zu einer lebenslang dauernden Freundschaft gelegt wurde.
Was die Kaiserin betrifft, so scheint sie die Begeisterung ihres Mannes für die Schratt aber plötzlich überfordert zu haben. Denn ob-

wohl sie nach außen hin als energische Förderin dieser Beziehung auftrat und sogar Treffen zu dritt organisierte, so vertraute Elisabeth ihrem Tagebuch ganz andere Gedanken an, und die Idee der erstorbenen Liebe des Kaisers erhielt plötzlich symbolische Gestalt in der Person Katharina Schratts. Im Sommer 1886, wenige Monate nach dem ersten privaten Treffen zwischen dem Kaiser und der Schauspielerin, griff Elisabeth abermals zum poetischen Tagebuch, um ihre Gefühle schriftlich festzuhalten:

„... Ich hab geliebt, wie wenige nur lieben,
Mit jedem Puls- und Herzensschlag;
War's nicht schon Götzendienst, den ich getrieben,
Ein gold'nes Kalb (Franz Joseph), vor dem ich lag? ...

Da sprach ein altes Sternbild jetzt von oben:
‚Wer liebt, ist immerhin ein Thor;
doch wer gar Gegenliebe will erproben,
Der kommt mir wahrlich närrisch vor ...“
(„Offensee“, Sommer 1886)

Elisabeth stilisierte – gegen ihre früheren Gewohnheiten – die Liebe zum Ehemann plötzlich hoch, und Kaiser Franz Joseph, der seine Frau ohnehin anbetete, ahnte nicht das mindeste von ihren Problemen. Völlig unbeeinflußt davon und auch von der zaghaft beginnenden Freundschaft zu Katharina Schratt blieb er der zärtlich liebende Ehemann seiner „édes, szeretett lelkem“ (süßen, geliebten Seele), wie er sie zu dieser Zeit nannte. Er sehnte Elisabeth nach wie vor von jeder Reise zurück und schrieb ihr am 30. Juni 1886 in alter Verliebtheit: „Gottlob tretet Ihr (Elisabeth und Marie Valerie) also Morgen endlich die Rückreise in die Heimath an, und dieser Brief wird Dich bereits in Gastein erwarten. Wie ich mich auf das Wiedersehen freue, kannst Du Dir denken ... Most Isten veled, szivem magzatja (Jetzt Gott mit Dir, Sprößling meines Herzens). Auf baldiges, frohes Wiedersehen. Bis dahin umarme ich Dich und Valérie von ganzen Herzen noch in Gedanken. Dein Kl(einer).“ (Briefe II)

Genauso vorsichtig, wie die Freundschaft Kaiser Franz Josephs mit Katharina Schratt begann, setzte auch die Korrespondenz zwischen den beiden erst mit Ende des Jahres ein. Trotzdem fühlte sich Elisabeth schon im Herbst 1886 aus dem Mittelpunkt des Geschehens gedrängt und reagierte – zumindest in ihrem Tagebuch – sehr gekränkt. An ihren Ehemann richtete sie die Verse:

„Lass mich allein, lass mich allein,
Für mich ist's jetzt das Beste;
Das Ganze kann's doch nie mehr sein;
Zu wenig sind mir Reste.

Ich hab' dich wohl zu viel geliebt,
Hätt' dir's nicht zeigen sollen;
Nun hast du mich zu Tod betrübt,
Und doch will ich nicht grollen ..."

Die Gedichte der Kaiserin beschäftigten sich zu dieser Zeit abwechselnd mit ihrer Einsamkeit ebenso wie mit der ständigen Überforderung durch den Ehemann oder die Familie; Elisabeth konnte für sich selbst nicht herausfinden, ob sie lieber alleine oder in Gesellschaft sein wollte. Im November 1886 fühlte sich Elisabeth sogar im über alles geliebten Schloß Gödöllö verlassen, und ein Geist der Unzufriedenheit bewegte ihre Gedanken:

„In meiner großen Einsamkeit
Mach' ich die kleinen Lieder;
Das Herz, voll Gram und Traurigkeit,
Drückt mir den Geist darnieder ...

Ich hab' geliebt, ich hab' gelebt,
Ich hab' die Welt durchzogen;
Doch nie erreicht, was ich erstrebt. –
Ich hab' und ward betrogen!"

Der Kaiser merkte von alledem nichts und korrespondierte weiter-

hin in dem ihm eigenen liebevollen Ton mit seiner Frau. Gleichzeitig entstanden die ersten Briefe an Katharina Schratt, und obwohl er die Schauspielerin sehr verehrte und auch schon bald nach den ersten harmlosen Begegnungen zwischen ihm und Katharina Schratt das Gerücht entstanden war, es bestünde ein sexuelles Verhältnis, war der Kaiser bestrebt, die Beziehung platonisch zu führen. Da ihm diese Frau besonders viel bedeutete und er sie, wann immer seine Zeit es zuließ, möglichst oft treffen wollte, so konnte das wegen des regen Interesses der Öffentlichkeit an dieser Verbindung nur unter dem Titel einer von allen akzeptierten Freundschaft geschehen. Außerdem wollte er den Ruf der Schauspielerin, die am Burgtheater aktiv tätig war, nicht durch eine Liaison gefährden. Freilich konnte er nicht verhindern, daß sowohl die Journalisten als auch die Mitglieder des Burgtheaters so wie die breite Masse nichts anderes als ein Verhältnis vermuteten. Eine Hundertschaft von Briefen des Kaisers an die Schauspielerin zeugen wie die Briefe an Kaiserin Elisabeth vom aufrichtigen, wenn auch mitunter naiven Charakter Kaiser Franz Josephs. Aus der ersten Zeit der Beziehung zu Katharina Schratt stammt das folgende Schreiben, in dem – offensichtlich auf Anfragen der Schauspielerin – das Verhältnis, das keines wurde, „festgelegt“ werden sollte:
„Meine Freundschaft für Sie ist eine so feste und aufrichtige, daß Sie jede Besorgnis, vor mir nicht in hinreichend günstigem Licht zu erscheinen, überhaupt endlich jede Befangenheit aufgeben sollten. Verzeihen Sie mir, daß ich Sie mit meinen Ansichten über unser Freundschafts Verhältniß … beunruhigt habe. Es war mir ein wahres Bedürfniß, mich Ihnen gegenüber einmal auszusprechen, nur habe ich es wohl nicht gut gemacht, denn ein Stegreif Redner bin ich auch nicht, wie Sie wohl schon oft bemerkt haben werden, und dann bin ich mitunter in meinen Ausdrücken zu scharf. Ihre Ehre und Ihr Ruf sind mir vor Allem heilig und ich wollte Ihnen sagen, wie ich bestrebt bin, unsere Freundschaft, in der ich nichts unrechtes sehe, auch vor der Welt in ihrem richtigen Lichte erscheinen zu lassen …“ (Wien, 21. April 1887, Briefe III)

Die Kaiserin, die diese Briefe natürlich nicht kannte und innerlich vor Eifersucht zu platzen drohte, steigerte sich weiter in die Trauer um die erloschene Liebe des Ehemannes hinein und gab sich in Ischl im Juni 1887 wieder ihren Klagen hin:

„... Unsrer Liebe starre Leiche
Kamst du wieder zu beschau'n;
Und doch muss die kalte, bleiche
Tote dich im Innern grau'n ..."
(„Totenschau")

Oder sie beschwor in einem anderen Gedicht die glühende Liebe vergangener Zeiten herauf:

„... Gedenkst du jener süssen Stunde,
Wo ich aus willenlosem Leib
Die Seele Dir geküsst vom Munde,
Dass sie fortan stets mein nur bleib?

Wohl hatt' ich Kämpfe zu bestehen,
Und manches bittre Leid seither;
Doch unsre Liebe sterben sehen,
Nichts andres traf mein Herz so schwer.

Drum war ich wunderbar ergriffen,
Als jüngst man mir ganz heimlich sagt',
Dass es in Deiner Seele Tiefen
Noch um die tote Liebe klagt ...

Du magst Dich noch so sehr auch sträuben,
Du warst und bliebst auf ewig mein!"
(„Zerstört II")

Ob es zwischen dem Kaiserpaar tatsächlich zu Diskussionen über die Liebe gekommen ist, läßt sich schwer feststellen. Als sicher darf angenommen werden, daß Elisabeth die Situation stark überzeichnete.

Denn dem Kaiser lag nichts ferner, als sich gegen die Zärtlichkeiten seiner Frau zu „sträuben". Doch Elisabeth blieb bei ihrer Grundeinstellung, sie fühlte sich unverstanden und verlassen:

„Ich wandle einsam hin auf dieser Erde,
Der Lust, dem Leben längst schon abgewandt;
es teilt mein Seelenleben kein Gefährte,
Die Seele gab es nie, die mich verstand ..."
(„An die Zukunfts-Seelen", Juni 1887)

Zu guter Letzt bleibt neben all den Liebesklagen noch ein anderes kleines Werk, das sich ebenfalls an Kaiser Franz Joseph wandte und das, wenn es schon nicht die erstorbene Liebe beklagt, zumindest eine seiner – vermeintlich – schlechten Eigenschaften zum Thema hat. Es handelt von der vermißten Dankbarkeit ihr gegenüber, heißt „Die Pflanze" und wurde im September 1887 in Bad Ischl verfaßt.

„Schon fünfzig Jahre such' ich sie
Die wunderbare Pflanze (die Dankbarkeit); ...
Ich bände sie zum Kranze
Doch ach! ich finde sie ja nie! ...

Noch war ich ein blutjunges Ding,
Da musst ich in die Fremde,
Wo ich mich bitter grämte,
Und schweres Heimweh mich umfing.

Da sucht' ich emsiger denn je
Das wunderbare Kräutlein ...

Nachdem ich fünfzig Jahr' gesucht,
Bin ich nun klug geworden;
Sie wächst an keinen Orten,
Auf keinem Berg, in keiner Schlucht.

Sie wächst im Märchenreich nur weit, –
Und aus dem Land der Sagen
Zur Erde nie vertragen
Ward je das Pflänzchen Dankbarkeit.“

Sollte der Adressat des Gedichts Kaiser Franz Joseph sein, was anzunehmen ist, so darf man den Vorwurf als dramatisch überzeichnet befinden, da Kaiser Franz Joseph wohl über keine prägnantere Eigenschaft verfügte als über die Dankbarkeit seiner Frau gegenüber, die bei dem geringsten Anlaß sofort ausgesprochen wurde. Von ihr übergebene kleine Geschenke – wie Schokolade, Kekse oder Obst – oder die wenigen Briefe und Telegramme, die sie ihm sandte, wurden in seinen Schreiben mit Dankestiraden belohnt, ganz abgesehen von dem Dank für ein liebes Wort, eine liebe Geste oder eine unerwartete Zärtlichkeit. Abgesehen davon quellen die Briefe des Kaisers an seine Ehefrau über vor Liebe und Besorgnis und dem steten Wunsch, sie bald wiederzusehen:
„Innigsten Dank für Deine beiden Telegramme aus Miramar, die mich sehr beruhigten. Kalt muß aber die Eisenbahnfahrt gewesen sein, und ich danke nur Gott, daß das Wetter bei Deiner Abfahrt von Miramar schön und ruhig war und hoffe, daß es so bis Corfu angehalten hat ... Innigsten Dank für die guten Weintrauben, die Du mitgegeben hast und die mir sehr gut schmeckten.“ (18. Oktober 1887) „Sehr glücklich war ich, durch Dein vorgestriges Telegramm noch Abends Deine Ankunft in Corfu bei schönem, warmem Wetter zu erfahren und ich danke Dir innigst für die Benachrichtigung. Hoffentlich thut Dir die warme Luft gut und Du kommst bald zu uns zurück ... Von ganzem Herzen und mit Sehnsucht umarmt Dich Dein Kl(einer).“ (21. Oktober 1887) Oder: „Endlich fand ich Gestern Früh, bei meinem Eintreffen in Wien (aus Gödöllö), Deinen lieben Brief ohne Datum ... und ich danke Dir innigst für denselben. Er stimmte mich zwar recht traurig wegen der unerwarteten Mittheilung, daß Du erst zu Deinem Namenstage zurückkommen willst (19. November), und wir daher noch drei Wochen getrennt

sein werden, doch wenn Du glaubst, daß es für Deine Gesundheit nothwendig ist, will ich schweigen, obwohl wir Heuer seit Frühjahr nie länger als einige Tage beisammen waren ... Ich hoffe, daß die Besserung Deiner Leiden, die mich unendlich freut, in der südlichen Luft anhält und indem ich Deiner späten Rückkehr mit Resignation und Sehnsucht entgegen sehe, umarme ich Dich mit innigster Liebe und von ganzem Herzen ..." (29. Oktober 1887, Zitate in: Briefe II)
Parallel zu den – wahrscheinlich nur heimlich festgehaltenen – Depressionen Elisabeths und zu den Liebesbeteuerungen Kaiser Franz Josephs an seine Frau nahm die Freundschaft zu Katharina Schratt ihren weiteren, harmlosen Verlauf. In Bad Ischl traf sich das Kaiserpaar oft mit der Schauspielerin, und im Frühsommer des Jahres 1888 wurde sie sogar in die kaiserliche Privatvilla Hermes nach Lainz geladen. Dort scheint sich Katharina Schratt aber nicht recht wohl gefühlt zu haben, worauf der Kaiser in einem Brief an sie unmittelbar danach Bezug nahm: „Über den Eindruck, den Sie hier (bei Elisabeth) hinterlassen haben, können Sie Sich vollkommen beruhigen. Die Kaiserin hat sich seitdem wiederholt auf das günstigste und liebevollste über Sie ausgesprochen, und ich kann Ihnen die Versicherung geben, daß sie Sie sehr lieb hat. Wenn Sie diese herrliche Frau näher kennen würden, würden Sie gewiß von gleichen Gefühlen erfüllt werden ..." (1. Juni 1888, Briefe III)
Kaiser Franz Joseph irrte jedoch, wenn er annahm, seine Frau würde die Freundschaft zu Katharina Schratt innerlich gutheißen. Denn Elisabeth spielte in der Öffentlichkeit zwar die Verständnisvolle, doch im geheimen litt sie unter der Eifersucht auf die Schauspielerin. Der Kaiser konnte seiner Frau gegenüber ein reines Gewissen haben, da ja sie die Urheberin der Freundschaft gewesen war und da er die Beziehung nur platonisch führte. Dieser Umstand verursachte aber an anderer Stelle Probleme. Denn darüber begann die Schauspielerin unzufrieden zu werden, und sie drängte den Kaiser ständig zu neuen Stellungnahmen über die Art des Verhältnisses, das eben keines war: „... Daß ich (Kaiser Franz Joseph) Sie anbete, wissen Sie gewiß, oder fühlen es wenigstens und dieses Gefühl ist auch bei mir in steter Zu-

nahme, seit ich so glücklich bin, Sie zu kennen. So, jetzt haben wir uns gegenseitig ausgesprochen, und das ist vielleicht gut, denn es mußte einmal heraus. Dabei muß es aber bleiben, und unser Verhältniß muß auch künftig das Gleiche sein, wie bisher, wenn es dauern soll, und das soll es, denn es macht mich ja so glücklich. Sie sagen, daß Sie sich beherrschen werden, auch ich werde es thun, wenn es mir auch nicht immer leicht wird, denn ich will nichts Unrechtes thun, ich liebe meine Frau, und will ihr Vertrauen und ihre Freundschaft für Sie nicht mißbrauchen. Da ich für einen brüderlichen Freund (das ist eine Anspielung auf einen anderen Freund Katharina Schratts, dem späteren Zaren Ferdinand von Bulgarien, der der ‚brüderliche Freund' genannt wurde) zu alt bin (Kaiser Franz Joseph war damals 58 Jahre alt), so erlauben Sie, daß ich Ihr väterlicher Freund bleibe und behandeln Sie mich mit derselben Güte und Unbefangenheit wie bisher." (Ofen, 14. Februar 1888, Briefe III)
Sicherlich hat Katharina Schratt diese persönliche Niederlage nicht leicht weggesteckt, und sie fand – wie die Kaiserin – Mittel und Wege, den Kaiser mit anderen Männergeschichten und unangemeldeten Abreisen zu „bestrafen".
Ungeachtet des Freundschaftsverhältnisses zu Katharina Schratt blieb die Liebe des Kaisers zu seiner Ehefrau unangetastet, wenn sich auch die Gefühle wegen der Reisen der Kaiserin die meiste Zeit auf die Korrespondenz beschränken mußte: „Ich bin wegen Deiner Abreise nach dem so entfernten Süden und der langen Abwesenheit recht trübe gestimmt, besonders nach unserem letzten, leider so kurzen und etwas gehetzten, aber doch recht gemüthlichen und freundlichen Zusammensein. Du warst auch besonders gnädig, charmant und lieb, wofür ich nochmals schönstens danke ..." (Mürzsteg, 7. Oktober 1888, Briefe II)
In der Zwischenzeit bahnte sich, von allen unbemerkt, eine habsburgische Familienkatastrophe an, deren Auswirkungen in allen Beziehungen ihre Spuren hinterließ. Ende Januar 1889 war Kronprinz Rudolf unter dem Vorwand, dort jagen zu wollen, mit seiner Geliebten Mary Vetsera nach Mayerling gefahren und hatte sie dort erschossen

und anschließend Selbstmord begangen. Für die Kaiserin, die sich plötzlich Vorwürfe machte, von den Problemen des Sohnes nichts bemerkt zu haben, begann ein neuer, noch rastloserer Lebensabschnitt, den sie bis zu ihrem eigenen Tod beinahe nur noch auf Reisen verbrachte. Ihre dichterischen Bemühungen stellte sie mit dem Tod Rudolfs ein. Die von ihrer Seite ohnehin nur schwach betriebene Korrespondenz mit dem Ehemann wurde ebenfalls auf ein Mindestmaß herabgesetzt, weshalb auch diese schriftliche Quelle wegfällt. Für die privaten Ereignisse der letzten elf Jahre im Leben der Kaiserin blieben als Zeugnisse nur die Briefe des Kaisers an sie und an Katharina Schratt. Kurz nach dem Tod des Kronprinzen wurde darin viel über den psychischen Zustand Elisabeths gesprochen, die sich anklagte, von den Problemen ihres Sohnes nichts bemerkt zu haben, und sich an seinem Tod mitschuldig fühlte. „Äußerlich ist die Kaiserin ruhig (zwei Wochen nach dem Tod des Kronprinzen Rudolf) und nur mit ihrer Sorge um mein Wohlbefinden und meine Erheiterung beschäftigt, aber ich merke doch, wie ganz der tiefe, stille Schmerz sie erfüllt. Es ist eine große, seltene Frau!" (Brief Kaiser Franz Josephs aus Ofen, 16. Februar 1889, Briefe III) Wenig später vertraute Erzherzogin Maria Valerie ihrem Tagebuch an: „Mama sagt, sie sei es der Welt schuldig – sich selbst vor der Welt –, Papa nicht ganz allein zu lassen und wird es nicht tun, auch wenn sie durchs Bleiben verrückt würde – der Papa geht ihr so auf die Nerven, was ich trotz aller Liebe für ihn, Mamas Charakter und seinen Mangel an Verständnis für denselben kennend, begreife …" (Eintragung vom 12. März 1889, zitiert in: Briefe III)

Wie immer das Verhältnis des Kaiserpaares um diese Zeit gewesen sein mag, fest steht, daß im Jahr nach dem Tod des Kronprinzen beide Ehepartner sehr vorsichtig miteinander umgingen und jeder versuchte, dem anderen die Trauer um den Sohn nicht noch schwerer zu machen. Nach und nach trat der Alltag wieder in seine Rechte, wobei es dem Kaiser wegen seines dichten Arbeitsprogramms schneller gelang, sich wieder einzupassen, auch wenn er bis an sein Lebensende den Tod des Sohns nicht verwinden konnte. Die Kaise-

rin begab sich wieder auf Reisen, und Katharina Schratt, die in der Zeit nach dem Unglück dem trauernden Elternpaar mit Trost zur Seite gestanden war, nahm ihre Rolle als Gesellschafterin des alleingelassenen Kaisers wieder auf.
Im Sommer 1891 hielten Kaiser Franz Joseph und seine Gemahlin sich eine Zeit lang in Gastein auf, wo das Ehepaar besonders harmonische Tage zubrachte. Wie immer verfiel der Kaiser nach dem Abschied von Elisabeth in tiefe Depressionen, woran nicht einmal der danach stattfindende Aufenthalt in Bad Ischl etwas zu ändern vermochte: „Meine Stimmung ist melancholisch mit wehem Herzen und Heimweh nach Gastein. Als ich Gestern den Berg unter der Johannespromenade hinunter fuhr und mich traurig und sehnsüchtig nach der Helenenburg umsah, glaubte ich Deinen weißen Sonnenschirm auf dem Balkon zu erkennen und die Tränen traten mir in die Augen. Nochmals meinen heißen Dank für Deine Liebe und Güte während meines Gasteiner Aufenthalts; so gute Tage habe ich jetzt selten." (Ischl, 14. Juli 1891, Briefe II)
Das Ehepaar war zu diesem Zeitpunkt 37 Jahre verheiratet, und der Kaiser liebte seine Frau wie am ersten Tag. Er war gerührt, wenn er vermeinte, bei seiner Abreise aus Gastein ihre Gestalt mit Sonnenschirm auf dem Balkon gesehen zu haben. Daß er sich dessen nicht sicher war, liegt darin, daß ihn die Gemahlin selten mit solchen – schon als besonders liebevoll empfundenen – Gesten verwöhnte. Die Anwesenheit der Kaiserin auf dem Balkon wurde in einem späteren Brief bestätigt, was genügte, um den Kaiser zu einem vor Liebe und Glück schwelgenden Dankesschreiben anzuregen: „Ich kann es mir nicht versagen, Dich auch heute wieder mit einem Briefe zu plagen, denn … (ich möchte) Dir so recht von Herzen für Deinen lieben, langen, guten Brief danken, der mich namenlos freute … Die Gewißheit, daß Du mir wirklich nach unserem Gasteiner Abschiede mit dem weißen Schirm gewunken hast, macht mich sehr glücklich, und ich bin tief gerührt und dankbar." (Ischl, 19. Juli 1891, Briefe II)
Von seiten Elisabeths genügte wenig, um dem Kaiser einen glücklichen Tag zu bescheren. Er war schon durch kurze Schreiben von ihr

selig zu machen. Die Kaiserin schrieb Briefe aber besonders ungern, und sie tat es nur dann häufiger, wenn sie etwas durchsetzen wollte (wie zum Beispiel während der Zeit des Ausgleichs mit Ungarn) oder um von ihren Erfolgen bei den besonders schwierigen Reitjagden in England und Irland zu berichten. Jeder ihrer Briefe wurde vom Kaiser sorgfältig kommentiert und machte den Tag, an dem er ihn empfing, zu einem Festtag: „Freudigst wurde ich Gestern durch Deinen lieben, guten Brief ... überrascht. So bald hatte ich auf keinen gehofft und ich kann Dir nicht herzlich genug für all das Liebe, das Du mir sagst, so wie dafür danken, daß Du an mich gedacht und Dich der Mühe des Schreibens unterzogen hast. Durch Nopcsa (Obersthofmeister der Kaiserin) erhielt ich telegraphisch die beruhigende Nachricht, daß der Aufenthalt in Messina wegen des schlechten Wetters verlängert wurde, was mich als Beweis von Vorsicht auch für die Zukunft beruhigt ... Gott gebe, daß die Reise vom Wetter begünstigt sei." (Wien, 8. Dezember 1892, Briefe II)
In all den Jahren, in denen Franz Joseph die Gemahlin auf Reisen wußte, sorgte er sich ständig um den Verlauf ihrer Unternehmungen, und es gehört zu den seltsamen Zügen Elisabeths, daß sie ihn darüber gerne im unklaren ließ. „Daß ich (Kaiser Franz Joseph) heute wieder einen Brief beginne, soll Dir zeigen, daß ich beständig mit Sehnsucht an Dich denke und gerne, wenigstens schriftlich mit Dir schwätze, denn ich weis (sic) nicht, wohin ich diese Zeilen adressieren soll, die ich daher Heute liegen lassen, nächstens fortsetzen und erst dann expediren werde, wenn Du mir telegraphisch Deinen nächsten Aufenthaltsort bekannt gegeben haben wirst. Vorgestern habe ich Dir telegraphirt, um Dir anzuzeigen, daß ich die Briefe Nr. 15 und 16 nach Sevilla expedirt habe, da ich aber nicht weis, wo Du dort wohnst, so habe ich nur überhaupt nach Sevilla telegraphiren können, hoffe aber, daß bei der Durchsichtigkeit Deines Incognito das Telegramm in Deine Hände gelangt sein wird ... Ich setze meinen Brief fort (zwei Tage später), noch immer ohne zu wissen, wann und wohin ich ihn absenden kann. Vorgestern telegraphirte ich Dir nach Sevilla die Bitte, mir zu sagen, wohin ich jetzt adressiren soll,

ich erhielt aber keine Antwort und so mußt Du entweder das Telegramm nicht bekommen haben, oder Du wolltest mich nicht in Deine Reise Projekte einweihen ..." (Wien, 17. Januar 1893, Briefe II) Für diese Ausdauer wurde der Kaiser sogar mit einigen Antwortschreiben belohnt, die ihn zu weiteren Dankesbriefen anregten: „Gestern erhielt ich (Franz Joseph) Deinen lieben, langen und interessanten Brief aus Gibraltar vom 27. und einen der Gräfin Festetics (der mitreisenden Hofdame). Für Briefe und Telegramme meinen innigsten Dank. Du schreibst während dieser Reise so fleißig, Deine gar so lieben Briefe beweisen, wie viel und mit welchen Gefühlen du an uns denkest, daß dieses ein großer Trost für mich ist, während unserer langen Trennung." (Wien, 4. Februar 1893, Briefe II) Zwischen den Reisen Elisabeths traf das Ehepaar immer nur kurz zusammen, und der Kaiser fiel nach jeder Abreise seiner Frau in eine tiefe Depression: „Es ist eigentlich zu früh, um einen Brief nach Gibraltar abzusenden, Du bist aber schon so lange fort, meine Gedanken sind beständig in Sehnsucht bei Dir und so will ich wenigstens beginnen, schriftlich mit Dir zu sprechen, mir vorbehaltend, diese Zeilen fortzusetzen, ehe ich sie der Post übergebe ... Ich gewöhne mich nur langsam an die Einsamkeit, die Augenblicke bei Deinem Frühstücke und die gemeinsamen Abende gehen mir, trotz der in Deinen Zimmern herrschenden Kälte, sehr ab und schon zweimal war ich auf meinem Weg zur Bellaria in Deinen Zimmern, wo zwar alle Möbel verhängt sind, wo mich aber Alles so wehmütig an Dich erinnert." (Wien, 5. Dezember 1893, Briefe II) Von einem halben Jahr später datiert der folgende Brief, der ebenfalls nach einer Abreise Elisabeths entstand: „Innigsten Dank für Dein gestriges Telegramm mit der erfreulichen Nachricht Deiner glücklichen Ankunft in Campiglio und was ebenso erfreulich ist, bei schönem Wetter. Ich bin so glücklich, daß Du an mich gedacht und mir so schnell telegraphirt hast. Auch ich denke viel und mit Sehnsucht an Dich und hoffe nur, daß Du mit Deinem Aufenthalte in der reinen, scharfen Bergluft zufrieden bist. Wie Du hier abgehst, kann ich nicht sagen, es ist so leer, so einsam in der Villa. Ich bin Vorgestern Abend wieder in Deine

leeren, aber noch Blumen erfüllten Zimmer gegangen und habe sie mir mit Wehmuth angesehen." (Lainz, 24. Juni 1894, Briefe II) Wie dieser Brief beweist, war das Verhältnis zwischen den Eheleuten zu dieser Zeit besonders harmonisch, da der Kaiser sich auf eine Bemerkung Elisabeths bezieht, die sogar „an ihn gedacht hatte".
Bis zum Tod der Kaiserin stellt alle Korrespondenz Kaiser Franz Josephs nichts anderes als das Zeugnis einer großen Liebe dar: „Innigsten Dank für Deinen lieben, interessanten Brief vom 24., den ich zu meiner großen Freude am 27. erhielt ... ich fühle mich jetzt besonders einsam und bin sehr melancholisch gestimmt. Also Heute verläßt Du das schöne Cap Martin und nun beginnt wieder die Angst wegen Deinen Seefahrten. Gott beschütze Dich! Unser so kurzes Zusammensein war wirklich traurig im Vergleiche mit dem, was wir erwarteten und hofften, aber es war doch gut, und ich bewahre eine angenehme Erinnerung von demselben. Jetzt dauert aber die Trennung bis 1. Mai entsetzlich lang, und Du wirst nun wieder so weit von uns sein." (Wien, 1. März 1895, Briefe II)
Im Sommer traf das Kaiserpaar in der von beiden geliebten Villa Hermes in Wien zusammen, wo es fernab von Hofzeremoniell und Hofbediensteten ein verhältnismäßig privates und harmonisches Leben führen konnte. Als Elisabeth wieder abreiste, befiel den Kaiser nach dem langen Beisammensein von zwei Monaten die übliche Depression: „Vorgestern, nach unserem Abschiede führte mich Henke im schärfstem Tempo nach Haus, wo ich gleich ins Bett ging ... (einen Tag später sah ich) mir dann noch zum Abschiede (der Kaiser reiste nach Bad Ischl) alle lieben Zimmer an und besuchte die meisten Rosenbeete und Sträucher. Der Abschied wurde auch mir eigentlich schwer, denn schöner war die Villa Hermes noch nie, und wir brachten dort so gute 2 Monate zu. Meine altersschwache Verdummung ist Schuld daran, daß ich Dir beim Abschiede nicht für Deine Güte und Nachsicht während unseres Zusammenseins dankte und so thue ich es jetzt von ganzem Herzen." (Ischl, 2. Juli 1895, Briefe II) Liebe und Dank durchziehen die Briefe des Kaisers: „Innigsten Dank für Deinen lieben Brief vom 28., den ich zu meiner

großen Freude am 30. erhielt und für Dein Telegramm aus Lichtenegg (wo die jüngste Kaisertochter, Marie Valerie, mit ihrer Familie wohnte, die die Kaiserin besucht hatte). Ich bin so froh, Dich endlich ruhig in Gödöllö zu wissen und hoffe nur, daß Du mit dem dortigen Aufenthalte zufrieden sein wirst ... Es muß (in der Schweiz) herrlich gewesen sein, und dankbar gerührt war ich, daß Du an mich gedacht hast und daß ich Dir abging. Wenn wir nur in Gödöllö eine gute, ruhige Zeit bekämen!" (Schönbrunn, 3. Oktober 1895, Briefe II) – „... innigsten Dank für die vortrefflichen Lebkuchen, welche ich bei meinem Déjeuner mit Entzücken esse. Du bist zu gut, immer an mich zu denken und solche Attentionen thun mir wohl. Ich bin ... eigentlich recht traurig, daß Du erst am 1. Juli zurückkommst; das ist noch eine lange Zeit, aber Deine Gesundheit ist die Hauptsache, und so schweige ich in Geduld." (Ofen, 27. Mai 1897, Briefe II) – „Ich bedaure sehr, daß es in Biarritz so kalt ist, während wir hier immer ein für die Jahreszeit mildes Wetter haben, und ich fürchte sehr, daß der allgemeine Schnupfen und Husten, von dem Du auch befallen zu sein scheinst, bei Dir wieder in die gewöhnliche Bronchitis mit Brustschmerzen ausarten wird. Ich ängstige mich, getraue mich aber nicht telegraphisch anzufragen, weil Dir das unangenehm ist ..." (Wien, 11. Dezember 1897, Briefe II) – „Sehr danken muß ich auch für die vielen guten Sachen, mit welchen Du uns für die Reise (Heimreise von Bad Kissingen, wo der Kaiser die Gemahlin besucht hatte) versehen hast. Wir haben dieselben gleich hinter Nürnberg verzehrt und sie fanden allgemeinen Anwerth, besonders bei Liechtenstein (der mitreisende Flügeladjutant des Kaisers und Erste Obersthofmeister), der wieder sehr gefräßig war. Die Erdbeeren waren magnifique ..." (Schönbrunn, 7. Mai 1898, Briefe II) – „Freudigst wurde ich Vorgestern Abend beim Schlafengehen durch Deinen lieben Brief überrascht, der mir ein neuer Beweis ist, daß Du an mich denkst, daß Du mich lieb hast. Ich hatte nur auf Nachrichten durch Deine Umgebung gehofft, daß Du mir aber selbst schreiben würdest, dachte ich wirklich nicht. Innigsten Dank." (Ischl, 21. Juli 1898, Briefe II)

Der letzte Brief Kaiser Franz Josephs an Elisabeth wurde am 10. September 1898 verfaßt und abgeschickt, kurz bevor er vom Tod Elisabeths erfuhr. Am selben Tag hatte der Kaiser auch an Katharina Schratt geschrieben, und der Brief begann mit den Worten, die man von den Schreiben an die Kaiserin gut kennt: „... diesen Brief beginne ich, ohne zu wissen, wohin ich ihn adressiren soll, aber hoffend, daß ich Heute von Ihnen eine Antwort auf meine gestrige nach Zell am See gerichtete telegraphische Anfrage wegen der Adresse erhalten werde ..." (Briefe III)
Wie schon früher erwähnt, war nun auch Katharina Schratt ständig auf Reisen. Als sie vom Tod Elisabeths erfuhr, begab sie sich aber sofort nach Wien, um dem verwitweten Kaiser in seiner Trauer Beistand zu leisten. Sicherlich hegte sie dabei auch den Hintergedanken, nach einer angemessenen Trauerfrist, die offiziell anerkannte Erste Frau des Landes zu werden. Doch zunächst begnügte sie sich damit, mit dem Witwer Briefe zu wechseln und ihm, der sich wehmütig der Verstorbenen erinnerte, Trost zu spenden: „Der gestrige Tag war für mich wieder ein besonders trauriger, da ich so vieles wiedersah, was mich schmerzlich, aber doch auch mit einer Art wehmüthiger Befriedigung an unsere theuere Verklärte erinnerte. In Ofen habe ich alle ihre Zimmer im ersten Stocke und zu ebener Erde durchwandert. Es war Alles wie sonst zu ihrem Empfange bereit, jeder Gegenstand an seinem Platze ... Der neue Balkon mit der schönen Aussicht auf Pest und auf die Donau, der sie voriges Jahr so freute, war mit allen éléganten Meubeln geziert und Alles leer, ohne Leben und keine Hoffnung auf Wiedersehen in diesem Leben!" (Gödöllö, 16. Oktober 1898, Briefe III) Oder: „An dem heutigen, schmerzlichen Erinnerungstag (dem Namenstag der Kaiserin) werden unsere Gedanken und Gebete sich vereinen, unsere beständigen Gedanken an die theuere Unvergeßliche, unsere Gebete für ihr Seelenheil. Sie glauben gar nicht, wie dankbar ich Ihnen für Ihre fortgesetzte Anhänglichkeit an das Andenken der Verklärten und für die Liebe bin, welche Sie ihr bewahren." (Gödöllö, 19. November 1898, Briefe III)

Kaiser Franz Joseph bewahrte seiner Frau, die ihm im Leben alles andere als eine gute und entgegenkommende Partnerin gewesen war, die Liebe bis über das Grab hinaus. Zuletzt sei ein Absatz über Kaiserin Elisabeth in ihrer Funktion als Ehefrau angeführt, so wie sie von einem gesehen und beurteilt wurde, der dem Kaiser im Alltag nahestand: „Ich (Eugen Ketterl, der berühmt gewordene Leibkammerdiener Kaiser Franz Josephs) kann nur sagen, wie Elisabeth als Gattin gewesen ist. Und schalte ich da, wie es unerläßlich ist, mein persönliches Empfinden, meine treue Anhänglichkeit der Kaiserin gegenüber und meine Bewunderung und Liebe für sie aus, dann muß ich wohl erklären, daß sie vom Ideal einer Gattin himmelweit entfernt war ... (Ist der) Platz der Frau in Freud und Sorgen stets bei ihrem Mann, ist es nicht nur Aufgabe des Gatten, der Frau die Zeit zu vertreiben ... und ist besonders die Gattin eines Kaisers doppelt und dreifach dazu verpflichtet, ihre persönlichen Interessen, ihre Liebhabereien und Spielereien ganz in den Hintergrund zu schieben, dem kaiserlichen Gatten seine Arbeit zu erleichtern und, wenn nötig, auch Nachsicht mit seinen Schwächen zu haben ... dann war Elisabeth eine sehr, sehr schlechte Gattin. Vielleicht wäre sie an der Seite eines schwärmerischen Dichters, Künstlers oder eines kunstsinnigen Adeligen, dessen Aufgabe sich darin erschöpfte, ‚nur für sie zu leben', eine ideale Frau geworden. Für einen Herrscher, der seine Aufgabe ernst nehmen mußte, war sie vollkommen ungeeignet, und wäre er so kunstsinnig und weise gewesen wie König Salomo." (Eugen Ketterl, S. 36)

Daß sich Kaiser Franz Joseph bei seiner Brautwahl ohne zu zögern für die jüngere der beiden Schwestern entschied, kann gewiß als aufrichtige Verliebtheit gewertet werden. Die Bevorzugung Elisabeths wird für sie aber nicht ohne Konsequenzen geblieben sein.

Denn aus psychologischer Sicht muß es sich dabei um einen narzißtischen Triumph gehandelt haben.
Die Beziehung einer jüngeren Schwester zu der älteren ist gerade in der Pubertät von widersprüchlichen Gefühlen geprägt. Sie reichen von tiefer Bewunderung bis zu Rivalität, Neid und Eifersucht.
Elisabeths Sieg über die ältere Schwester Helene war sicher nicht nur mit Triumphgefühlen verbunden. Das junge Mädchen hatte vermutlich Angst davor, der Rolle einer Kaiserin nicht gewachsen zu sein. Es ist auch anzunehmen, daß Elisabeth von unbewußten Schuldgefühlen geplagt war, weil sie die Schwester ausgestochen hatte. Ihre abergläubische Neigung könnte in diesem Zusammenhang mit der irrationalen Angst vor Vergeltung gesehen werden.
Der Umstand, daß die Ehe erst in der dritten Nacht vollzogen wurde, kann nur zu Spekulationen Anlaß geben: Wollte Sisi nicht? Konnte Franz Joseph nicht? Oder konnte er nicht, weil sie nicht wollte?
Wenn wir davon ausgehen, daß Elisabeth schon immer darauf aus war, Ohnmacht in Macht zu verwandeln, so liegt in diesem Fall folgender Schluß nahe: Mit einer Verweigerung war sie es, die bestimmte, wann es tatsächlich zum Vollzug des Aktes kam. Indem sie auf diese Weise Macht über Franz Josephs „Männlichkeit" bekam, eignete sie sich diese symbolisch an. Damit stimmte die Machtbilanz wieder.
Der Verlauf der Hochzeitsnacht nahm bereits die zukünftige Beziehung der beiden vorweg: Der Kaiser mußte warten, bis er „durfte". Manchmal sogar Monate.
Auch wenn man heute Freuds „Penisneid-Hypothese" damit in Frage stellt, daß die soziale Unterprivilegiertheit der Frau grundsätzlich Anlaß gab, einen Mann zu beneiden, so zeigten sich in der phallischen Haltung Elisabeths doch Reste ihrer infantilen Sexualphantasien.
Warum zum Beispiel war sie in der ersten Zeit ihrer Ehe so reitbesessen? Die Antwort liegt auf der Hand: In der vitalen Verschmelzung zwischen Reiterin und Pferd gewann sie Macht und Kontrolle

über die elementaren Triebe. In der rhythmisch-harmonischen Bewegung wurde sie eins mit dem Pferd, das die reale Vereinigung mit männlicher Kraft überflüssig macht. Dieser Symbolismus ist sicher auch der Grund, warum in Reitställen so viele junge Mädchen anzutreffen sind.

Wenn wir den Fortgang der kaiserlichen Ehe betrachten, zeigt sich uns das typische Bild einer Beziehung, die nach dem Schweizer Ehetherapeuten Jürg Willi als „phallisch-ödipale Kollusion" zu bezeichnen wäre. Darunter ist eine Beziehung zu verstehen, in der der Kampf um die männliche Position das partnerschaftliche Klima bestimmt. Für Frauen, die zu solchen Beziehungen neigen, ist es charakteristisch, daß sie sich im Laufe ihrer Entwicklung innerlich nicht wirklich vom Vater gelöst haben.

„Diese Frauen stehen meist in einer ambivalenten Vaterbindung. Meist waren sie das Lieblingskind des Vaters. Er wird oft als faszinierend und widersprüchlich geschildert: einerseits triebhaft und impulsiv, andernteils kindlich hilflos, weich und mitleiderregend. Das verführerische Verhalten erschwerte die Bewältigung des Ödipuskomplexes und behinderte vor allem die spätere Ehebildung, in der ja die ödipale Situation reaktiviert wird. Die Mutter eignet sich als schlechte Identifikationsfigur, sei es, weil sie selbst ungenügend mit ihrer Weiblichkeit identifiziert war, sei es, weil sie in ihren Minderwertigkeitsgefühlen kaum als Vorbild dienen konnte. Hysterische Frauen fühlten sich oft auch ihren Brüdern gegenüber zurückgesetzt." (Jürg Willi)

Aus der geschichtlichen Darstellung geht hervor, daß Elisabeth in den ersten Lebensjahren tatsächlich die Lieblingstochter des Vaters war. Ganz wie Willi es beschreibt, galt Herzog Max in Bayern als kindlicher, unreifer Mann, der seine Freude daran hatte, Erziehungsmaßnahmen bei seinen Kindern zu unterlaufen, wann immer ihm danach war. Diese unorthodoxe Haltung wirkte zwar wie wohlmeinende Verwöhnung – schließlich konnten die Kinder das öde Klassenzimmer gegen einen Ausflug in die Natur eintauschen –, in Wirklichkeit war sie aber ein Ausdruck von Egozentrik und Willkür.

Kaiser Franz Joseph war für Sisi geradezu ein kongenialer Partner. Als Sohn einer dominanten Mutter war er es gewohnt, sich den Wünschen der Frauen zu unterwerfen. Sein ganzes Verhalten weist darauf hin, daß er Elisabeth zärtlich ergeben war. Obwohl sie schon von Beginn der Ehe an auf alle weiblichen Personen in seiner Umgebung eifersüchtig war, wirkt Franz Joseph eher als artiger Sohn denn als draufgängerischer Frauenheld. Vermutlich wurde er von Sisi wegen seiner nachsichtigen Gutmütigkeit oft auch verachtet. Im Vergleich zu ihm muß der ungarische Graf Andrássy temperamentvoll-männlich gewirkt haben.
Für Franz Joseph bestand Elisabeths Faszination in ihrer egozentrischen, verweigernden und auch unberechenbaren Art. Wie die meisten Partner solcher Frauen war auch der Kaiser familienbezogen und fürsorglich, mitunter hatte seine verzeihende Haltung sogar etwas Mütterliches und damit asexuelles. Wenn man von Sisi durchaus sagen kann, daß sie von früher Kindheit an vaterbezogen war, so trifft dies bei Franz Joseph auf seine starke Beziehung zur Mutter zu. Als Ehemann geriet er zwischen zwei Abhängigkeiten: die von seiner Mutter und die von seiner Frau.
Als „mütterlicher" Mann legte er auf seine „ehelichen Rechte" nur mäßig Wert. „Das Sexuelle ist ihm in einer Partnerbeziehung nur von sekundärer Bedeutung. Oft scheint er sich bei den Frauen gleichsam wegen des kleinen, anatomischen Unterschiedes entschuldigen zu wollen. Er wirkt bescheiden und zurückhaltend und möchte scheinbar kein Aufhebens von sich machen. Und doch läßt sich gerade bei diesem Mann ein Exhibitionsbedürfnis nachweisen, das im Sinne einer altruistischen Abtretung auf die Frau verschoben wird … Er möchte sie als ein völlig einmaliges, in nichts vergleichbares Geschöpf sehen, das jenseits der sonst allgemeingültigen Anforderungen steht." (Jürg Willi)
Dieses von Willi gezeichnete Bild kommt sehr deutlich in der unterwürfig-sentimentalen Korrespondenz des Kaisers zum Ausdruck. Man fragt sich natürlich, warum sich ein Mann seines Ansehen und Standes dazu veranlaßt sah, sich einer Frau gegenüber so klein und

unterwürfig zu geben. Naheliegend wäre doch, daß er seinereits durchaus dazu Grund hatte. Schließlich ist es nicht unbekannt, daß er von Beginn der Ehe schönen Frauen gegenüber nicht abgeneigt war und sich bei diesen keine sexuellen Beschränkungen auferlegte. Unserer Auffassung nach könnte es sich beim Kaiser um das bekannte psychologische Phänomen der Spaltung der Liebesgefühle gehandelt haben: Die geliebte Frau wird bald nicht mehr sexuell begehrt, die sexuell begehrte Frau nicht geliebt.

Gut in das Bild der phallischen Frau, wie Kaiserin Elisabeth eine war, die schon auf geringe Verletzungen nachhaltig mit Trotz, Vergeltung und Verweigerung reagierte, paßte auch ihre Neigung, Männer zu bezaubern, ohne sie jedoch ans Ziel kommen zu lassen. Ob dieses Muster jedoch auf alle Männerbeziehungen Sisis zutrifft, ist aus heutiger Sicht schwer überprüfbar. Doch selbst dort, wo sexuelle Beziehungen zu vermuten sind, dauerte es meist nicht lange, bis die Kaiserin den Verehrer entwertete und verlachte. Dieses Verhalten ist einer symbolischen Kastration gleichzusetzen, die charakteristisch für phallische Frauen ist. Die „süße Sisi" entspricht eigentlich dem Frauentypus der Brunhilde, die Männer zum „Kampf" herausfordert, um sie danach zu vernichten.

Die häufige Unpäßlichkeit der Kaiserin sowie ihre wiederholten Atemwegserkrankungen runden das Bild dieses Frauentypus ab. Sisi erreichte damit zweierlei: Mit ihren körperlichen Schwächen zog sie einerseits die Aufmerksamkeit auf sich. Andererseits benutzte sie diese auch als Anlaß, um sich unangenehmen Anforderungen zu entziehen, wann immer es ihr beliebte.

Elisabeth und die Eifersucht

Wenn man das poetische Tagebuch der Kaiserin liest, das in vielen Gedichten die freie Liebe apostrophiert und Episoden Elisabeths mit verschiedenen Verehrern enthält, würde man vermuten, daß sie eine von Toleranz geprägte Persönlichkeit war und das, was sie sich selbst zugestand, auch dem Ehemann erlaubte. Diese Annahme ist aber falsch, denn die Kaiserin beobachtete vom ersten Tag ihrer Ehe an sehr aufmerksam, wie der Kaiser mit anderen Frauen umging. Wenn sie auf Reisen war, übertrug sie diese Aufgabe einer ihr vertrauten Hofdame, und in den Briefen an den Ehemann wimmelt es von eifersüchtigen Anspielungen auf die Frauen, die der Kaiser während

der vielen Empfänge, Audienzen und anderer öffentlicher Veranstaltungen traf.
Elisabeth haßte repräsentative Auftritte und in der Folge auch offizielle Reisen, die der Kaiser aus politischen Gründen unternehmen mußte. Da ihn die Ehefrau weder nach Paris noch nach St. Petersburg oder an den Suezkanal begleitete, war er als allein reisender Mann Freiwild der Damen in den diversen Gastländern, die in ihm nicht nur den Kaiser, sondern auch den Mann bewunderten. Das paßte Elisabeth aber gar nicht, und speziell von seinem Aufenthalt in Paris erwartete sie diverse Versuchungen von seiten der Damenwelt. So hatte der Kaiser seiner Frau, die zu dieser Zeit ihm gegenüber besonders launenhaft war und sich ohnehin in Ungarn in Gesellschaft des Grafen Andrássy aufhielt, ständig Rechenschaft über sein Benehmen abzulegen. Das amüsierte ihn, und er fühlte in Elisabeths Eifersucht vor allem ihre Liebe zu ihm bestätigt: „... Hürchen (das bezieht sich allgemein auf die Pariser Frauen und nicht auf Prostituierte) habe ich recht viele und recht hübsche gesehen. Ich denke aber nur an Dich, mein Engel, Du kannst ruhig sein." (Elysée, 30. Oktober 1867, Briefe II)
Ganz konkret eifersüchtig war Elisabeth auf Kaiserin Eugénie von Frankreich, die Kaiser Franz Joseph als charmante Gastgeberin und Gesellschafterin schätzte und über die im Briefverkehr des Ehepaars ein reger Gedankenaustausch stattfand: „Nun bist Du wohl glücklich vereinigt mit Deiner geliebten Kaiserin Eugénie. Ich bin auch sehr eifersüchtig bei dem Gedanken, daß Du ihr jetzt eben den Charmanten spielst, während ich allein hier sitze und mich nicht einmal rächen kann ..." (Elisabeth an Kaiser Franz Joseph, Gödöllö, 7. und 16. November 1869, zitiert in: Corti) Der Anlaß des Zusammentreffens mit der französischen Kaiserin war die Eröffnung des Suezkanals, wohin sich im Spätherbst des Jahres 1869 eine Vielzahl von illustren europäischen Persönlichkeiten begeben hatte. Am 17. November kam es zur ersten Begegnung in Port Said: „Die Kaiserin (Eugénie), der ich bald nach ihrer Ankunft meine Aufwartung auf ihrer Yacht ‚Aigle' machte, war unendlich liebenswürdig und

heiter, erkundigte sich gleich nach Dir und gab mir im Laufe des Tages die Visite auf dem Greif (dem kaiserlich-österreichischen Schiff) zurück!!! Das ist doch mehr als man verlangen kann." (Port Said, 17. November 1869, Briefe II)

Das Thema Eugénie beherrschte während dieser Reise weiterhin den Briefverkehr, wobei die Verehrung des österreichischen Herrschers ohnehin nur sehr oberflächlich bleiben konnte, da er und Eugénie sich beständig in Gesellschaft ihres Gefolges und etlicher lokaler Honoratioren befanden, so daß ein privates Zusammensein gar nicht möglich war.

Obwohl die Kaiserin in Ungarn und auf ihren Reisen kleine – wahrscheinlich nur platonische – Liebesabenteuer erlebte, stürzte sie um ihren fünfzigsten Geburtstag in eine schwere Krise. Sie vermeinte, ein Ersterben der Liebe Franz Josephs zu spüren – was den Tatsachen nicht entsprach –, und war nicht in der Lage, ihr Problem zu artikulieren. Es tauchte, wie bereits angedeutet, wiederholt im poetischen Tagebuch auf. In der Korrespondenz der Ehepartner spielte es aber keine bedeutende Rolle. Bei Zusammenkünften zeigte es sich bei der Kaiserin nur in Form von übler Laune. Da Elisabeth aber seit ihrer Verheiratung sehr kapriziös mit dem Kaiser umging, so konnte er später keinen Unterschied in der Qualität dieser Launen herauslesen. Als seine Frau, die monatelang nur in Gesellschaft von „Auserwählten" auf Reisen war und auch bei ihren Heimaufenthalten allein gelassen sein wollte, plötzlich nach der liebedienernden Gesellschaft des Ehemannes verlangte, so deutete der Kaiser dies ebenfalls als eine Laune, der er wegen seines dichten Arbeitsprogramms nicht nachgeben konnte. Wenn Elisabeth in den der Krise vorausgegangenen Jahren schon von den seltenen Frühstücks- oder Abendtreffen mit dem Ehemann überfordert gewesen war, so konnte er nun beim besten Willen nicht ahnen, daß seine Anwesenheit plötzlich dringend erbeten war. Die Kaiserin reagierte ihre Probleme in weiteren Reisen ab und gebar ausgerechnet in dieser ohnehin schwierigen Zeit die Idee, den Ehemann während ihrer Abwesenheit durch eine Gesellschafterin unterhalten zu lassen. Die Wahl fiel dabei – wie wir

wissen – auf Katharina Schratt. Daß sie sich mit diesem Einfall in eine noch schlimmere Lage manövrieren würde, hatte sie dabei nicht bedacht. In Hinkunft war sie gezwungen, die Idee, die sie innerlich quälte und zermürbte, wegen des Erfolgs nach außen hin gutzuheißen.
Als die Freundschaft zwischen Kaiser Franz Joseph und Katharina Schratt im Sommer 1886 zaghaft mit Spaziergängen in Ischl begann, dichtete die zu Hause gebliebene Kaiserin bereits eifersüchtig:

„Da weckt sie (Elisabeth) lautes Rasseln
Im Thal aus ihrer Ruh;
Der König Wiswamitra*
Kehrt heim von seiner Kuh (Schratt).
O König Wiswamitra,
O welch ein Ochs bist du!"

Oder:

„Auf schmaler Felsenkante ...
Wo, meine Beine suchend,
Die Kupfernatter (Schratt) droht,
Da dachte ich mir fluchend:
‚Zum Teufel Hohe Schrott!'"**
(„Auf der hohen Schrott", 1886)

Gegen Ende des Jahres 1886 setzte die Korrespondenz zwischen dem Kaiser und der Schauspielerin ein, und in den ersten Wintermonaten des Jahres 1887 fanden im Schönbrunner Schloßpark erste gemeinsame Spaziergänge statt. Einen dieser Ausgänge hatte die in Wien weilende Kaiserin von ihrem Fenster aus beobachtet, der sie im März 1887 zu dem Gedicht „Zwiegespräch auf dem Schönbrunner Parterre" anregte. Als Dialogpartner treten zwei Statuen, Perseus und Ceres/Elisabeth, auf, die sich vor allem über die Verliebtheit des Kaisers lustig machen:

* Kaiser Franz Joseph in Anspielung auf einen bei Heine vorkommenden indischen König, der eine Kuh liebte.
** Anspielung auf einen Berg bei Bad Ischl für Katharina Schratt.

„… ‚Hier von meinem Postamente
Ward ich's (Perseus) tausendmal gewahr,
Wie du (Ceres/Elisabeth) durch die grünen Wände
Lauerst auf ein liebend Paar.

Geh'n sie langsam auf und nieder,
Folget ihnen stets dein Blick,
Jedes Wort erhaschst du wieder,
kehren sie zu dir zurück.' …

‚Pst!' ruft plötzlich freudig Ceres,
‚Sieh das Paar, das sich dort naht,
So viel Glut, beim Zeus, ich schwör es,
ein verliebtes Aug' nur hat.

Liebe leiht dem Alter (dem 57jährigen Kaiser Franz Joseph) Schwingen,
Ist das Haupt auch glatt und kahl;
Amors Pfeile tiefer dringen
In ein altes Herz zumal.

An den weissen Backenhaaren
Streift er mit der Hand entlang.
Jugendlich ist sein Gebaren
Und elastisch leicht der Gang.

Doch in ihrem Aug' zu lesen,
Fällt mir schwerer schon fürwahr …'"

Bemerkenswert ist die Anspielung auf das vermeintliche Desinteresse Katharina Schratts, das Elisabeth erkannt haben möchte. Denn die Schauspielerin war weit davon entfernt, die Beziehung lächerlich zu finden. Im Gegenteil – sie war es ja, die den Kaiser immer wieder drängte, das platonische Verhältnis in ein richtiges umzuwandeln.

Als das Kaiserpaar im April 1887 kurze Zeit gemeinsam in Bad Ischl verbrachte, unternahm es einen Ausflug nach dem Wolfgangsee, wo sich damals die gemietete Villa Katharina Schratts befand. Die Schauspielerin war wegen Proben zu einer Stückpremiere in Wien geblieben, und das Kaiserpaar suchte gemeinsam das leerstehende Haus auf. Die von Elisabeth als grotesk erlebte Situation fand im poetischen Tagebuch ihren Niederschlag:

„... Vom Hügel winkt ein Häuschen dort,
Idyllisch ist die Lage.

Die Liebe ist der Führer heut' (zur Schratt-Villa) ...
Zum Hohn dem Alter und der Zeit,
Springt sie noch wie ein Böckchen.

Den Gärtner schnell, die Schlüssel her,
Zeigt ihm nur jedes Plätzchen;
Denn steh'n sie jetzt auch öd und leer,
Einst weilte dort sein Schätzchen.

‚Nur Vorsicht, teuerster Cousin*
Du könntest dich verkühlen.
Gar sonnig war der lange Chemin (Weg),
Im Haus ist Frost zu fühlen.

O zügle Deine Efusion (Erguß) ...
Dein dicker Engel (Katharina Schratt) kommt dann schon
Im Juni mit den Rosen.'"

(„Wallfahrt", 23. April 1887)

Als die Kaiserin im Mai 1887 von einem Aufenthalt in Mehadia nach Wien zurückkehrte, überfiel sie – wahrscheinlich auch aus

* Kaiser Franz Joseph, der „zur Strafe" nicht als Ehemann, sondern nur als Verwandter angesprochen wird.

Langeweile – wieder die Eifersucht. „Titanias/Elisabeths Rückkehr in ihr Feenschloß, genannt Villa Hermes" entstand als neues Dokument des Liebeskummers:

„Aber in dem fernsten Zimmer* ...
Liegt jetzt Ob'ron (Kaiser Franz Joseph) auf den Knien,
Starrend auf ein Bild** noch immer ...

Ach! er hat sie nur zu gerne!
Flüstert leise ihren Namen.

Gross ist Oberons Entzücken
Und das Bild ist gut getroffen;
Wohl thut ihn, gesteh'n wir's offen,
Nicht Titania draus beglücken.

Doch ist dies nicht wert des Lärmes,
Glück lebt nur in Phantasien,
Beiden sei darum verziehen;
Denkt da draussen Schutzgott Hermes.***"

Trotz aller Eifersucht vermittelte die Kaiserin immer neue gemeinsame Treffen mit Katharina Schratt. Anfang August 1888 wurde die Schauspielerin erstmals in die Villa in Ischl gebeten. Schon vier Wochen zuvor hatte der Kaiser sie darauf aufmerksam gemacht, daß Elisabeth sie anläßlich des Besuchs bitten würde, ein Gedicht in ihr Stammbuch zu schreiben. Die damals 20jährige Tochter des Kaiser-

* Es ist Nacht, und das Kaiserpaar liegt zu Bett – jeder der Ehepartner, wie es zu dieser Zeit in den obersten Gesellschaftsschichten üblich war, in seinem eigenen Schlafzimmer.
** Bild Katharina Schratts, das im Auftrag der Kaiserin für den Kaiser gemalt wurde. Anläßlich der Sitzungen zu diesem Porträt fand auf Veranlassung Elisabeths das erste private Treffen zwischen dem Ehemann und der Schauspielerin statt.
*** Eine der Lieblingsgestalten der Kaiserin aus der griechischen Antike, deren Statue sich im Lainzer Park befand.

paares, Erzherzogin Marie Valerie, die der Freundschaft ihres Vaters zu Katharina Schratt von allem Anfang an sehr kritisch gegenüberstand, schrieb nach dem Besuch der Schauspielerin in ihr Tagebuch: „Nachmittags zeigten Mama, Papa und ich der Frau Schratt den Garten ... Sie ist wirklich einfach und sympathisch, aber doch habe ich eine Art Groll, obwohl sie ja nichts dafür kann, daß Papa diese Freundschaft für sie hat, aber die bösen Menschen reden davon und können nicht glauben, wie kindlich Papa diese Sache auffaßt, wie rührend er auch hierin ist ... ich finde, Mama hätte darum diese Bekanntschaft nicht so unterstützen sollen." (4. August 1888, zitiert in: Briefe III)

Kaiserin Elisabeth favorisierte die Freundschaft mit Katharina Schratt nach außen weiterhin. In den folgenden Jahren sollte im Briefverkehr zwischen den drei Menschen der Gedankenaustausch der beiden Frauen eine große Rolle spielen. Die Schauspielerin genoß alle Aufmerksamkeit von seiten der Kaiserin, wodurch ihr Verhältnis zum Kaiser auch vor den Augen der Öffentlichkeit bestehen mußte. Am 16. November 1888 gab Kaiser Franz Joseph in einem Brief an Katharina Schratt eine Anfrage Elisabeths weiter, die – nach allem, was man aus ihren Tagebüchern weiß – seltsam anmutet: „(Die Kaiserin schreibt:) ‚Unserer guten Freundin herzlichen Dank für ihre lieben Zeilen. Wenn sie mir Freude machen will, so soll sie mir eine gute Photographie von sich mit Unterschrift in einem Rahmen ... so bald als möglich nach Corfù schicken.'" (Briefe III)

Selbst wenn man weiß, daß Elisabeth Photos von Frauen sammelte, die sie als schön empfand (und sie war vom Aussehen Katharina Schratts nicht sehr begeistert, da sie ihren körperlichen Idealvorstellungen nicht entsprach, weshalb sie sie in den Gedichten als „dicken Engel" bezeichnete), so fehlt das Verständnis dafür, warum sie ein Bild von der als Rivalin Empfundenen in ihrer Villa in Korfu aufstellen wollte. Die einzig plausible Erklärung wäre, daß Elisabeth – die in der Öffentlichkeit die Freundschaft ihres Ehemannes mit der Schauspielerin förderte – vor allem vor ihm noch besser dastehen wollte. In Zukunft sollten die Damen öfters Geschenke tauschen, wobei Glücksgaben,

Reiseandenken und besondere Delikatessen eine große Rolle spielten. Hierbei kommt man nicht umhin anzunehmen, daß sich die Kaiserin mit ihren Gaben für Katharina Schratt gerne einen Scherz erlaubte. Anläßlich eines Weihnachtsfestes, das Elisabeth im Ausland verbrachte, übersandte sie ihrem Mann und über ihn auch der Schauspielerin Geschenke, für die sich der Kaiser in einem Brief auch bedankte. Und obwohl er sich immer freute, wenn die Ehefrau die Freundin mit Gaben bedachte, klingt in dem folgenden Schreiben doch eine leise Kritik mit: „Herzlichen Dank auch für die wunderschönen, so zahlreichen und so nützlichen Weihnachtsgeschenke, die mich sehr freuten. Den Bronce Kopf mit der Lyra werde ich Morgen, Deiner Weisung gemäß, der Freundin übergeben, und ich bin recht froh, daß er nicht für mich bestimmt ist, da ich ihn sehr unheimlich finde." (Lichtenegg, 26. Dezember 1893, Briefe II)
Zurück ins Jahr 1888, als Katharina Schratt im Dezember zum ersten Mal in die Wohnung Ida von Ferenczys gebeten wurde, wo sie von der Kaiserin allein empfangen wurde. Das Treffen sollte dazu dienen, die Schauspielerin mit der Wohnung vertraut zu machen, wo sie künftighin – unbeobachtet und fernab der zeremoniellen Welt der Hofburg – mit dem Kaiser privat zusammenkommen konnte. Die Wahl des Ortes war von der Kaiserin getroffen worden, mit der Organisation des ersten Treffens war der Kaiser betraut: „Im Auftrage der Kaiserin frage ich (Kaiser Franz Joseph) Sie (Katharina Schratt), ob Sie ihr Morgen Vormittag um ½ 11 Uhr einen Besuch machen wollen. Sollten Sie aber Probe haben, oder sonst verhindert sein, so kann es auch an jedem anderen Tage, der Ihnen bequemer wäre, sein. Ich bitte daher, mich nur mit einer Zeile zu benachrichtigen, ob Sie Morgen kommen, oder an welchem anderen Tage. Die Kaiserin ersucht Sie, sich um ½ 11 Uhr bei Frau v. Ferenczy, Ballhausplatz, Nr. 6, II. Stock, einzufinden." (Wien, 6. Dezember 1888, Briefe III) Das Treffen fand statt, und Elisabeth nahm mit einer liebenswürdigen Geste nachher darauf Bezug: Sie ließ Katharina Schratt eine Photografie Marie Valeries, die ihr in der Wohnung Ida von Ferenczys aufgefallen war, überbringen und eine „Unglück ab-

wendende kleine Hand", wahrscheinlich einen der vielen Glücksbringer in Form eines Anhängers, die Kaiserin Elisabeth besaß und an Armbändern oder Ketten trug. Die Übersendung von Talismanen sollte in der Zukunft eine große Bedeutung gewinnen, da beide Damen sehr abergläubisch waren, und selbst der Kaiser wurde beständig mit glückbringenden Kleeblättern oder Glückskäfern beschenkt.
Im darauffolgenden Januar des Jahres 1889 beging Kronprinz Rudolf Selbstmord, und Katharina Schratt stand dem Kaiserpaar in den schweren Tagen danach mit wirklich tief empfundenem Mitleid bei.
Sie wurde weiterhin vom Kaiserpaar empfangen, vor allem in der Villa in Ischl, wo mitunter auch die jüngste Kaisertochter, Marie Valerie, an den Treffen teilnahm: „Frau Schratt speiste mit uns und ging mit uns spazieren. Sie ist eine so gute Seele, daß Mama sie wirklich gern hat; und welch ein Glück, daß Papa doch eine Zerstreuung, ein Interesse hat." (Tagebucheintragung vom 27. Mai 1889, zitiert in: Briefe III)
Je mehr Marie Valerie aber in den Einflußbereich ihres künftigen Ehemanns, Erzherzog Franz Salvator, geriet, der die Freundschaft des Kaisers mit der Schauspielerin als gesellschaftlich unmöglich hinstellte (obwohl bekannt war, daß er selbst etliche Affären hatte), umso schärfer kritisierte die Kaisertochter die Verbindung ihres Vaters: „O, warum hat Mama die Sache selbst so weit getrieben! Wir beklagten es zusammen (sie und ihr Bräutigam Franz Salvator) ... aber ändern kann und darf man jetzt* natürlich nichts daran, ich muß, obwohl es Franz peinlich ist, wieder mit ihr (Katharina Schratt) zusammen kommen und darf mir nichts merken lassen." (Tagebucheintragung vom 2. Juni 1889)
Oder am 21. Juli 1889: „Ich wollte, ich bräuchte nie mehr mit der guten Frau zusammenkommen, und Papa hätte sie nie gesehen." Und am 4. November 1889 bemerkte sie: „Verkehr mit Papa immer schwerer, Schratt steht bis zu einem gewissen Grad doch zwischen

* Nach dem Tod des Kronprinzen, als beide Ehepartner unter starken Depressionen litten, als die Kaiserin ihre Reisen wiederaufnahm und den Ehemann wie ehedem alleine ließ.

Mama und Papa. Daß ich Papa nicht mehr wie ehemals im innersten meines Herzens recht geben kann, das ist für mich das Bitterste – so unschuldig die Sache ja auch ist ..." (Zitate in: Briefe III)
Im Herbst 1889 unternahmen Kaiser Franz Joseph und Kaiserin Elisabeth eine Reise nach Südtirol. Von dort hielt er brieflichen Kontakt mit der Schauspielerin. Wie immer bestellte er regelmäßig Grüße der Kaiserin, die aus Schreibfaulheit keine Zeile verfaßte, oder er tauschte harmlose Geschichten zwischen den beiden Frauen aus. Und selbst in diesen wenigen und kurzen Absätzen, die auf die Inititiative Elisabeths zurückzuführen sind und durch den Kaiser übermittelt wurden, finden sich Sticheleien in bezug auf die Figur der Freundin: „Ihres Auftrages (Katharina Schratts) entledigte ich mich (Franz Joseph) gleich und wurde viel (von der Kaiserin und Marie Valerie) ausgefragt: wie es Ihnen geht, ob Sie dicker geworden sind, wie lange Sie in Hietzing bleiben ..." (Schloß Trauttmansdorff – sic – bei Meran, 20. Oktober 1889, Briefe III) Die Frage nach dem aktuellen Gewicht der Schauspielerin, die ihr Leben lang um ideale Körperformen kämpfte, war ein beliebtes Mittel der Kaiserin, sich selbst und ihre makellose Figur in den Vordergrund zu rücken. Und da es offensichtlich nicht viel gab, was man an Katharina Schratt kritisieren konnte, da sie allseits beliebt war und als warme und charmante Gesellschafterin galt, so blieb Elisabeth nichts anderes, als sich über die molligen Formen der Schauspielerin lustig zu machen. So war irgendwann Ende der achtziger Jahre auch das sarkastisch gemeinte Gedicht „Trost" entstanden, das auf den Nachahmungstrieb der Schauspielerin und ihre Figurprobleme anspielt:

> „Dein dicker Engel (Kaiser Franz Josephs Engel) kommt ja schon im Sommer mit den Rosen.
> Gedulde Dich, mein Oberon (derselbe)! Und mach nicht solche Chosen! ...
> Sie schnürt den Bauch sich ins Korsett,
> Daß alle Fugen krachen.
> Hält sich gerade wie ein Brett

und ‚äfft' noch andere Sachen.
Im Häuschen der Geranien
wo alles so fein und glatt,
dünkt sie sich gleich Titanien,
die arme dicke Schratt."

(Larisch-Wallersee I, S. 309)

Als der Kaiser im Februar 1890 für einige Zeit alleine in Ofen war, von wo aus er sicherlich seine Einsamkeit beklagte, schlug Katharina Schratt vor, ihm nach Ungarn nachzureisen. Der Kaiser wimmelte diesen Besuch vorsichtig ab, in dem er auf das Aufsehen hinwies, das ihr plötzliches Erscheinen in Ungarn in der Öffentlichkeit erregen würde. Anstatt Katharina Schratt reisten Elisabeth und Marie Valerie nach Ofen. Abermals scheint es wegen der Schauspielerin zu Unstimmigkeiten gekommen zu sein. Die Kaisertochter, die wie ihre Mutter Probleme hatte, sich vor ihrer Familie zu artikulieren, klagte wie so oft in ihrem Tagebuch: „Momente tiefster Bitterkeit, die ich bei meinen Eltern oft miterleben muß. Aber wenn mir selbst etwas verletzend erscheint in Papas Art gegen Mama, dann kann ich kaum einen förmlichen Groll bezwingen gegen ihn – mehr aber gegen die Schratt, die eben doch zwischen meinen Eltern steht. O, warum hat es Mama so weit kommen lassen, daß sie nun sagen kann, er hat mehr Rücksichten für sie als für mich ..." (Tagebucheintragung vom 11. Februar 1890, zitiert in: Briefe III)
Wie alle Launen der Kaiserin, so wechselte auch ihre Stimmung Katharina Schratt gegenüber ständig, und die Schauspielerin wurde weiter im Familienkreis empfangen: „Frau Schratt dinierte mit uns (mit dem Kaiserpaar und der Tochter Marie Valerie), machte mit uns einen Spaziergang und blieb bis zum Abend. Ich kann nicht sagen, wie peinlich mir solche Nachmittage sind (sie wurden es erst unter dem Einfluß des Bräutigams, Franz Salvator), wie unbegreiflich, daß Mama dieselben eher gemütlich findet." (Tagebucheintragung Marie Valeries vom 7. Mai 1890. Zitiert in: Briefe III)
Ein knappes Jahr später wurde Katharina Schratt vom Kaiserpaar in

der Ofener Burg empfangen, und Elisabeth übersteigerte sich in der Vorbereitungsarbeit für dieses Treffen: „Die Kaiserin, welche Sie herzlich grüßt, laßt Sie bitten, am 1. nicht zu viel zu frühstücken, damit Sie um fünf Uhr einen guten Appetit haben. Sie hat, wie alle Hausfrauen, die Passion, ihre Gäste so voll zu stopfen als möglich."
In den folgenden Jahren häuften sich die Botschaften zwischen der Kaiserin und Katharina Schratt in den Briefen des Kaisers an die Schauspielerin. Vor allem Erfahrungen mit Kuren und Diätrezepte wurden ausgetauscht, die sowohl Elisabeth als auch – nach und nach – Katharina Schratt sehr ernst nahmen. Wenn der Kaiser den Vermittler zwischen den beiden Frauen spielte, so litt er unter diesen Diäten – vor allem unter denen seiner magersüchtigen Frau, deren Launen und Nervosität dann noch zunahmen. Was man nicht annehmen würde, ist, daß Elisabeth, wenn sie wollte, gerne aß: Sie liebte Schokolade, Cremetorten, Sorbets und Eiscreme und trank mitunter gerne Champagner. Der Appetit, oder besser: die Erlaubnis zum Appetit, hing aber mit der Gesellschaft während des Essens zusammen. Denn richtig gegessen hatte die Kaiserin nur in Anwesenheit ihrer Familie, vor allem ihrer Geschwister, und selbst darauf bereitete sie sich mit Diäten vor. Berühmt waren aber auf Reisen auch uneingeplante Konditoreiausflüge mit ihren Schwestern, die in den Briefen an den Kaiser oder an die Kinder prominente Erwähnung fanden. Im Zusammenhang mit der „richtigen" Gesellschaft kommt man nicht umhin, sich Gedanken darüber zu machen, warum andere Personen als die bayrische Verwandtschaft während gemeinsamer Diners mit „Nichtessen" bestraft wurden und worin der Grund dafür lag.
Abmagern stellte für Elisabeth einen Lebensinhalt dar, und Gewichtsabnahmen gerieten zu wahren Triumphen. Jedes verlorene Gramm wurde notiert und über den Kaiser an Katharina Schratt weitergeleitet. Ebenso wurde die Schauspielerin beständig aufgefordert, ihre Gewichtsverluste bekanntzugeben. Sie konnte allerdings nur wesentlich geringere Erfolge verbuchen als die Kaiserin, wodurch die Siegesfreude Elisabeths natürlich stieg. Abgesehen davon vergaß die Kaiserin über all ihren Diäten, daß Franz Joseph die

Freundin mochte, so wie sie war, und sie nicht wegen ihrer Figur schätzte, sondern als fröhliche Gesellschafterin, die ihn gut zu unterhalten wußte, während die magersüchtige Ehefrau sich und ihn nur mit Problemen belastete. Daß sich Katharina Schratt im Laufe der Zeit trotzdem auch sehr intensiv mit Kuraufenthalten und Abmagerungsplänen beschäftigte, liegt in der großen Verehrung begründet, die sie für die Kaiserin hegte. Es gelang ihr während der Kuraufenthalte, die sie an dieselben Orte führten, die die Kaiserin aufsuchte, deren Eigenheiten und Launen so vollendet nachzuahmen, daß sie von den Kurärzten bald als „Kaiserin Numero Zwei" tituliert wurde. Solche Bemerkungen erfüllten Katharina Schratt mit Stolz, da sie Elisabeth bewunderte und die Freundschaft mit ihr eine große Rolle spielte. Die Anspielungen und Titulierungen wurden sofort dem Kaiser weitergemeldet, der sie lustig fand und sich freute, wenn die Freundin sie als Ehre empfand.
Ab den neunziger Jahren verbrachte das Kaiserpaar am Ende des Winters jeweils an die zwei Wochen an der französischen Riviera. Auch Katharina Schratt hielt sich um diese Zeit gerne dort auf, weshalb der Kaiser im Februar 1894 seiner Ehefrau vorschlug, sie in Cap Martin zu treffen. Zunächst fand Elisabeth die Idee gut, doch einige Tage später schien sie es sich anders überlegt zu haben, und Kaiser Franz Joseph mußte folgenden Brief an die Schauspielerin schicken: „‚Nicht nöthig' (wahrscheinlich, sich auf den Besuch vorzubereiten) mußte ich leider Gestern telegraphieren, und das war für mich sehr schmerzlich, aber es ging eben nicht anders. Als die Kaiserin den Wunsch schrieb, Sie hier zu sehen, war das nicht eine Phrase oder das Gefühl des Mitleides, wie Sie meinten, sondern die wahre Sehnsucht nach Ihnen, die sie während der ganzen Reise erfüllte. Nun besprachen wir Gestern die Sache und fanden leider, nach Erwägung der Sachlage, daß es besser wäre, wenn Ihr Besuch unterbliebe. Von einem Incognito ist hier natürlich keine Rede, man ist von einer Menge Leute beständig beobachtet, es wimmelt von Neugierigen und von hohen Herrschaften, und wir fürchten, daß unsere Beziehungen zu Ihnen einer boshaften Kritik unterzogen werden könn-

ten ... Die Kaiserin, die immer das richtige Urteil hat, findet, daß das Alles uns alten Leuten nichts schaden würde, aber ihr ist es vor Allem um Sie und um Toni (den Sohn der Schauspielerin) zu thun." (Cap Martin, 2. März 1894, Briefe III)
Zwei Jahre später sollte dieses Thema während des Aufenthaltes an der Riviera noch einmal zur Sprache kommen, und Kaiser Franz Joseph nahm es in einem Brief an Katharina Schratt wieder auf: „Wie wir Vorgestern zu zweien ... bei dem sehr guten und viel zu copiosen Frühstücke saßen, sagte die Kaiserin plötzlich: ‚Mir geht etwas ab' und frug mich, ob mir nicht auch etwas abgehe, was ich verneinte, und auf meine Frage, was ihr denn abgehe, sagte sie: ‚Die Freundin, die als Dritte mit uns hier sitzen sollte.' Mir ist so etwas nicht eingefallen, und die Kaiserin, die in diesem Falle Ihnen gegenüber schöner dasteht, befahl mir, Ihnen unser Gespräch mitzutheilen." (Cap Martin, 5. März 1896, Briefe III)
Zwei Jahre zuvor hatte Elisabeth die Schauspielerin an der Riviera nicht empfangen wollen. Die klatschsüchtige Öffentlichkeit war nur als Vorwand dem Kaiser gegenüber vorgeschoben worden, der – bei richtiger Aufbereitung – für solche Argumente empfänglich war. Hätte die Kaiserin das genaue Gegenteil behauptet, würde er es ebenfalls für richtig und unanfechtbar gehalten haben.
Im Juli 1894, vier Monate nach dem Rivieraurlaub, als man – einer Laune Elisabeths folgend – Katharina Schratt nicht zu sich bitten konnte, unternahm das Kaiserpaar einen Kurzurlaub nach Italien, und diesmal vermißte die Kaiserin die Gesellschaft der Schauspielerin: „Ich pflückte Edelweißblüten für Sie, welche die Kaiserin trocknen ließ, auch legt sie für Sie eine Postkarte als Erinnerung bei. Sie sehen daraus, daß wir an Sie denken, und Vorgestern beim Herumsteigen auf dem (Monte) Spinale, meinte die Kaiserin, daß zur vollkommenen Zufriedenheit nur Ihre liebe Gesellschaft fehlte und daß Sie ihr so abgehen ..." (Madonna di Campiglio, 6. Juli 1894, Briefe III)
Wenig später muß die Kaiserin ihr Urteil über Katharina Schratt wieder neu überdacht haben. Ein Gespräch mit der – Kaiserin Elisabeth ergebenen – Ida von Ferenczy muß eine Wendung der Freund-

schaft herbeigeführt haben, worauf die Vorleserin und beste Freundin Elisabeths der Schauspielerin gegenüber schnippisch reagierte. Am 5. September 1894 nahm der Kaiser in einem Brief aus Landskron auf diesen – nicht leicht zu rekonstruierenden – Vorfall, der auf eine Bosheit Ida von Ferenczys rückschließen läßt, Bezug. „... Jetzt habe ich noch eine große Bitte an Sie. Bei der Abreise der Kaiserin von Ischl, gab sie der Frau von Ferenczy den Auftrag, sich gleich nach Ihrem Eintreffen in Hietzing, zu Ihnen zu begeben, um von Ihnen noch genauere Instruktionen über die häusliche Weinbereitung zu erbitten. Ich konnte die Sache nicht verhindern, ohne mich in Explicationen und Erzählungen einzulassen, die gewiß auch Ihnen unangenehm gewesen wären und so bitte ich Sie recht schön, daß Sie mir zulieb und um einen großen Pantsch zu vermeiden, der Ihr freundschaftliches Verhältniß zur Kaiserin stören könnte, es über Sich zu gewinnen, Frau von Ferenczy so zu empfangen, als wenn Sie nicht über sie zürnen würden ..." (Briefe III)
Die Geschichte der Launen Elisabeths, Katharina Schratt zu empfangen oder nicht zu empfangen, zieht sich wie ein roter Faden durch die Korrespondenz. Als sich das Kaiserpaar im Herbst 1896 in der Ofener Burg befand, war die Schauspielerin für einen Kurzbesuch dorthin gebeten worden. Ein Haarwaschtag der Kaiserin machte die Sache aber plötzlich zunichte: „Ich (der Kaiser) bin auf das heutige Kopfwaschen, welches daran Schuld ist, sehr böse, aber wenn einmal für diese langmächtige Operation ein günstiger Tag festgesetzt ist, läßt sich nichts mehr machen." (Ofen, 16. Oktober 1896, Briefe III)
Gegen Ende des Winters 1897 plante das Kaiserpaar, wie gewöhnlich an die französische Riviera zu reisen. Katharina Schratt hatte ebenfalls vor, ein paar Wochen dort zu verbringen, war aber verunsichert, die Reise anzutreten, da sie sich der Einwände der Kaiserin aus früheren Jahren erinnerte. Zaghaft brachte Kaiser Franz Joseph das Problem in einem Brief an Elisabeth zur Sprache: „Heuer ist das Jahr, in welchem sie (Katharina Schratt) an die Riviera zu gehen pflegt. Sie traut sich wegen uns nicht, es zu tun. Ich redete ihr aber zu, sich diese Erholung zu gönnen, da ich denke, daß, wenn sie ent-

weder einige Zeit vor oder nach mir hinkommt, und wenn wir sie nur selten sehen, die Sache nichts macht. Ich sagte ihr, ich würde Dir schreiben, um Deine Ansicht und Deine Entscheidung zu erbitten und bitte Dich daher, mir zu sagen, was Du meinst. Wenn Du glaubst, daß es besser ist, wenn sie nicht hinunter kommt, so wird sie es gewiß ganz natürlich finden, um so mehr, als sie selbst eigentlich diesen Ausflug aufgegeben hatte." (26. Januar 1897, Briefe II)
Wider Erwarten reisten alle drei an die Riviera, und es kam sogar zu einem Treffen zu dritt. Ebenfalls wider Erwarten hatte Kaiserin Elisabeth diesmal Freude daran und bat – über die Vermittlung des Ehemanns – Katharina Schratt, noch einmal zu kommen. Diese Einladung mußte der Kaiser aber schon einen Tag später wieder zurücknehmen, da die Kaiserin fürchtete, die Schauspielerin während des Urlaubs in ihrer „nothwendigen Erholung und – Unterhaltung zu stören". Einen Tag später wurde das Thema eines möglichen Besuchs wiederaufgenommen: „Ich hoffe sehr, daß ich Sie im Auftrage der Kaiserin recht bald wieder zu einem Besuche bei uns werde einladen können, natürlich nur, wenn es Ihnen paßt und wenn Sie an dem betreffenden Tage nicht gerade einen Ausflug oder sonst ein Projekt vor haben." (Cap Martin, 5. März 1897, Briefe III)
Dieses Treffen scheint zustande gekommen zu sein, und am 10. März wurde brieflich noch einmal über einen Besuch verhandelt: „Wann reisen Sie (Katharina Schratt) ab? Ich deutete der Kaiserin leise an, daß Sie uns doch noch einmal besuchen könnten, worauf sie sagte: Die Arme! Sie meint nemlich (sic) immer, daß es Ihnen sehr unbequem und unangenehm sein müsse, Ihre Unterhaltung in Monte Carlo zu unterbrechen, um sich mit uns alten Leuten hier zu langweilen. Da ich jedoch eine Ahnung habe, daß es nicht so arg ist, und da ich überzeugt bin, daß es die Kaiserin sehr freuen und es ihr als Erheiterung sehr gut thun würde*, eine Stunde mit Ihnen zuzu-

* Elisabeth befand sich in diesem Jahr in besonders gedrückter Stimmung, litt unter verschiedenen Übeln, war übernervös und sah – laut den Aussagen des Kaisers – abgemagert und angegriffen aus.

bringen, so frage ich mich an, ob Sie noch einmal zu uns kommen wollen." (Cap Martin, 10. März 1897, Briefe III)
Auch dieses Treffen scheint zustande gekommen zu sein, denn der Kaiser erkundigte sich im Namen Elisabeths einige Tage später, ob ein von ihr mitgegebenes Fünffrankenstück, das Katharina Schratt im Casino von Monte Carlo setzen sollte, Erfolg gebracht hatte. Wenig später bereitete die Kaiserin die Abreise vor, und Kaiser Franz Joseph bedauerte das in einem Brief an die Schauspielerin: „Mit betrübtem Herzen werde ich von der Kaiserin Abschied nehmen, deren Zustand und oft so schrecklich trübe Stimmung mich sehr besorgt macht ..." (Cap Martin, 16. März 1897, Briefe III)
Die folgenden Monate brachten heftige politische Unruhen, so daß der nächstjährige spätwinterliche Urlaub des Kaiserpaars an der französischen Riviera entfiel.
In der Korrespondenz des Kaiserpaares finden sich aber unabhängig von den Reisen in den Süden laufend Geschichten und Erlebnisse von und über Katharina Schratt. Das letzte Mal in einem Brief Kaiser Franz Josephs vom 10. September 1898, dem Todestag Elisabeths, wo von einer Gebirgstour der Schauspielerin die Rede war. Einen Tag nach dem Tod der Gemahlin dankte er der sofort nach Wien zurückgereisten Schauspielerin in einem Brief für ihr rasches Eintreffen: „Theuerste Freundin, Das ist schön von Ihnen, daß Sie gekommen sind, mit wem kann ich besser von der Verklärten sprechen, als mit Ihnen." (Schönbrunn, 11. September 1898, Briefe III)
Das Freundschaftsverhältnis zwischen Kaiser Franz Joseph und Katharina Schratt blieb zwar bis zum Tod des Kaisers bestehen, verlief aber in den folgenden Jahren mitunter sehr problematisch. Zunächst stand die Schauspielerin ihm als Trösterin bei, als sie aber bemerkte, daß ihre Position sich in Hinkunft nicht verbessern würde, sondern eher das Gegenteil eintrat und der Kaiser im Umgang mit ihr noch vorsichtiger wurde, zog auch sie sich immer häufiger auf Reisen zurück. Erst als er im hohen Alter zu kränkeln begann und sich im Herbst 1916 die schließlich todbringende Krankheit zuzog, fand

man sie wieder an seiner Seite, wo sie abermals ihre Rolle als Gesellschafterin wahrnahm und dem Kaiser bis zu seinem Tod beistand.

Die von Elisabeth initiierte Liebesgeschichte zwischen Kaiser Franz Joseph und Katharina Schratt gibt seit vielen Jahren Anlaß zum Rätseln. Warum provozierte sie ein Verhältnis, das zeitlebens an ihr nagen würde? Aus psychologischer Sicht ist folgende Erklärung denkbar:
Mit der Verkuppelung inszenierte Sisi eine Dreieckskonstellation, die für die Kindheit charakteristisch ist: Jedes kleine Kind durchlebt das sogenannte „ödipale Dreieck", in dem es schmerzhaft und unter heftiger Eifersucht akzeptieren muß, daß Mama und Papa ein Paar bilden, während es selbst als Dritter von den Intimitäten ausgeschlossen ist. In dieser Konstellation ist das Kind machtlos. Wenn es im Erwachsenenalter zu einer Wiederinszenierung des ödipalen Dreiecks kommt, dann meist deshalb, weil man die ursprünglich passiv erlebte Ohnmacht in aktive Macht verwandeln will. Diese Umkehr von Passivität und Aktivität – „es passiert mir nicht, ich will es ja" – kann als Versuch gedeutet werden, die kindliche Kränkung ungeschehen zu machen.
Es ist in diesem Zusammenhang bezeichnend, daß Franz Joseph die Burgschauspielerin bereits bewunderte. Mit ihrer Initiative vollendete Sisi etwas, was sich ohnedies schon – ohne ihr Zutun – abzeichnete. Sie schützte sich auf diese Weise vor einer Wiederholung der kindlichen Kränkung.
Als Kind hatte Sisi die Fäden nicht in der Hand. Nun konnte sie sich als Marionettenspielerin betätigen: Sie führte zwar Kaiser Franz Joseph mit Katharina Schratt zusammen, ließ es sich aber nicht nehmen, willkürlich auf den Verlauf der Beziehung einzuwirken. Typisch dafür waren ihre Ein- und Ausladungen der Schratt. Ob Katharina Schratt kommen durfte oder nicht, hing ausschließlich von

Sisis Laune ab. Es fällt auf, daß Elisabeth hier wie ihr Vater agierte, der seine Familie ebenfalls gefühlsmäßigen Wechselbädern aussetzte.
Sisi hatte noch eine besonders subtile Möglichkeit, die selbstgewählte Rivalin zu quälen: Ausgerechnet mit der Schratt, die immer Gewichtsprobleme hatte, korrespondierte sie über die Vermittlung Kaiser Franz Josephs ausgiebig über die Wirkung von Diäten, die bei der Schauspielerin natürlich keine Erfolge brachten, wohl aber bei der ohnedies überschlanken Kaiserin.
Zu Elisabeths Eifersucht im allgemeinen ist anzumerken, daß die Kaiserin ihrerseits das Spiel mit den Gefühlen durchaus schätzte. Es ist bekannt, daß Menschen, die zu Untreuewünschen neigen, diese oft nicht bei sich selbst, sondern beim Partner wahrnehmen: Wie der Schelm denkt, so ist er.
Sisis Eifersuchtsgefühle richteten sich nicht nur auf ihren Mann, sondern auf alle ihr nahestehenden Menschen. Sogar ihren Hofdamen legte sie nahe, nicht zu heiraten, weil sie sich deren Zuwendung sichern wollte. Kein Mann sollte wichtiger sein als sie selbst. Indem sie mit den potentiellen Partnern ihrer Hofdamen rivalisierte, phantasierte sie sich in dieser Konstellation selbst in eine männliche Rolle. Damit wird wieder einmal ihre männliche Identifikation sichtbar.
Der phallische Neid auf alles Männliche wird auch in Sisis Beziehung zu den Brüdern transparent. Niemand wird bestreiten, daß sie diese, soweit sie überhaupt konnte, liebte und sich um sie sorgte. Nicht zu leugnen ist jedoch, daß die Kaiserin ihren Brüdern die Männlichkeit neidete. In einem Brief drückte sie das sogar wörtlich aus: „... wären sie doch lieber alle Schwestern." Was an der Oberfläche als sorgenvolle Liebe um die kriegsgefährdeten Männer beeindruckt, ist in den tieferen Schichten ihrer Seele verborgener Neid.
Daß die Liebe Elisabeths zu ihren Brüdern in Frage zu stellen ist, geht auch aus der seltsamen Haltung hervor, die sie zeigte, wenn die Brüder heirateten. Warum teilte sie nicht die Freude eines geliebten

Bruders, indem sie an seiner Hochzeit teilnahm? Weder bei der Eheschließung Carl Theodors noch bei der von Max Emanuel war sie anwesend. Ging es also hier weniger um Geschwisterliebe als um Machtansprüche, die die Kaiserin vor allem gegenüber den Brüdern empfand?
Auch in anderen Situationen zeigt sich, daß es der Kaiserin weniger um das Lieben als um das Geliebtwerden und um kritiklose Bewunderung ging. In jeder persönlichen Beziehung wollte sie für den anderen die Wichtigste sein. Sogar ihr Lieblingsbruder Gackel (Carl Theodor) wurde vorübergehend von ihr verstoßen, weil er „jetzt eine Frau hat".
Alle diese Verhaltensweisen unterstreichen den phallisch-narzißtischen Charakter Elisabeths. Jeder hatte nur für sie da zu sein, und alles hatte sich um sie zu drehen, während sie sich über die Gefühle der anderen gleichgültig hinwegsetzte.

Die Liebe der Kaiserin zu Eltern und Geschwistern

In einem Buch über die menschlichen Beziehungen der Kaiserin darf ihre unglaublich starke Bindung an das Elternhaus und die Geschwister nicht fehlen. Im Unterschied zu den meisten Menschen, für die mit der Heirat und mit der Geburt von Kindern ein eigener neuer Lebensabschnitt beginnt, hatte die Kaiserin diese Entwicklung nie durchgemacht. Ganz im Gegenteil – je länger sie verheiratet war und je öfter sie schwanger war, desto mehr sehnte sie sich nach ihrem Elternhaus, das sie so oft wie möglich aufsuchte. Ebenso häufig kamen die Geschwister Elisabeths ihren Bitten nach, sie auf Reisen zu begleiten oder in Österreich zu besuchen: „Ich (Franz Joseph)

hoffe, Sisi auch so bald wie möglich nach Ischl führen zu können ... da sie sich sehr dahin nach der Schwiegermama und ihren Geschwistern (die erwartet wurden) sehnt". (Laxenburg, 17. Juli 1854, Briefe I) Oder: „Wir (Franz Joseph und Elisabeth) hatten noch einige schöne Tag in Ischl ... Auf der Gamsjagd in der ‚Hölle' waren richtig Sisi, Néné und Marie (zwei der Schwestern Elisabeths) ... und unterhielten sich recht gut ... Am 27. verließen uns meine beiden Schwäger, nachdem wir noch am Morgen des schlechten Wetters wegen umsonst in Langbathsee gewesen waren. Am 30. um 9 Uhr reiste die Schwiegermama samt Familie ab, was sowohl ihr als Sisi recht hart wurde ..." (Wien, 3. November 1857, Briefe I)
Was die Liebe zu ihren Eltern, den Herzogen in Bayern, betrifft, so tritt die Beziehung zum Vater weniger stark hervor als die zur Mutter, wenngleich Elisabeths Persönlichkeit und ihr Charakter wesentlich stärker durch ihn geprägt waren. Abgesehen davon, hat sie viele der Leidenschaften und Ticks des Vaters übernommen: die Liebe zum Griechentum, die Reiseleidenschaft, den Spleen für Exotismen (zum Beispiel, mit Negerzwergen im Gefolge aufzutreten), die Begeisterung für das Zitherspiel, für die Zirkuswelt und für die Dichtkunst ebenso wie das geringe Interesse für Politik und Familienleben. Elisabeth hatte ihren Vater als Kind nicht allzuoft gesehen, da er auf langgedehnten Reisen seinen eigenen Interessen nachging und deshalb selten zu Hause anzutreffen war. Trotzdem war er wegen seiner schrulligen Ideen und seiner originellen Lebensauffassung bei ihr und den Geschwistern sehr beliebt. Oft unterbrach er spontan die Lehrveranstaltungen seiner Kinder, entließ die Lehrer und zog mit den Söhnen und Töchtern in die Natur, um ihnen an Ort und Stelle – wie er meinte – viel nützlichere Dinge beizubringen, oder er arrangierte für sie spontan Zirkusaufführungen und Freiluftkonzerte.
Obwohl die Mutter, Herzogin Ludovika in Bayern, weniger originelle Ideen hatte, hegten alle Kinder zu ihr die innigere Beziehung. Sie war der ruhende Pol der Familie. Für die Kaiserin war sie lebenslang eine Anlaufstelle für Kummer und alle Arten von Beschwerden, die

Elisabeth, wenn sie nicht selbst nach Bayern reiste, oft brieflich vorbrachte. Wenn sie sich in krisenhaften Stimmungen befand, verordnete sogar der Ehemann diese Unternehmungen, da er sich vom Aufenthalt Elisabeths bei der Mutter eine positive Wirkung erhoffen durfte: „Ich habe Sisi vorgeschlagen, während meiner Abwesenheit ihre Familie in Possenhofen zu besuchen. Sie wird ... nur 8 Tage dort zubringen, da sie die Kleine (die knapp über einjährige erste Tochter Sophie, die schon ein Jahr später verstarb) nicht zu lange verlassen will." (Laxenburg, 9. Juni 1855, Briefe I)
Ab der Mitte der sechziger Jahre scheint die Mutter der Kaiserin, die im Sommer auch oft in Ischl empfangen wurde, nicht mehr gereist zu sein, weshalb in Hinkunft alle Treffen mit ihr nur noch in Bayern stattfanden: „Wie zu erwarten war (schrieb Kaiser Franz Joseph an seine Mutter), ist die Schwiegermama natürlich nicht nach München gekommen (um Elisabeth entgegenzureisen); man muß bis zu ihr dringen, wenn man sie sehen will, und deshalb hat Sisi sich entschlossen, auf vier Tage nach Possenhofen zu gehen." (Schönbrunn, 21. Juli 1864, Briefe I)
Die schreibfaule Kaiserin, die sich vom Ehemann gerne von der Korrespondenzpflicht entheben ließ, hielt mit der Mutter regen Briefverkehr. Allerdings entbehrt er nicht einer gewissen Einförmigkeit, denn Hauptinhalt dieser Schreiben waren Klagen über den Alltag als Kaiserin, dem Elisabeth meist ohnehin mit Erfolg entschlüpfte und den sie nicht müde wurde zu formulieren: „Ich feiere den 1. Mai dieses Jahres nicht auf die gewöhnliche, langweilige Art (mit einer traditionellen Ausfahrt der kaiserlichen Familie in den Prater), sondern bleibe, mich mit meinem Husten entschuldigend, ruhig hier (in Schloß Schönbrunn), was ohne Vergleich angenehmer ist, als mit einer Erzherzogin im Schritt, angegafft von hunderten Menschen, die Allee auf und ab fahren ..." (Brief an die Mutter vom 1. Mai 1866, zitiert in: Corti)
Als ein Jahr später die Krönungsfeierlichkeiten in Ungarn stattfanden, die zum Teil auf das Mitwirken Elisabeths in der Ungarnfrage zurückzuführen waren, stellte ihr sogar diese Zeremonie eine un-

liebsame Pflicht dar, auf die sie gerne verzichtet hätte: „(Die Krönung) wird eine furchtbare Plage, so von Früh angefangen in Schlepp und Diadem zu sein, fortwährend Empfänge, Cercle machen und dazu diese schreckliche Hitze. Wie angenehm muß es jetzt in Possi sein. Samstag um sieben Uhr früh ist die Krönung, die Tage vorher und nachher sind ausgefüllt mit ermüdenden Zeremonien, das Ärgste werden die Bälle und Theater sein, denn selbst nachts ist es jetzt nicht kühler." (Elisabeth an ihre Mutter, Ofen, 5. Juni 1867, zitiert in: Corti) Oder sie klagte, an einem der verhaßten Familienfeste teilnehmen zu müssen: „Ich bin eigentlich desparat darüber (von Ungarn nach Wien zurückkehren zu müssen), denn hier lebt man so ruhig ohne Verwandte und Sekkaturen, und dort diese ganze kaiserliche Familie. Auch bin ich hier ganz ungeniert wie am Lande, kann allein gehen, fahren usw." (Elisabeth an ihre Mutter, Ofen, 27. Januar 1875, zitiert in: Corti)
Wenn die Kaiserin von ihren langen Reisen zurückkehrte, tat sie das gern in Begleitung eines ihrer Geschwister, da sie sich den immer häufiger werdenden Kritiken der Presse und der Öffentlichkeit nicht schutzlos aussetzen wollte. Mitunter ertrug sie nicht einmal den liebevollen Empfang durch den eigenen Ehemann, der sich freute, sie nach Monaten der Abwesenheit wieder im Haus zu wissen: „Nun haben wir (die Hofgesellschaft) sie (Elisabeth) im Lande wie vor zwei Jahren ... *Seinen* Ausdruck (Kaiser Franz Josephs), als er sie aus dem Wagen hob, werde ich nie vergessen. Ich finde sie blühend, aber nicht natürlich aussehend, den Ausdruck gezwungen und nervös au possible ... Daß Prinz Carl Theodor (der Lieblingsbruder Elisabeths) mitkam, ist ein Beweis, wie sehr sie es scheut, mit *ihm* und uns allein zu sein ..." (Hofdame Fürstin Helene Thurn und Taxis an Karoline Gräfin Wimpffen, 15. August 1862, zitiert in: Corti)
Ebenso gerne griff die Kaiserin auf die psychische Unterstützung ihrer Familie zurück, wenn sie sich von den Habsburgern, den Kaiser mit eingeschlossen, verlassen oder falsch verstanden fühlte. Als Gesellschafter genossen die Geschwister Herzog Carl Theodor in Bayern, Königin Marie von Neapel, die Erbprinzessin Helene Thurn und

Taxis und selbstverständlich die Mutter besondere Beliebtheit, ja sie zog sie sogar den eigenen Kindern vor: „Wir (Franz Joseph, Elisabeth und die Kinder Gisela und Rudolf) gehen heute abends nach Reichenau, von wo wir übermorgen gleich nach Schönbrunn kommen. Die Kinder lassen wir noch in der guten Gebirgsluft, bis es zu kalt wird. Sisi hat der Schwiegermama geschrieben, um sie nach Schönbrunn einzuladen. Sie will schon am 22. in Ischl sein." (Laxenburg, 15. September 1859, Briefe I) Oder: „Ich (Franz Joseph) hoffe, drei Wochen in Ischl zubringen zu können und erwarte Max Taxis (den Ehemann der Elisabeth-Schwester Helene), der Helene nach Schönbrunn bringt ... Gackel (den Lieblingsbruder der Kaiserin, Herzog Carl Theodor in Bayern) ... (und) vielleicht Louis (den ältesten Bruder Elisabeths) als Jagdgäste." (Schönbrunn, 11. September 1863, Briefe I)
Als um 1859/1860 bei Elisabeth ein nervöser Hustenreiz auftrat, der von den Ärzten der Zeit verschiedentlich gedeutet wurde, nahm die Kaiserin das Leiden zum Anlaß, erstmals langzeitig und allein auf Reisen zu gehen. Wie aus den Biographien Elisabeths hinlänglich bekannt ist, verschwanden alle Krankheiten, kaum, daß sie die Grenzen der Monarchie verlassen hatte. Allerdings überfiel sie trotz des dichten Reiseprogramms und der zahlreichen sie begleitenden Hofgesellschaft auch auf Reisen die große Langeweile, die nur die Anwesenheit eines der Geschwister vertreiben konnte. Also mußte schon während der ersten Reise nach Korfu die älteste Schwester Elisabeths, die jung und vor allem glücklich verheiratete Helene, Mutter zweier Kleinkinder im Alter von ein und zwei Jahren, nach Griechenland nachgeschickt werden, um den labilen Zustand der Kaiserin ins Gleichgewicht zu bringen: „Von Sisi habe ich Gottlob recht befriedigende Nachrichten. Sie hat sich über Helenens Ankunft sehr gefreut, ist recht heiter ... und ißt über Andringen ihrer Schwester jetzt viel mehr Fleisch und trinkt mittags und abends Bier." (Wien, 2. September 1861, Briefe I) Als Helene Thurn und Taxis die Schwester in Korfu verließ, nahm sie den Heimweg über Laxenburg, um dem Kaiser von den Fortschritten mündlich Bericht

zu erstatten: „Helene hat mir Gottlob recht gute Nachrichten von Sisi gebracht. Sie ... sah ... bei Helenens Abreise wieder recht gut aus, da sie durch Helene, die über ihr aufgedunsenes und blasses Aussehen sehr erschrocken war, dazu gebracht wurde, jetzt dreimal des Tages Fleisch zu essen und vier Gläser Bier zu trinken." (Laxenburg, 30. September 1861, Briefe I)
Die Hinweise auf die Verbesserung der Essensgewohnheiten bezogen sich schon damals auf die Schlankheitsdiäten der Kaiserin, die selbst während der Schwangerschaften und nach den Geburten streng um die Erhaltung der Figur kämpfte.
1861 verbrachte Elisabeth den Winter auf Madeira. Als um diese Zeit ihre Schwester Königin Marie von Neapel gemeinsam mit ihrem Gemahl von italienischen Freiheitskämpfern gestürzt und aus dem Land vertrieben wurde, geriet die Kaiserin in Panik, weil sie von dort weder in das Geschehen eingreifen konnte noch – wegen der exponierten Lage, in der sie sich befand – Nachricht über ihren Verbleib erhielt. „Moralisch ist ... die Kaiserin schrecklich gedrückt, beinahe melancholisch, wie es in ihrer Lage wohl nicht anders möglich ist – sie sperrt sich oft beinahe den ganzen Tag in ihrem Zimmer ein und weint. Unbegreiflicherweise hat sie noch keinen Brief von der Königin von Neapel, seitdem sie hier ist. Durch mich (Graf Rechberg) hoffte sie, einen zu bekommen und weinte den ganzen Tag meiner Ankunft, als sie sich enttäuscht sah ..." (Graf Louis Rechberg an seine Tante Pauline Rechberg, Funchal, 12. Februar 1861, zitiert in: Corti)
Den Sommer 1862 verbrachte Elisabeth bei ihrer Familie auf Schloß Possenhofen. Kaiser Franz Joseph freute sich, daß sie sich dort wohl fühlte, wenn er sich natürlich auch nach seiner Frau sehnte: „Von Sisi habe ich immer gute Nachrichten, so daß ich hoffe, daß sie recht bald wird zurückkommen können" (die Kinder waren mit den Erziehern in Reichenau an der Rax verblieben; Wien, 11. August 1862, Briefe I) Als die Kaiserin nach Wien zurückkehrte, befand sie sich in Begleitung ihres Bruders Carl Theodor. Von Schönbrunn aus besuchte sie gelegentlich die in der Sommerfrische verbliebenen Kin-

der. „Wir (Franz Joseph und Elisabeth) ... wollen morgen ... früh wieder nach Reichenau, wo die Kinder geblieben sind. Wir sind am 18. früh mit Gackel (Carl Theodor) nach Reichenau, um meinen Geburtstag dort zu feiern." (Schönbrunn, 25. August 1862, Briefe I)
Schon zwei Wochen später gab es nichts Dringlicheres, als abermals mit der Mutter und den Schwestern zusammenzutreffen: „Gestern früh ist mir Sisi hierher gefolgt (wahrscheinlich aus Reichenau nach Schönbrunn), und morgen vormittag reist sie nach Passau, wo nach vielem Hin- und Hertelegraphieren eine zweitägige Zusammenkunft mit ihren Schwestern und der Schwiegermama zustande kommt." (Schönbrunn, 7. September 1862, Briefe I)
Elisabeth konnte sich diesen Sommer überhaupt nicht von ihrer Familie losreißen, denn schon wenige Wochen später reiste die älteste Schwester Elisabeths wieder nach Wien. „Helene kommt übrigens auf vierzehn Tage her ... Sie hat doch immer einen kalmierenden Einfluß (auf die Kaiserin), ist selbst so vernünftig und ordentlich und sagt ihr die Wahrheit." (Brief der namensgleichen Hofdame Elisabeths, Fürstin Helene Thurn und Taxis, an Gräfin Karoline Wimpffen, Schönbrunn, 28. September 1862, zitiert in: Corti)
Auch in den folgenden Jahren sollte der Kontakt mit der Familie in Bayern nicht abreißen. Besuche bei der Mutter zählten zu den regelmäßigen Reisezielen, die bis zu ihrem Tod im Jahr 1892 ein Fixpunkt im Leben der Kaiserin blieb, und auch zwischen den Geschwistern fand lebenslang ein reger Besuchs- und Gegenbesuchsverkehr statt. Ein geringer Anlaß genügte, und die Kaiserin verließ prompt und unerwartet Heim und Kinder, um zu ihrer Mutter zu eilen und dort selbst Kind sein zu können. „Das Elternhaus bleibt Elisabeths Zuflucht, wenn sie glaubt, es in Wien ... nicht mehr aushalten zu können ... (So faßte sie auch im Dezember 1865 kurzerhand den) Entschluß, nach München aufzubrechen ... (Das ließ sie dem in Ofen weilenden Kaiser telegraphisch mitteilen, sonst erfuhr niemand von dem Abreiseplan.) Im Publikum ist man erstaunt, daß die Kaiserin jetzt, knapp vor Weihnachten und vor ihrem Geburtstag ... plötzlich abreist ... Franz Joseph erhält ... in Ofen einen Brief von

seiner Frau aus München, wonach sie spätestens am 23., also noch vor … Weihnachten, zurückkehren würde. Aber sie bleibt doch bis zum Jahresende aus. Am 30. Dezember … kehrt sie … in Begleitung ihrer Mutter nach Wien zurück." (Corti, S. 125)
Die Liebe zu ihren Eltern und Geschwistern beschäftigte die Kaiserin ständig, und wenn sie sich in Krisen- und Kriegszeiten auch um den Ehemann sorgte, so überstieg die Furcht um die Brüder die Sorge um Kaiser Franz Joseph bei weitem: „Ich ängstige mich namenlos um die Brüder (im Jahr 1866, dem Jahr der Schlacht bei Königgrätz) und wünsche mir auch oft, wären sie doch lieber alle Schwestern … Man sagt, wenn man zum ersten Mal in eine Kirche kommt, in der man noch nicht war, geht das, um was man bittet, in Erfüllung, und ich war heute zum erstenmal in einer." (Elisabeth an ihre Mutter, Ischl, 26. Juni 1866, zitiert in: Corti)
Der Liebling der Familie der Herzoge in Bayern war der zweitälteste Bruder der Kaiserin, Carl Theodor, der – obwohl er von klein auf von der Mutter bevorzugt behandelt worden war – auch unter den Geschwistern der beliebteste war. Elisabeth hat dieses Auswahlprinzip übernommen und konzentrierte all ihre Liebe auf ihre jüngste Tochter, die „Einzige", wie sie sie nannte. Die Liebe zu Marie Valerie wurde aber ins Abnorme übersteigert, und die Kaiserin geriet schon beim geringsten Unwohlsein des Kindes in panikartige Zustände: „Wenn ich Dir jetzt erzähle, was ich durch eine Woche gelitten und für Todesängste ausgestanden, wirst Du mich schon von Herzen bedauern. Meine Valerie war krank (sie zahnte), und da ich sie ebenso liebhabe wie Du den Gackel und mich ebenso für sie agitiere wie Du für ihn, als er klein war, so wirst Du Dir eine Vorstellung machen können von meinem Zustande … Gott sei gedankt, geht es ihr viel besser …" (Elisabeth an ihre Mutter, Gödöllö, 5. Oktober 1868, zitiert in: Corti)
Auffallend absonderlich benahm sich Elisabeth, wenn einer ihrer Brüder heiratete. Richard Sexau, der Biograph Herzog Carl Theodors in Bayern, verglich ihr Verhalten mit dem König Ludwigs II., der wie Elisabeth seit Kindertagen eine innige Zuneigung zum Lieb-

lingsbruder der Kaiserin hegte. „Ist (König Ludwigs) anfängliche Zurückhaltung (Carl Theodor gegenüber) ein Ausfluß eifersüchtiger Regungen, die (er), ähnlich wie Kaiserin Elisabeth, empfindet, weil er, was ihm wert war, gern ausschließlich für sich allein in Beschlag genommen hätte? Die Kaiserin spricht dies (daß sie ihren Lieblingsbruder Carl Theodor nicht alleine sehen konnte) während der Dresdner Hochzeitsfeierlichkeiten (anläßlich der ersten Hochzeit mit Sophie von Sachsen) unumwunden aus; sogar in einem Brief an ihren erst siebenjährigen ... Sohn: ‚Hier gefällt es mir gar nicht ... Der Onkel Gackel darf nicht zu mir kommen, weil er jetzt eine Frau hat.' Und einer Vertrauten gesteht sie zu gleicher Zeit, sie wolle ‚versuchen, nicht mehr so eifersüchtig zu sein'. Da ihr zudem die neue Schwägerin ‚nicht liegt', geht von ihr eine merkliche Abkühlung des bisher so innig vertrauten geschwisterlichen Verhältnisses aus, die allerdings nicht lange vorhält." (Sexau, S. 136)

Als Carl Theodor nach dem Tod der ersten Frau noch einmal heiratete, erschien die Kaiserin erst gar nicht zur Hochzeit. Eine neue, noch nicht in alle Geheimnisse eingeweihte Kinderfrau Marie Valeries wurde vorgeschoben, um das Fernbleiben zu entschuldigen. Entsprach es der Laune eines Tages, oder änderte Elisabeth die Einstellung gänzlich, als sie anläßlich eines Besuchs Carl Theodors und seiner zweiten Frau im Sommer 1875 in Bad Ischl die neue Schwägerin plötzlich außerordentlich nett fand? „‚Ich bin ganz entzückt von ihr (Marie José)', schreibt (Elisabeth), nachdem die Geschwister (und die Schwägerin) sie wieder verlassen haben, der Mutter, ‚finde Marie José über alle Beschreibung schön und so lieb, daß man sie gern haben muß. Ich begreife, wie froh ihr seid, sie zu haben. Sie soll sich nie verändern, weder äußerlich noch innerlich, denn wie sie jetzt ist, ist sie vollkommen. Auch dem Kaiser hat sie so gut gefallen.'" (Sexau, S. 244)

Als der jüngste Bruder der Kaiserin, Herzog Max Emanuel in Bayern, heiratete, schob sie einen anderen Grund vor, die Heirat unpassend zu finden: „Also Mapperl ist Bräutigam ... Spaßiger Geschmack, wenn man so jung ist (er war 26 Jahre alt, was im 19. Jahr-

hundert durchaus einem hohen Heiratsalter entsprach), seine Freiheit aufzugeben, aber das, was man hat, weiß man eben nie zu schätzen, bis man es verloren hat ... Sicherlich gehst Du (die Mutter) nicht zur Hochzeit wegen Deinem Kopf (Ludovika litt ein Leben lang unter starken Migräneanfällen), ich auch nicht, da ich zu menschenscheu und faul bin ..." (Elisabeth an Herzogin Ludovika, Ischl, 27. Juni 1875, zitiert in: Corti)
Die einzige Verbindung eines Bruders, die die Kaiserin schätzte, war die morganatische Ehe Herzog Ludwigs in Bayern mit der Schauspielerin Henriette Mendel. Zum einen spielte die Sympathie zu dieser Frau, die den schwierigen Charakter des Ehemanns auszugleichen verstand, eine große Rolle, andererseits darf aber der für Elisabeth unwiderstehliche Charme der unstandesgemäßen Heirat nicht übersehen werden. Ein Leben lang zog sie diese Schwägerin der anderen vor und lud gerade sie während ihrer Aufenthalte in Bayern vorzugsweise zum Essen, um die sogenannte bessere Gesellschaft auf ihre Art zu bestrafen: „... ich stelle mir vor, wie sie fluchten (die Nichtgeladenen), doch konnte ich so hohe Persönlichkeiten nicht derartig beleidigen, daß ich sie mit meiner Schwägerin zu einem Tisch gesetzt hätte!" (Elisabeth an Ida von Ferenczy, 26. Juli 1869, zitiert in: Corti)
Wenn sich die Kaiserin auf Reisen begab, tat sie das – wie früher erwähnt wurde – gerne in Gesellschaft ihrer Geschwister, oder sie nahm ein Familienereignis zum Anlaß, um sie besuchen zu können. So führte sie die Geburt einer Tochter ihrer Schwester Mathilde (Gräfin Trani) im Januar 1867 nach Zürich und die Geburt ebenfalls einer Tochter ihrer Schwester Marie (Königin von Neapel, die wiederum ein Jahr zuvor bei der Geburt der jüngsten Tochter Elisabeths, Marie Valerie, in Ofen Hilfestellung geleistet hatte) im Dezember 1869 nach Rom: „Elisabeth ist dabei rührend um ihre Schwester besorgt und Tag und Nacht um sie, so daß sie sich in den großen, kalten Zimmern des Palazzo einen Husten holt, den sie ... mit Trinken von Eselmilch zu heilen versucht ... (Als sie aber während des Aufenthalts zu einer Jagd in die Campagna geladen

wird, ist sie) gleich wieder ganz gesund ..." (Corti, S. 187f.), womit bewiesen werden kann, daß eine der Leidenschaften der Kaiserin, der Pferdesport, in der Reihenfolge der Vorlieben sogar noch vor der Liebe zu den Geschwistern rangierte.

Die Schlankheitsdiäten der Kaiserin, denen sie ein Leben lang anhing, um ihre jugendliche und sportliche Figur nicht zu verlieren, wurden unter anderem auch vorgeschoben, um an den gemeinsamen Familienessen nicht teilnehmen zu müssen. Elisabeth bekam die auf ihre Diät abgestimmten Mahlzeiten in ihren eigenen Räumen serviert, die je nach Tageszeit aus eiskalter Milch, rohen Eiern, Tokayer, Gemüse- oder rohen Rindfleischsäften bestanden. Im Prinzip war die Kaiserin gutem und reichlichem Essen nicht abgeneigt. Denn wenn sie mit ihren Schwestern auf Reisen ging, fielen alle Diätschranken, und sie suchte gemeinsam mit ihnen etliche Konditoreien auf, wo sie Cremetorten, Schokoladeeis und Sorbets aß. Hier sei abermals auf eine absonderliche Eigenschaft Elisabeths hingewiesen, die im Zusammenhang mit ihrer – der bayrischen – Familie steht: Ihr Appetit und die Bereitwilligkeit, sich an einem gemeinsamen Mahl zu beteiligen, hingen von den anwesenden Personen ab. Je mehr ihrer Verwandten daran teilnahmen, desto mehr aß Elisabeth.

„Gestern kam der König von Neapel (Franz II., Ehemann einer Schwester der Kaiserin) ... von Cannes zum Déjeuner zu uns, welchem auch mein Schwager Carl (Carl Theodor, Bruder Elisabeths) mit Frau und Tochter beiwohnte. Die Kaiserin, die sich durch längeres Fasten vorbereitet hatte, aß von allen Speisen mit dem besten Appetite. Es war wohltuend zu sehen, wie sie sich einmal satt aß ..." (Cap Martin, 6. März 1894, Briefe III.)

Wenn sich Elisabeth in Wien aufhielt, wurden Kaiser Franz Joseph und den beiden älteren Kindern des Kaiserpaares diese Ehre nur selten zuteil. Es bedurfte der Geburt der jüngsten Tochter, Marie Valerie, um zumindest diesen kleinen Kreis von drei Personen manchmal an einem Tisch zu vereinen.

Elisabeths lebenslange Bindung an das Elternhaus und an ihre Geschwister ist für das psychologische Verständnis der Kaiserin von großem Interesse: Was zunächst als übergroße Liebe zur Familie besticht, entpuppt sich bei näherer Betrachtung als unaufgelöste infantile Abhängigkeit.

Jeder Mensch – natürlich auch eine Kaiserin – muß sich im Laufe des Individuationsprozesses aus den kindlichen Verstrickungen (z. B. unrealistische Wünsche und Illusionen in bezug auf primäre Bezugspersonen) lösen, um zu einer erwachsenen, selbstverantwortlichen, eigenständigen Persönlichkeit heranzureifen. Wenn das mißlingt, ist eine Fixierung an die frühe Eltern-Kind-Beziehung die logische Folge.

Die Ursache für eine unvollständige Ablösung ist oft auf ambivalente Gefühle den Eltern gegenüber zurückzuführen. Daß ein Kind nicht nur Liebesgefühle für seine Eltern empfindet, sondern auch Haß, Neid und Eifersucht, hat mit der Beziehungskonstellation zu tun, die seine ersten Lebensjahre prägt: Es lebt ja von Geburt an in einer Dreiecksbeziehung. Das Schicksal aller Dreiecksbeziehungen, natürlich auch dieser, besteht darin, daß zwei der Beteiligten immer ein Paar bilden und der/die dritte sich bald ausgeschlossen oder benachteiligt fühlt. Das Eltern-Kind-Dreieck macht da keine Ausnahme. Sobald das Kind erkennt, daß die Eltern das „Liebes"-Paar sind und es von ihren Intimitäten ausgeschlossen ist (z. B. weil es nicht im Ehebett bei den Eltern, sondern abgesondert in einem eigenen Bett schläft), reagiert es eifersüchtig. Erst die Anerkennung dieser ersten großen Liebesniederlage und das Aufgeben der sexuellen Liebeswünsche, die der Mutter oder dem Vater gelten, führen zu neuer Freiheit. Wie die Märchenhelden muß auch das Kind im übertragenen Sinn seine Eltern „verlassen", also die ihnen geltenden Liebeswünsche aufgeben, und sich in der „Ferne" einen eigenen Prinzen oder eine Prinzessin finden.

Menschen, denen es nicht gelungen ist, das infantile Eltern-Kind-Dreieck zu überwinden, laufen Gefahr, dieses frühkindliche Beziehungsmuster auf ihre späteren Beziehungen zu übertragen. Dabei wiederholen sich natürlich auch dieselben Konflikte, wie sie für die Kindheit charakteristisch sind. Ohne daß sie es merken, nehmen sie in der Partnerschaft wieder die Rolle des Kindes an.

Sisis Leben ist ein charakteristischer Beweis dafür, daß sie den mit dem Erwachsenwerden verbundenen Verzicht auf die Erfüllung ihrer kindlichen Liebeswünsche nie akzeptiert hat. Gerade weil der Vater nie oder nur sehr selten anwesend war, hörte sie in ihrer Phantasie nie auf, ihn zu lieben. In der Idealisierung Heinrich Heines kommt die Idealisierung des Vaters deutlich zum Ausdruck. Durch die Identifikation mit dem Vater und später mit dem Dichterfürsten verinnerlichte Sisi die Liebe zum Vater. Äußerlich war sie die Frau Franz Josephs, innerlich hörte ihr Herz nie auf, für den Vater zu schlagen.

Doch auch für den Fortbestand der eifersüchtigen Rivalität mit der Mutter finden sich in Sisis späteren Frauenbeziehungen viele Hinweise. War in der Kindheit sie es, die Ludovika um ihre Vormachtstellung beim Vater beneidete, kehrte sie als Erwachsene den Spieß um: Sie ließ keine Gelegenheit aus, um anderen Frauen ihre vermeintliche Überlegenheit – was Schönheit und Figur anbelangt – vor Augen zu führen. Wie die Stiefmutter Schneewittchens, die übrigens als Projektion des infantilen Neides der Tochter auf ihre Mutter zu deuten ist, mußte sich auch Sisi immer wieder aufs neue bestätigen, „die Schönste im Lande" zu sein. Darüber hinaus ist auch die neurotische Anhänglichkeit an die Mutter ein Rest von Sisis hochgradiger Ambivalenz und den daraus resultierenden Schuldgefühlen. Eben weil Sisi ihre Mutter gleichzeitig liebte und haßte, kam sie nie von ihr los. Sisis kindlichem Haß widersprach die Liebe zur Mutter, ihrer Sehnsucht nach mütterlicher Zuwendung der ebenfalls ihr geltende Haß.

Es spricht aber auch einiges dafür, daß Sisis Ambivalenz durch die wenig einfühlsame Art der Mutter noch zusätzlich geschürt wurde. Wir nehmen an, daß Ludovika ihrer Tochter nicht nur im späteren Leben nicht „entgegenkam". Im Gegensatz zu „Gackel" schien der bayrischen Herzogin das Schicksal ihrer Tochter nicht sehr zu Her-

zen gegangen zu sein. In dem Hinweis Sisis, sie würde Valerie so lieben, wie die Mutter „Gackel" (und nicht sie selbst!) liebte, findet sich ein versteckter Vorwurf wegen der erlittenen Zurücksetzung. Indem Gackel nun auch zu Sisis „Lieblingsbruder" wurde, versuchte sie, die Mutter bei ihm genauso zu verdrängen, wie sie es schon früher beim Vater versucht hatte. Vermutlich „übernahm" Sisi deswegen so viele Spleens und Ticks ihres Vaters, um auf diese Weise seine Liebe zu erringen. Sisi akzeptierte zwar, daß der Vater für sie unerreichbar bleiben mußte. Aber ihre Liebe für ihn konnte sie trotzdem nicht aufgeben. Ihre Identifikation mit dem Vater ermöglichte es ihr, die Liebe zu ihm in verinnerlichter Form unbewußt und für immer aufrechtzuerhalten.

Die Beziehung der Kaiserin zu den Habsburgern

Kraß im Gegensatz zur Verbundenheit mit den bayrischen Verwandten verhielt sich die Beziehung Elisabeths zur angeheirateten habsburgischen Familie. Sie verlief nur in den ersten Ehejahren des Kaiserpaares halbwegs harmonisch. Vor allem mit Erzherzog Ferdinand Max, dem späteren Kaiser von Mexiko, verband die Kaiserin eine herzliche Freundschaft. Wenn sie sich auf Reisen in den Süden begab, streifte sie gerne Triest, um ihn in Schloß Miramare zu besuchen. Er war der einzige Schwager, der sie während einer Reise begleiten durfte, und wenn sie sich auch von Beginn an – wie die gesamte Familie – gegen das mexikanische Abenteuer stellte, so blieb das Verhältnis zu diesem einen Kaiserbruder bis zu dessen frühen Tod im Jahr 1867 stets freundschaftlich. Wesentlich sonderbarer gestaltete sich die Beziehung zu den beiden anderen Brüdern Kaiser Franz Josephs, zu Erzherzog Carl Ludwig und Erzherzog Ludwig Victor. Über das Verhältnis zu Carl Ludwig, einem Favoriten aus Kinder- und Jungmädchenjahren, ist von ihrer Seite wenig und vor allem wenig Persönliches erhalten. Ab den siebziger, achtziger Jahren begann die Kaiserin ihn aus einem bisher nicht erkennbaren Grund zu verachten, und er wurde in den Gedichten stets mit bösen Worten bedacht. Ähnlich gestaltete sich das Verhältnis zum jüngsten Schwager, Ludwig Victor, mit dem die schreibfaule Kaiserin anfänglich Briefkontakt hielt und dem sie kleine Freundschaftsdienste abverlangte: „Lieber Ludwig ... nicht wahr, ich habe Dir in meinem letzten Brief ein getrocknetes Seepferd geschickt? Ich bitte Dich, sei so gut und lasse es mir ... recht genau und hübsch in Gold ganz in derselben Größe nachmachen ...“ (zitiert in: Corti) Oder aus derselben Zeit: „Ich lege mir nämlich ein Schönheiten-Album an, und sammle nun Photographien, nur weibliche, dazu. Was Du für hübsche Gesichter auftreiben kannst beim Angerer (einem Hofphotographen) und anderen Photographen, bitte ich Dich, mir zu schicken ...“ (Elisabeth an Ludwig Victor, Venedig, 21. März 1862, zitiert in: Corti)

Irgendwann muß dieser Schwager der Kaiserin gegenüber eine falsche oder kritische Bemerkung gemacht haben, denn es kam nicht nur zum plötzlichen Bruch der Freundschaft, die Beziehung schlug sogar in regelrechten Haß um: „Erzherzog Ludwig hat mir, um mich zu ärgern, getreu alles wiedererzählt, was die Leute über mich lügen. Natürlich haßt er mich und will mich damit treffen. Jetzt sehe ich ihn nie mehr allein und empfange ihn nicht. Er hat so viel getratscht und gelogen, daß er mir wirklich mein Leben verdorben hat.“ (Festetics-Tagebuch, Ischl, 29. Juni 1872, zitiert in: Corti) Übertroffen wurde diese Bemerkung durch zwei Gedichte aus dem Jahr 1887, wobei das erste anläßlich eines Familiendiners im Februar niedergeschrieben wurde:

„Erster zu erscheinen pflegt Ob'rons*
jüngster Bruder;**
Und der große Erdball trägt kein solch zweites
Luder.
In dem kränklich schlaffen Wesen;
Lügen ist stets Zeitvertreib ihm und Pflicht
gewesen.
Ehrabschneiden zum Metier hat er sich erkoren;
Drum, wer ihm verfällt, dem weh!
Der ist schon verloren ..."

Das zweite Gedicht bezog sich ebenfalls auf ein Familiendiner, das anläßlich des Geburtstags des Kaisers im August 1887 gegeben wurde. Alle am Festessen teilnehmenden Habsburger wurden symbolisch als Tiere dargestellt. Für Erzherzog Ludwig Victor hatte die Kaiserin den Affen gewählt, die auf ihn gemünzten Strophen fielen dementsprechend bösartig aus:

„Nun, nach all den lieben Tieren
Rühr ich den da an zum Schluss,
Weil den Stab desinfizieren
Ich nach diesem schleunigst muss.

Ekelhaft ist mir der Affe,
Boshaft, wie kein andres Vieh;
Solcher Tag scheint wahre Strafe,
Seh ich ihn, den ich sonst flieh'.

Hässlich, wie es anzuschauen,
Ist sein Maul auch lästerhaft,
Stets erfasst mich innres Grauen
Trifft mich seine Nachbarschaft."

---

* Kaiser Franz Josephs
** Ludwig Victor

Nach dieser Kritik könnte man meinen, die Kaiserin hätte nun gegen ihre Schwäger Carl Ludwig und Ludwig Victor persönliche Antipathien gehabt, so wie viele Menschen mit anderen in ihrer näheren Umgebung nicht harmonieren. Weit gefehlt, denn Elisabeth scheint – mit Ausnahme ihres Ehemanns – die gesamte Habsburger Familie verachtet zu haben. Schwager Carl Ludwig muß wie Ludwig Victor einen gravierenden Fehler begangen haben, wie die kritischen Worte für ihn und seine Familie in einem der „Familiengedichte" belegen:

„Weiter wird die Flügelthür
Jetzt noch aufgelassen;*
So viele Grandezza schier
Kann sie kaum mehr fassen.

Gnädig nickend schreitet er**
In der Kinder Mitte,
Der sich wähnt der höchste Herr,
an dem Arm die Dritte.***

All der Ahnen Spanierstolz
Auf dem Stieresnacken,
Hat des Parketts Zedernholz
nie solch Vieh getragen …

Ueber alle Massen lang,
Sieht man ihr**** zur Seiten
Schon mit selbstbewusstem Gang
Seine Tochter schreiten …"

(Wien, Januar 1887, „Familienmahl")

---

* Anläßlich eines im Text angesprochenen sonntäglichen Familiendiners.
** Schwager Erzherzog Carl Ludwig.
*** Ehefrau.
**** der Ehefrau, Erzherzogin Maria Theresia, geborene Prinzessin von Braganza.

Interessant im Zusammenhang mit diesem und dem folgenden Gedicht über die Familienzusammenkünfte ist, daß verschiedene von der Kaiserin angesprochene Einzelheiten nicht stimmen, was entweder darauf schließen läßt, daß sie die Gedichte zu späterer Zeit aus der Erinnerung niederschrieb oder daß sie damit einen Zweck verfolgte. Das mit „Familienmahl" betitelte Gedicht nimmt auf ein Diner Bezug, das nach Aussage Elisabeths – wie die meisten Familiendiners – an einem Sonntag im Januar 1887 stattgefunden haben soll („... Sonntag ist's, es nahen sich wieder die Verwandten ...").
Es fand jedoch, wie den regelmäßigen, peinlich genauen Tagebucheintragungen Erzherzog Carl Ludwigs zu entnehmen ist, an keinem der in Frage stehenden Sonntage statt. Das erste sonntägliche Familienmahl des Jahres – am 2. Januar 1887 – ging ohne die Kaiserin vor sich, das zweite sagte sie wegen Kopfschmerzen ab. Am dritten Sonntag war Carl Ludwig nicht mit der im Gedicht erwähnten Tochter, sondern mit seinem jüngsten Sohn, Ferdinand, erschienen, und am vierten und fünften – dem 23. Januar und dem 30. Januar – hatte kein Mitglied seiner Familie an der Zusammenkunft teilgenommen. Der einzige Tag, an dem alle im Gedicht beschriebenen Personen gemeinsam anwesend waren, war der 27. Januar, ein Donnerstag, an dem aber kein Familiendiner, sondern ein Ball stattfand.
Als sich im Sommer desselben Jahres anläßlich des Geburtstags von Kaiser Franz Joseph die Familie in Bad Ischl einfand, wurden Erzherzog Carl Ludwig und seine Kinder abermals mit bösartiger Kritik bedacht. Nur auf Erzherzogin Maria Theresia fielen gute Worte ab, was sicher nur damit in Zusammenhang zu bringen ist, daß ihre Schwester, Marie José, mit Elisabeths Lieblingsbruder Carl Theodor verheiratet war:

„Dieser sanften, tauben Taube*
Hilft ertragen den Gemahl

* Erzherzogin Maria Theresia, die übrigens von Kaiser Franz Joseph als sehr bestimmende und resolute Frau geschildert wurde.

Nur ihr felsenfester Glaube
An ein Jenseits nach der Qual.*
Wolfsmilch aus den Appeninen
Sog hier dieser Hund, halb Wolf** ...

Während von des Vaters Seite
er Hispaniens Stolz bekam ...

Eine wilde, tolle Rotte,
Heult mit Brüdern er bei Nacht;
Sicher ist oft nicht der Tote,
Wenn er seine Spässe*** macht."
(18. August 1887, „Zu Oberons/Kaiser Franz Josephs Wiegenfest")

Auch für dieses Gedicht gilt, daß keines der besprochenen Mitglieder der Familie Erzherzog Carl Ludwigs an dem Fest teilgenommen hat, weshalb anzunehmen ist, daß die Bemerkungen weniger tagebuchartigen als symbolischen Charakter haben oder sich abermals auf einen anderen Termin beziehen. Daß weder Erzherzog Carl Ludwig noch seine Ehefrau noch eines seiner Kinder anwesend war, hing mit einem besonders freudig erwarteten Familienereignis zusammen, das sich niemand entgegen lassen wollte. Im August 1887 wurde genau einen Tag vor Kaiser Franz Josephs Geburtstag auf Schloß Persenbeug der erste Enkel Carl Ludwigs geboren, Erzherzog Karl Franz Joseph, der nachmalige Kaiser Karl I. Als ausgesprochener Familienmensch, der Erzherzog Carl Ludwig war, ließ er es sich

---

* Diese Strophe gibt ausschließlich den Eindruck der Kaiserin wieder, denn das Ehepaar Carl Ludwig und Maria Theresia führte ein besonders gutes Ehe- und Familienleben, und beide waren den Kindern aus zweiter und dritter Ehe vorbildliche und besonders zärtliche Eltern.
** Gemeint ist Erzherzog Franz Ferdinand, der spätere Thronfolger und Sohn Carl Ludwigs aus zweiter Ehe. Die „Appeninen" beziehen sich auf das Geburtsland seiner Mutter, Maria Annunziata von Neapel-Sizilien.
*** Eine Anspielung auf einen üblen Scherz Franz Ferdinands, der mit seinem Pferd einen Leichenzug übersprungen hatte.

nicht nehmen, dieses Ereignis im Kreis seiner Familie zu verbringen. Er selbst wohnte ab Anfang August in Schloß Artstetten, das in der Nähe von Persenbeug liegt, um im Notfall jederzeit zur Verfügung stehen zu können. Sowohl er als auch seine Ehefrau, Erzherzogin Maria Theresia, als auch die Kinder Ferdinand, Margarete, Maria Annunziata und Elisabeth versorgten wochenlang das junge Ehepaar, Otto und die hochschwangere Maria Josefa, und erwarteten gemeinsam mit ihnen die Geburt des ersten Kindes.

Auf welches Fest sich das Gedicht der Kaiserin tatsächlich bezieht und wie viele der Angaben in Elisabeths tagebuchartig erscheinenden Schriften der Wirklichkeit entsprechen, wird deshalb in Hinkunft genau zu überprüfen sein.

Nochmals zurück zum „Familienmahl" im Januar des Jahres 1887, das in Wirklichkeit ein Ball war, und zu dem Gedicht, in dem noch etliche andere Habsburger beschimpft wurden:

„Die(se Frau) in greller Pfauenpracht
Dort und falschem Schopfe,
Ei, wie sie sarkastisch lacht,
Mit dem schiefen Kopfe!

Schon ihr Auge sagt sie aus
Jenes Stammes Sprössling,
Der in jedes Fürstenhaus
Setzet seine Schössling* …

---

* Vermutlich Erzherzogin Klothilde, eine geborene Prinzessin von Sachsen-Coburg-Gotha. Ihre Familie regierte im 19. Jahrhundert nicht nur das Herzogtum Sachsen-Coburg-Gotha, sondern stellte auch die Herrscher von England, Belgien, ab 1881 von Bulgarien und zeitweise auch von Portugal. Das „Setzen von Schösslingen" bezieht sich aber in erster Linie auf die beiden belgischen Prinzessinnen Charlotte und Stefanie, die – erstere – Erzherzog Ferdinand Maximilian, den späteren Kaiser von Mexiko, und – letztere – Kronzprinz Rudolf geheiratet hatten. Ihnen galt die wenig liebevolle Strophe des Gedichts „An mein Kind" vom Februar 1887: „Gutes kam nie von dem Stamme Coburg, der sich hier auch festgesetzt, / wo genannt wird dieser Name, / wird geschürt und wird gehetzt."

Ihr Gemahl (Klothilde Coburgs Gemahl,
Erzherzog Josef) mit Fleisch beschwert,
Duckt sich, wenn sie keifet;
Wedelt aber höchst beehrt,
Wenn der Schwager* pfeifet.

Ganz verschieden, hat die** dort
Freud nur am Gebären,
Möcht am liebsten fort und fort
Stets die Welt vermehren ...

'Séduisant (verführerisch)', ihr Ält'ster*** steht
Dorten auf der Schwelle;
Neben ihm sein Bruder**** späht
Nach der Seelibelle.*****
Hinter ihr, wohl eher schiech,
ist der Töchter****** eine
Recht bescheiden hält sie sich,
diese blasse Kleine."

Gegen dieselbe Karoline, eine künftige Schwägerin von Elisabeths Tochter Marie Valerie, richteten sich noch einige Strophen zweier anderer boshafter Gedichte, „Der Karolin" – gemeint ist die sehr „burschikose" Erzherzogin Karoline – vom Sommer 1886 – und „Feuerwehr-Probe", verfaßt im Oktober 1887:

---

* Entweder der aus derselben Familie stammende König Leopold II. der Belgier, der mit Josefs Schwester Maria Henriette verheiratet war, oder der Bruder Klothildes, Ferdinand, der 1887 Fürst von Bulgarien wurde.

** Erzherzogin Maria Immaculata, die mit Erzherzog Karl Salvator verheiratet war und die bis dahin schon neun Kinder zur Welt gebracht hatte.

*** Erzherzog Leopold Salvator.

**** Franz Salvator.

***** Seiner künftigen Ehefrau, Erzherzogin Marie Valerie.

****** Wohl Karoline, die Zweitälteste, da die erste Tochter Marie Therese 1886 geheiratet hatte und deshalb sicher mit ihrem Ehemann erwähnt worden wäre; die nachfolgenden Töchter waren zu dem Zeitpunkt erst dreizehn Jahre und jünger.

„Der Karolin, der Karolin!
Ist gar ein nettes Mädchen,
Zur Putzsucht fehlt ihm jeder Sinn,
Trägt Zöpfchen wie Pastetchen.

Der Karolin ist von Statur
Wie eine kleine Knackwurst,
Denkt auch, das Wasser ist ja nur
Geschaffen worden zum Durst.

Der Karolin bringt keinen Schwamm
Drum jemals in den Taschen;
Der Karolin führt keinen Kamm
Und thut sich niemals waschen.

Der Karolin putzt nie die Zähn',
ein Luxus sind die Bürsten,
Auch ohne putzen sind sie schön;
Einfachheit ziert die Fürsten ..."

Und der Schlußvers der „Feuerwehr-Probe":

„Hätt ich eine Wünschelrute,
Müsst jetzt Karolin', die Gute,
Dieses wasserscheue Schwein,
Mitten auf dem Dache sein."

Die wenigen positiven Bemerkungen des Gedichts „Familienmahl" vom Januar 1887 fielen Erzherzog Eugen zu:

„Wo beim Fenster ein Boskett,
Frisch sich wölbt aus Blüten,
Dorten ein Adonis steht,
Wie aus Hellas' Mythen.

Ein Apoll ist er an Reiz;
Um die edeln Glieder
Wallet mit dem Ordenskreuz
Weiss der Mantel nieder.

Folgend seines Oheims Spur*
Hat er auch geschworen.
Zu entsagen der Natur,
Cölibat erkoren.**

Treibt er's, wie der gute Ohm (Erzherzog Wilhelm)
Hinter den Coulissen,
Wird der treue Ordenssohn
Ehestand nie vermissen ...

Doch nun scheint der Saal besetzt
Schon mit allen Gästen;
Nein! es kommen stets zuletzt
Immer noch die Besten.

Dieses Paar (Sohn Rudolf und seine Frau Stephanie),
das jetzt erscheint,
Würdig zu beschreiben,
Sterblichen ist es verneint,
Worte aufzutreiben.

Strahlt die Elektricität***
Muss das Gas erbleichen,
selbst des Ob'rons Majestät (Kaiser Franz Joseph)
Hier muss sie jetzt weichen."

---

* Erzherzog Wilhelm, dem früheren Hoch- und Deutschmeister des Ordens.
** Der böse Hintergedanke blieb aber auch bei ihm nicht aus, wahrscheinlich war die Kaiserin nicht in der Gunst Erzherzog Eugens.
*** Anspielung auf Rudolfs Begeisterung für die Elektrische Ausstellung des Jahres 1881.

Nüchtern nimmt sich dagegen die für denselben Tag, den 27. Januar 1887, vorgenommene Tagebucheintragung Erzherzog Carl Ludwigs aus, der den Einzug der Gäste in der hofüblichen Form beschrieb, der vor allem ohne Kronprinzessin Stephanie stattfand, die entweder von einer Reise noch nicht zurückgekehrt war oder krank zu Bett lag: „Nach ¼ 8 Uhr fuhren MTh (Maria Theresia, die dritte Ehefrau Carl Ludwigs) u. Margarethe (seine Tochter) zusammen im ersten Wagen; ich mit Miguel (Herzog von Braganza, dem einzigen Bruder seiner Frau) nach, und uns nach(:) Gfin. Schönfeld, Stolberg u. Gf. Pejaczevich (alle im Dienst Erzherzog Carl Ludwigs) zur Bellaria (Einfahrtseite der Hofburg), gingen in die Alexander Zimmer, wo wir warteten auf den Anfang des Balles. Es kamen dahin der Kaiser, Kaiserin, Valerie, meine Schwägerin Immaculata (verehelichte Erzherzogin aus der Toskana-Linie, Schwester der zweiten, verstorbenen Frau, Maria Annunziata), ihre zwei Söhne Leopold und Franz, Rudolf (ohne Stephanie), Clothilde (Sachsen-Coburg-Gotha) und ihre Tochter Marie Dorothea. Ferdinand (der jüngste Sohn Carl Ludwigs) war nicht dabei ..." (Unveröffentlichter Auszug aus dem Tagebuch)
In bezug auf die Verwandtenbeschimpfungen sei noch einmal auf das Gedicht „Oberons/Kaiser Franz Josephs Wiegenfest" verwiesen, in dem alle am Fest Teilnehmenden als Tiere dargestellt wurden. Laut poetischem Tagebuch erschienen am 18. August 1887 folgende Personen in Bad Ischl:

„... Jener alten grauen Katze,*
Räudig und mit gelbem Zahn,
Scharfen Krallen in der Tatze,
Sieht man gleich ihr Welschtum an.

Bracht zur Welt auch viel Geziefer,

* Vermutlich Maria Antonia, Witwe des Großherzogs Leopold II. von Toskana und Tochter König Franz' I. von Neapel-Sizilien.

Wie's bei Katzen so Manier,
An der Tafel etwas tiefer
Siehst Du Muster davon hier.

Von dem ersten Wurf ist jener
Borstig weisse alte Fuchs*
Ins Gesicht thut niemand schöner
Dir und beisst Dich hinterrucks.

Seine Gattin**, eine fette
Kleine, dralle Bauernkuh,
Bringt ihm jährlich zwerghaft nette
Junge. – Zahlen musst dann Du***

Von dem zweiten Wurfe stammen
All die Kirchenmäuse**** dort,
Bettelarm trotz hoher Namen
Pflanzten rasend schnell sich fort.

Oft thun Dir die Ohren gellen,
Wenn der alte Mäusrich piepst,
Doch der Jungen fromme Seelen,
Säh' ich gern, dass Du sie liebst ..."

Damit war vor allem Ferdinands Neffe, Erzherzog Franz Salvator, gemeint, der künftige Ehemann Marie Valeries.
Zu den Cousins ersten Grades Kaiser Franz Josephs zählte der brasilianische Kaiser Pedro II. aus dem Haus Braganza, dem im Gedicht „Hof-

* Ferdinand IV., nomineller Großherzog von Toskana; allerdings hatte sich Elisabeth bei der Zuordnung zum „ersten Wurf" geirrt, da er aus der zweiten Ehe seines Vaters stammte.
** Alix, Tochter des Herzogs Karl III. von Parma.
*** Kaiser Franz Joseph, da die Toskanas – 1887 waren zehn Kinder geboren – aus ihrem Land vertrieben worden waren und es jedem Herrscher eine Pflicht darstellte, in Not geratene Verwandte finanziell zu unterstützen.
**** Zehn Kinder, deren Mutter eben Maria Antonia war.

ball" (vom 20. Januar 1887) zwei böse Strophen zugeeignet wurden:

„Gute Nachricht von Brasilien.
Was treibt dort der Empereur?
Nah' verwandt sind die Familien,
Schon von alten Zeiten her.

Ist es wahr, dass er verstohlen
Wenn von Arbeit recht verhetzt,
Sich im Urwald zu erholen,
Zu Cousins auf Bäume setzt?"

Einem anderen Cousin schrieb Elisabeth – sicher nur heimlich – Böses „Ins Stammbuch", wie sie ein Gedicht in ihrem poetischen Tagebuch nannte. Der Adressat ist zwar nicht eindeutig zu bestimmen, darf aber im nahen Familienkreis Kaiser Franz Josephs vermutet werden. Es handelt sich um die Antwort auf eine vermutlich im Sommer 1887 an Elisabeth herangetragene Bitte, einem bestimmten Sechzigjährigen ins Stammbuch zu schreiben, der „dem Gemahl Bruder" war. Da zu dieser Zeit keiner der Brüder des Kaisers sechzig Jahre alt war, ist das Gedicht entweder chronologisch falsch eingeordnet, oder es handelt sich um einen „Bruder" im Sinn eines innigen Freundes. Hamann deutet „Bruder" als Verwandten und denkt dabei an Erzherzog Wilhelm oder Erzherzog Rainer, die beide 1887 sechzig Jahre alt waren. Noch stärker fühlte sich Kaiser Franz Joseph aber einem nicht-habsburgischen Verwandten, König Albert von Sachsen, verbunden, einem Vetter ersten Grades (übrigens auch der Kaiserin, da aller dreier Mütter Schwestern waren). Er wurde im Frühjahr des nächsten Jahres sechzig und könnte durchaus im Sommer 1887 um eine Eintragung ins Stammbuch gebeten haben, da man einander nur im Sommer traf. Elisabeths Antwort darauf lautete:

„Dir soll ich dein Stammbuch schreiben?
Nein, die Idee ist kollossal!
Könnt' viel dir an die Nase reiben,

Doch Bruder bist du dem Gemahl.
So viel nur sage ich dir heute,
Nach sechzig Jahren werde wach,
Es singen dir's dann alle Leute,
Die Spatzen pfeifen's auf dem Dach,
Was du für ein Reptil gewesen
Mit giftig gleisnerischem Schleim;
Dann in der Nachwelt Interessen,
Kehr in die Erde schleunigst heim!"
(„Ins Stammbuch", August 1887)

Besondere Kritikfreude fand die Kaiserin an den „dauergebärenden" Habsburgerinnen (zu denen später auch ihre Lieblingstochter Marie Valerie zählte, die neun Kinder zur Welt bringen sollte), da sie Schwangerschaften, Säuglinge und Kleinkinder haßte. Ihr Hauptaugenmerk richtete Elisabeth auf die angeheirateten Habsburgerinnen der Toskanalinie sowie auf das Erzherzogpaar Friedrich und Isabella (Friedrich war ein Enkel des Aspernsiegers Erzherzog Karl und Vetter zweiten Grades von Kaiser Franz Joseph), denen sie im poetischen Tagebuch zur Geburt einer sechsten Tochter mit einem spöttelnden Zwölfzeiler „gratulierte":

„Heil! zur sechsten Tochter, Heil!
Heil dem Hause Habsburg! weil
Seine Sprossen ungezählt,
Sternen gleich am Himmelszelt;
Täglich mehrt sich ihre Zahl,
Die bereits schon unnormal ..."
(„An Friedrich und Isabella", September 1887)

Als eingeheiratetes Mitglied in die habsburgische Familie leistete die Kaiserin mit vier Kindern selbst einen bescheidenen Beitrag zum Bestand der Dynastie. In bezug auf ihr Alter hat sie ihre beiden ersten Töchter – nur nach heutigen Maßstäben – früh empfangen. Sie war bei der Geburt der ersten Tochter, Sophie, 18, bei der Geburt der zweiten Tochter, Gisela, 19 Jahre alt und brachte den Kronprinzen im Alter von 21 Jahren zur Welt. Das entsprach damals dem Durchschnitt.

Elisabeths eigene Tochter Gisela heiratete im Alter von 17 Jahren, das erste von insgesamt vier Kindern gebar sie wie ihre Mutter mit 18 Jahren; Erzherzogin Klothilde, deren Familie angeklagt wurde, „in jedes Fürstenhaus seine Schösslinge" zu setzen, heiratete 18jährig Erzherzog Joseph, einen Onkel zweiten Grades Kaiser Franz Josephs, und gebar mit 19 Jahren das erste von insgesamt sieben Kindern; Erzherzogin Isabella, die Ehefrau Erzherzog Friedrichs, heiratete ebenfalls 18jährig und schenkte ihrem Mann neun Kinder, von denen erst das neunte der erste und einzige Sohn war; Erzherzogin Maria Antonia, die „zur Welt bracht viel Geziefer", heiratete Großherzog Leopold II. von Toskana mit 19 Jahren und brachte ein Jahr später das erste von zehn Kindern zur Welt; ihre Schwiegertochter, Erzherzogin Maria Immaculata, „die nur Freud hat am Gebären", heiratete Erzherzog Karl Salvator im Alter von 17 Jahren und gebar ihm zehn Kinder, und auch zwei Schwestern der Kaiserin, Marie und Matilde in Bayern, heirateten im Alter von 18 Jahren.

Soviel zu den Heirats- und Gebärgewohnheiten des 19. Jahrhunderts, die üblich und vor allem nötig waren, da wie in den Jahrhunderten zuvor sowohl die Mütter- wie auch die Säuglings- und Kindersterblichkeit sehr hoch waren. Von den sieben Kindern der Erzherzogin Klothilde starben drei unter zwanzig Jahren, von den acht Töchtern Erzherzogin Isabellas zwei unter 15 Jahren, die erste Ehefrau des Großherzogs Leopold II. von Toskana, Maria Anna, starb 33jährig, von ihren drei Kindern wurde nur eines älter als 19 Jahre, von den zehn Kindern der zweiten Ehefrau, Maria Antonia, starben vier vor Vollendung des zwölften Lebensjahres, von den zehn Kindern ihrer Schwiegertochter Maria Immaculata wurden vier nicht älter als neun Jahre, zwei Kinder starben vor Vollendung des 25. Lebensjahres, und die einzige ehelich geborene Tochter Maries, Königin von Neapel und Schwester der Kaiserin Elisabeth, starb einjährig. Diese traurige Statistik soll gleichzeitig zu dem Kapitel der

Kaiserin als Mutter überleiten, deren Beziehung zu ihren Kindern sich um nichts weniger absonderlich gestaltete als ihr Verhältnis zu den Habsburger Verwandten.

Elisabeths bissige Beschreibung der Habsburger wirft weniger ein bezeichnendes Licht auf deren Eigenschaften als auf ihren eigenen Charakter. Mit geradezu unglaublicher Bosheit, aber nicht ohne Witz, machte sie aus den erlauchten Personen lächerliche Figuren, die in Gestalt charakteristischer Tiere allen Glanz verlieren. Wie bereits erwähnt, litt die Kaiserin unter einem verborgenen Minderwertigkeitsgefühl wegen ihrer rangniedrigeren Herkunft. Sie versuchte daher immer, durch Entwertung und Lächerlichmachen des vermeintlich Besseren ihre Unterlegenheit zu kompensieren.
Die gehässige Art und Weise, in der Elisabeth mit den Habsburgern verfuhr, zeigt deutlich, daß sie sich als „enfant terrible" dieser Familie fühlte. Sie blieb zeitlebens gefühlsmäßig an ihre Herkunftsfamilie gebunden und verwand nie den frühen Verlust der vertrauten Umgebung.
Es ist aber auch nicht zu übersehen, daß die Kaiserin charakteristische Muster aus ihrer eigenen Familie auf die Habsburger übertrug. Das läßt sich am Beispiel „Gackels" (Carl Theodor), des Lieblingssohnes der Mutter, illustrieren: Der bevorzugte Bruder mußte bei der kleinen Sisi, die von ihm bei der Mutter entthront wurde, heftige Gefühle des Neides und der Eifersucht hervorgerufen haben. Daß gerade er im späteren Leben zu ihrem Lieblingsbruder avancierte, ist aus psychologischer Sicht ein Hinweis auf die Abwehr mißgünstiger Regungen durch die gegenteilige Haltung, nämlich übertriebene Liebe. In der Fachsprache nennt man diesen Vorgang „Reaktionsbildung".
Den eigenen Brüdern gegenüber konnte sie Rivalitätsgefühle also gut umwandeln. In der Beziehung zu den Habsburgern lebte die Kaiserin ihre Rivalität nicht nur in ihren Gedichten ungehemmt

aus. Sie brüskierte sie ebenso durch ihr demonstratives Fehlen bei diversen familiären Treffen, und sie distanzierte sich davon auch symbolisch durch provokantes Schweigen, wenn sie überhaupt anwesend war.
Die negativen Züge, die sie den Habsburgern in ihren Spottreimen zu Recht oder zu Unrecht zuschrieb, fanden sich ebenso bei ihr selbst: Boshaftigkeit, Herabsetzung anderer usw.
Auffallend ist Elisabeths Freude an der Kritik äußerer Eigenschaften. Im Bewußtsein der eigenen körperlichen Vorzüge machte sie sich unbarmherzig über optische Mängel der verhaßten Habsburger her. Zumindest in diesem Bereich fühlte sich die schöne Kaiserin der angeheirateten Familie überlegen.

Elisabeth als Mutter

Worin sich Kaiserin Elisabeth wesentlich von zeitgenössischen Frauen unterschied, war ihr absolutes Desinteresse an familiären Angelegenheiten. Daß sie die angeheirateten Familienmitglieder nicht leiden mochte, ist eine Sache für sich. Daß sie aber nicht einmal an Leben und Alltag des Ehemanns oder der Kinder teilnahm, steht im krassen Widerspruch zum Bild der Frau des 19. Jahrhunderts. Vor allem aber stand ihre Einstellung ganz im Gegensatz zu den Gepflogenheiten der kaiserlichen Familie, die besonders kinderlieb war. Weshalb sich auch die Behauptung, Elisabeths Schwiegermutter, Erzherzogin Sophie, hätte ihr die Kinder weggenommen und ent-

fremdet, von selbst entkräftet. In Wirklichkeit hatte die Kaiserin Ehemann und Kinder monatelang verlassen, um fernab der Familie ihren eigenen Interessen nachgehen zu können. Selten und nur in den frühen Ehejahren begleitete Elisabeth Kaiser Franz Joseph auf kurzen Reisen, wobei die Kinder nur selten mitgenommen wurden. „Am 6. komme ich (Kaiser Franz Joseph mit der nachreisenden Elisabeth) ... in Bruck zusammen, und wir fahren dann noch bis Rottenmann, wo wir übernachten. Am 7. werden wir möglichst zeitlich in Ischl ankommen, da die Kleine (die erstgeborene Tochter Sophie) am selben Tage von Lambach, wo sie übernachtet, auch nach Ischl kommt ..." (Laxenburg, 27. August 1855, Briefe I)
Wie allgemein bekannt ist, wurde die zweijährige Tochter auf die erste Italienreise des Kaiserpaares mitgenommen, von wo sie aber ohne ihre Eltern nach Wien zurückgeschickt wurde. Das erste Ehrengeleit gab ihr Erzherzog Ferdinand Max, ein Bruder des Kaisers und ihr Onkel: „Max reist heute mit der kleinen Sophie bis Verona, wo sie übernachtet ... Die Kleine geht morgen nach Venedig, übermorgen nach Triest, dann nach Laibach, Graz und wird Ihnen, liebe Mama (Erzherzogin Sophie), hoffentlich Freitag die Hände küssen. Wenn sie nur artig und freundlich ist!" (Mailand, 2. März 1857, Briefe I)
Im Herbst 1857 hatte das Kaiserpaar einige Tage in Bad Ischl zugebracht, die kleine Tochter Gisela war in Wien geblieben (die ältere Tochter Sophie war zu diesem Zeitpunkt schon tot). Bei der Rückkunft besuchten die Eltern die kleine Tochter und freuten sich immerhin, von ihr noch erkannt zu werden. „Am 31. verließen wir um 5 Uhr früh unser herrliches Ischl ... Sisi ging (in der Nacht nach der Ankunft in Wien) noch zu Giselas Bett, um sie schlafen zu sehen. Als wir Sonntag früh zu ihr kamen, erkannte sie uns und war sehr herzig ..." (Wien, 3. November 1857, Briefe I)
Während der Sommermonate wurden die Kinder, Gisela und später auch Rudolf, mit ihrem Gefolge nach Reichenau gebracht, während sich das Kaiserpaar noch in Wien aufhielt. Elisabeth besuchte die Kinder dort sporadisch, obwohl sie ebensogut bei ihnen hätte blei-

ben können: „Vorigen Donnerstag sind wir wieder nach Reichenau, wo wir die Kinder sehr wohl und heiter fanden.“ (Laxenburg, 1. September 1859, Briefe I)

Wenn während der Abwesenheit Elisabeths die Kinder erkrankten, war es der Vater, der den Krankheitsverlauf und die ärztliche Betreuung überwachte: „Während Sisis Abwesenheit war Gisela an einer sehr gelinden Art Bräune mit etwas Fieber einige Tage krank und im Bette, sie erholte sich aber sehr schnell und ist jetzt Gottlob wieder ganz wohl.“ (Schönbrunn, 27. August 1864, Briefe I)

Nachdem Gisela gesund geworden war, schickte man sie gemeinsam mit ihrem Bruder Rudolf wieder nach Reichenau, wo sie die später hinzukommende Kaiserin für eineinhalb Tage besuchte: „Den 18. und den halben 19. brachten wir (Kaiser Franz Joseph und Elisabeth mit den Kindern) in Reichenau zu, und am 20. kamen sie hierher (nach Wien), um an Rudolphs Geburtstag bei uns zu sein ... (Einen Tag später) reisten die Kinder wieder nach Reichenau zurück.“ (Schönbrunn, 27. August 1864, Briefe I)

1857 befand sich das Kaiserpaar mit seinen beiden Töchtern Sophie und Gisela auf einer Ungarnreise, wobei das ungarische Volk – trotz des Krisenzustands mit Österreich – Kaiser Franz Joseph und vor allem Elisabeth herzlich empfing. Während dieser Reise erkrankten beide Töchter schwer an Durchfall. Während sich Gisela rasch erholte, verschlechterte sich der Zustand der älteren Tochter Sophie zusehends. Am 19. Mai 1857 versuchte der Kaiser vorsichtig, seiner Mutter das Krankheitsbild in einem Brief zu erklären: „Die Ärzte sagen, es sei vom Zahnen. Es wurde jedoch bald eine Art Ruhr daraus, denn sie (Sophie) machte auch etwas Blut und hatte einen beständigen Drang zu Entleerungen, ohne viel machen zu können. Seit drei Tagen hat das Fieber fast ganz aufgehört ... (sie) schwitzt aber viel, und der Drang dauert fort, jedoch ohne Blutentleerung, nur Schleim und Galle ... In der Nacht ... war sie sehr unruhig, hatte starke Schmerzen im After und ein beständiges Drängen, welches heute fortdauert. Sie hat die ganze Nacht nur 1 ½ Stunden geschlafen, ist sehr nervös und schreit und weint immerwährend, daß es ei-

nem das Herz zerreißt ... Seeburger (der mitreisende Arzt) ist jedoch nicht besorgt und sagt, es sei nur im Mastdarm und werde sich in einigen Tagen geben. Jedenfalls wird die Kleine lange brauchen, um sich zu erholen ..." (Ofen, 19. Mai 1857, Briefe I)
Obwohl der Zustand des Kindes sich wenig besserte, begab sich das Kaiserpaar einige Tage später auf eine einwöchige Reise durch verschiedene ungarische Städte. Wenn es für Kaiser Franz Joseph eine Pflicht bedeutete, diese Reise fortzusetzen, so hätte sich Kaiserin Elisabeth, die Pflichten ohnehin gerne umging, angesichts der Krankheit ihrer zweijährigen Tochter jederzeit davon freimachen können. Aber die Reise betraf die Ungarn, jenes Volk, das ihr so viel Verehrung entgegenbrachte, und es war gewiß ein Gutteil Eitelkeit, der sie vom Krankenbett des Kindes fernhielt, um die Ovationen der Bevölkerung entgegenzunehmen. Als das Kaiserpaar nach der Reise wieder in Ofen bei den Kindern eintraf, kam es nur noch zum Sterben der kleinen Tochter zurecht, wenn nicht überhaupt zu spät. Aus verschiedenen, einander zum Teil widersprechenden Telegrammen läßt sich annehmen, daß Sophie zum Zeitpunkt der Ankunft des Kaiserpaars bereits tot war. Aus den Zeitangaben der verschickten Eilbotschaften ergeben sich einige Ungereimtheiten, die darauf schließen lassen, daß man nur vorgab, die letzten Minuten des Kindes miterlebt zu haben. Wie auch immer – Kaiser Franz Joseph, der mit inniger Liebe an seinen Kindern hing, hatte die schwere Aufgabe, seiner Mutter, Erzherzogin Sophie, die eine rührende Großmutter war, das Unglück mitzuteilen. So verschickte er zunächst ein Telegramm, das zwar den bedenklichen Zustand des Kindes hervorhob, der Empfängerin des Schreibens aber noch nicht alle Hoffnung auf Genesung nehmen sollte. Wenig später telegraphierte er dem Obersthofmeister seines Vaters den eingetretenen Tod des Kindes: „Sorgen Sie, daß der Inhalt der folgenden Depesche meinen Eltern mit Vorsicht beigebracht werde: Unsere Kleine ist ein Engel im Himmel. Nach langem Kampfe ist sie zuletzt ruhig um ½ 10 Uhr verschieden. Wir sind vernichtet. Sisi ist voll Ergebung in den Willen des Herrn." (Ofen, 29. Mai 1857, Briefe I)

Es steht außer Frage, daß beide Elternteile das Kind betrauerten, doch spricht die zärtliche Besorgnis Kaiser Franz Josephs seinen Eltern gegenüber sowie ein bislang unveröffentlichter Brief seines Bruders Erzherzog Carl Ludwig an beider Mutter von seinem und seines Bruders besonders tief empfundenen Schmerz: „Liebe Mama! Es drängt mich, Ihnen nochmals auszudrücken, wie tief ich den so sehr bedauerungswürdigen Verlust der lieben Sophie empfinde. Ich war so angegriffen, als ich heute die Nachricht von dem Unglücksfall erhielt. Ich dachte gleich mit dem herzlichsten Antheil der armen Majestäten mit Ihnen, liebe Mama, die Sie so viel Herzensfreude mit dem guten, freundlichen Kind hatten ... Ich kann mir wohl recht denken die tiefe Betrübung des Kaisers, der dies Kind so sehr geliebt und sich mit ihm so gerne beschäftigte. Es berechtigte aber auch zu so vielen Hoffnungen, und es war wohlthuend, es zu sehen ..." (Brief Erzherzog Carl Ludwigs aus Ambras vom 31. Mai 1857)
Dieser Brief, der von so viel Zärtlichkeit dem Bruder und den Eltern gegenüber erfüllt ist, soll auch die – als zeremoniös und unherzlich genannte, in Wirklichkeit aber mehr als innige – Beziehung der Mitglieder der kaiserlichen Familie zueinander dokumentieren. Obwohl alle Kinder ihre Eltern siezten, was den allgemeinen Verhaltensnormen des 19. Jahrhunderts entsprach, herrschte zwischen den Erzherzogen, wie noch an anderen Stellen aufzuzeigen sein wird, ein unglaublich warmer Ton. Selbstverständlich hatte auch Kaiserin Elisabeth den Tod ihres Kindes betrauert. Gewiß warf sie sich auch vor, in den kritischen Stunden der Tochter nicht beigestanden zu haben. In diesem Zusammenhang soll auch ein unveröffentlichter Brief von ihr angeführt werden, den sie fünf (oder sieben) Tage nach dem Tod der Tochter an ihre Schwägerin Margarethe, die erste Ehefrau Erzherzog Carl Ludwigs, schrieb, um sich für die Anteilnahme an ihrem Schicksal zu bedanken: „Laxenburg, den 3. (5.?) Juni 1857. – Liebe Margarethe, Deine liebevolle Theilnahme an unserem furchtbaren Verluste hat mich innig gerührt. Es ist ein recht entsetzliches Unglück, das den Kaiser und mich betroffen hat, so sein erstes Kind sterben zu sehen, ist ein Schmerz, der recht schwer und hart zu er-

tragen ist, und ich dachte nie, daß ich mich so unglücklich fühlen könnte wie jetzt. – Alles hier ist eine so wehmüthige Erinnerung an unsere liebe Kleine, jedes Stück in den Zimmern und im Garten, wo sie voriges Jahr noch so lustig war, und wo wir uns so gefreut hatten, sie diesen Sommer mit Gisela zu sehen. Unsere Kleine freilich ist jetzt glücklich, und wird im Himmel gewiß für uns bethen, daß uns Gott Kraft giebt, dieses Unglück zu ertragen, und dies kann auch unser einziger Trost sein. Der Kaiser dankt Dir ebenfalls für Deine Theilnahme, Dich herzlich umarmend, bin ich Deine treue Schwägerin Sisi."

Beim Vergleich von Elisabeths Brief mit denen ihres Mannes und ihres Schwagers Carl Ludwig fällt jedoch der nüchternere Ton auf, in dem die Geschichte vom Tod des Kindes erzählt wird. Sie klingt fast wie die traurige Erzählung von einem verstorbenen Mädchen aus dem weiteren Bekanntenkreis.

Den folgenden Sommer verbrachte die Kaiserin in Bad Ischl, wo ihr die Anwesenheit eines Großteils ihrer Geschwister den Aufenthalt erleichterte. Als Kaiser Franz Joseph mit der Gemahlin im Herbst aus der Sommerfrische nach Wien zurückkehrte, verfiel er wieder in eine tiefe Trauer, die durch Erinnerungen an das verlorene Kind hervorgerufen wurde. Rührende schriftliche Dokumente aus dieser Zeit zeugen von der seelischen Befindlichkeit des Kaiserpaares: „Gestern ist Gisela bei Sisi in dem kleinen roten Fauteuil unserer armen Kleinen (der verstorbenen Sophie) ... gesessen und da haben wir beide (Franz Joseph und Elisabeth) zusammen geweint, Gisela aber immer vor Freude über diesen neuen Ehrenplatz so herzig gelacht." (Wien, 3. November 1857, Briefe I)

Im Verlauf des folgenden November entschied der Kaiser – mit Sicherheit auch zum eigenen Trost –, die Wohnung innerhalb der Hofburg zu wechseln, um sich und die Ehefrau von dem Ambiente zu befreien, in dem alles an das verlorene Kind erinnerte: „Wir haben uns entschlossen, in eine neue Wohnung zu ziehen, da unsere bisherige in Sisi immer traurige Erinnerungen erweckte ... Die Kleine (die zweitgeborene Tochter Gisela) kommt in die Zimmer, die Onkel

Johann als Absteigquartier benützte (wenn er sich in Wien aufhielt), in der Reichskanzlei ober meinen künftigen Zimmern. Aus dem Eckzimmer der Reichskanzlei wird eine Treppe von Holz hinaufgebaut, so daß Sisi gerade aus ihren Zimmern, ohne irgend ein Vorzimmer zu benützen, zur Kleinen kann. (Wien, 13. November 1857, Briefe I)

Schon ein Jahr zuvor waren Umzugspläne in der Hofburg geplant gewesen, die auf dem einzigen nachweisbaren Konflikt zwischen Kaiserin Elisabeth und ihrer Schwiegermutter basierten. Erzherzogin Sophie, die eine sehr „verliebte" Großmutter war, hatte sehr früh die Probleme der Schwiegertochter erkannt, die übernervös war, Kleinkinder nicht leiden konnte und vor allem Schwangerschaften haßte. Von der Nichte Elisabeths, Marie Larisch-Wallersee, stammen viele private diesbezügliche Bemerkungen der Kaiserin, die – auch bei kritischer Betrachtung ihrer Memoiren – als authentisch anerkannt werden dürfen, da andere Personen dasselbe oder ähnliches überlieferten, wobei Elisabeths einziges Leitmotiv – wie so oft – Eitelkeit war: „Sie erzählte mir mit fast peinlichem Freimut, wie sie die Zeiten ihrer Schwangerschaft verabscheute, die zeitweilig das Ebenmaß ihrer Figur entstellt hatten." (Larisch-Wallersee II, S. 27f.) Oder an anderer Stelle: „Bisweilen kam ein unnatürlicher Haß gegen ihre Kinder über sie. ‚Kinder sind der Fluch der Frau, denn sie vernichten ihre Schönheit, und sie ist die beste Gabe der Gottheit' ..." (Larisch-Wallersee II, S. 83)

Die Kaiserin hatte keinen Zugang zu Kleinkindern, was sie selbst in Briefen immer wieder betonte: „Im großen und ganzen ist das Wickelkind (die neugeborene Tochter ihrer Schwester Mathilde) nicht so abscheulich, wie solche Kinder zu sein pflegen, nur von der Nähe riecht es nicht sehr gut." (Elisabeth an ihren neunjährigen Sohn Rudolf, Zürich, 27. Januar 1867, zitiert in: Corti) Oder einige Tage später: „Die Kleine ist mir am liebsten, wenn ich sie nicht sehe und höre, denn wie Du weißt, weiß ich kleine Kinder nicht zu schätzen." (Elisabeth an ihre Mutter, Zürich, 1. Februar 1867, zitiert in: Corti)

Mit der Erziehung der eigenen Kinder war die Kaiserin folglich überfordert. Sie litt unter Angstzuständen, Depressionen und starker Nervosität, die allesamt ihre Handlungsfähigkeit auf ein Mindestmaß reduzierten. Weil Erzherzogin Sophie über diese Schwierigkeiten Bescheid wußte, hatte sie im Sommer des Jahres 1856 vorgeschlagen, die Appartements der (damals) zwei Kinder in die Nähe der ihrigen zu verlegen, wogegen die Kaiserin heftigen Widerstand leistete. Es kam in dieser Angelegenheit zu einem Briefwechsel zwischen Kaiser Franz Joseph und seiner Mutter, wobei der Kaiser eine vermittelnde Stellung zwischen den beiden Frauen einnahm und letztendlich Erzherzogin Sophie von der Meinung Elisabeths überzeugte: „Um die Kinder in der Stadt (in der Hofburg) schon ganz definitiv und bequem unterzubringen, sind wir zum Entschluß gekommen, sie in die Radetzky-Zimmer zu geben … wo sie sich bei etwaiger Notwendigkeit ausbreiten können, was oben doch immer mit Schwierigkeiten verbunden ist … und Sisi braucht keine Stiege zu steigen, um zu den Kindern zu gehen. Jetzt, wenn wir abreisen, werden wir sie wahrscheinlich nach Schönbrunn schicken, um sie in bessere Luft zu bringen …“ (also fort von der Hofburg, wo die Großeltern wohnten, und wie immer ausschließlich in der Obhut von Kinderfrauen; Laxenburg, 30. August 1856, Briefe I)
Es muß diesbezüglich einen weiteren Brief der Erzherzogin Sophie gegeben haben, in dem sie ihren Standpunkt noch einmal klar darlegte. Im Auftrag Elisabeths verfaßte Kaiser Franz Joseph das folgende und letzte Schreiben über die Wohnungsfrage der Kinder, mit dem das Problem aus dem Briefverkehr verschwand: „Nach reiflicher Überlegung und nachdem ich die Sache nochmals mit Sisi besprochen, bin ich der festen Überzeugung, daß es am besten ist, wenn die Kinder in die Radetzky-Zimmer kommen, wo sie sehr gut und zweckmäßig untergebracht sein werden. Das Hauptbedenken, wegen der Sonne, erschreckt Sisi und mich nicht, da ja die wenigsten Kinder in der Stadt Sonne haben und doch recht gut gedeihen … Sie haben, liebe Mama, einen Grund, der uns diesen Wechsel wünschen macht, gleich erraten. Ich bitte Sie jedoch inständigst, Sisi nachsich-

tig zu beurteilen, wenn sie vielleicht eine zu eifersüchtige Mutter ist ... Wenn Sie doch die Gnade haben, die Sache ruhig zu überlegen, so werden Sie vielleicht unser peinliches Gefühl begreifen, unsere Kinder ganz in Ihrer Wohnung eingeschlossen ... zu sehen, während die arme Sisi mit ihrem oft so schweren Volumen (das ist eine nicht ganz verständliche Bemerkung, da Kaiserin Elisabeth nie sehr stark und zu dieser Zeit auch nicht schwanger war) die Stiege hinaufkeuchen mußte, um dann selten die Kinder allein zu finden, ja auch Fremde bei denselben zu sehen, denen Sie die Gnade hatten, die Kinder zu zeigen, was besonders auch mir die wenigen Augenblicke verkürzte, die ich Zeit hatte, bei den Kindern zuzubringen ... Übrigens fällt es Sisi gar nicht ein, Ihnen die Kinder entziehen zu wollen, und sie hat mir eigens aufgetragen, Ihnen zu schreiben, daß dieselben immer ganz zu Ihrer Disposition sein werden, wie es ja auch immer in Schönbrunn und Laxenburg der Fall war ..." (Schönbrunn, 18. September 1856, Briefe I) Mit diesem Schreiben in dem für den Kaiser typischen vorsichtigen Ton, war der Konflikt ein für allemal beigelegt und tauchte in der weiteren Korrespondenz nie wieder auf.

Ein wichtiges Kapitel im Leben eines Kindes oberer Gesellschaftsschichten bedeutete die Erziehung zu einem tugendhaften, vornehmen und gebildeten Menschen, auf die viel Sorgfalt aufgewendet wurde und die für Fürstenkinder besonders streng war. Kinder aus regierenden Familien befanden sich von klein auf in der Obhut von Kinderfrauen, Gouvernanten, Erziehern und Lehrern, die nach einem festeingeteilten Tagesplan (mit freien Zeiten, die das Kind mit den Eltern und Geschwistern verbringen durfte) Körper und Geist ihrer Schützlinge ausbildeten. Jeder ärmere Aristokrat und auch die oberen und mittleren Bürgerschichten versuchten, soweit finanzielle Mittel vorhanden oder aufzutreiben waren, dieses Schema zu übernehmen. Auch für Kaiserin Elisabeth und ihre Familie, deren Biographen nur auf die „freie Erziehung" im Haus der Herzoge in Bayern verweisen (was sich auf die seltenen, aber sehr originellen Eingriffe des Vaters bezieht), ohne dabei das gesellschaftlich übliche

Muß an Unterricht mit einem Wort anzudeuten, galt dieses Schema. Herzog Max in Bayern, der Vater Elisabeths, der später als Freigeist berühmt wurde, hatte selbst eine besonders strenge und für Mitglieder regierender Häuser ungewöhnliche Erziehung hinter sich. Er wurde – anstatt der üblichen Betreuung durch private Lehrer im familieneigenen Haushalt – schon als Kind in ein Internat gesteckt, wo er nach einem strengen Tagesplan sehr sorgfältig ausgebildet wurde.

„Im Alter von neun Jahren wurde (Max in Bayern, Elisabeths Vater) von seinem Paten, dem König Max (von Bayern), in das ‚Königliche Erziehungsinstitut für Studierende' nach München geholt ... Max lernte dort nicht nur die alten Sprachen, Französisch und Italienisch, sondern auch Musik und Zeichnen und orientierte sich in der Institutsbibliothek mit ihren lateinischen, griechischen und deutschen Klassikern, Karten und Zeichnungen ..." (Rall, S. 413)

Als Herzog Max in Bayern Prinzessin Ludovika von Bayern heiratete, die dem königlichen Zweig der Familie entstammte, wurde für die Kinder, die dieser Ehe entsprangen, das allgemein gültige Erziehungs- und Unterrichtsprogramm angewendet, das sich in der Gestaltung in nichts von dem anderer Fürstenfamilien unterschied. Das einzig Individuelle der Erziehungsmethoden bestand darin, daß der Herzog während der wenigen und kurzen Aufenthalte, die er im Kreis der Familie verbrachte (auch er befand sich, wie später seine Tochter Elisabeth, beinahe ständig auf Reisen), die Kinder für kurze Zeit dem Unterricht entriß. „Den Erzieherinnen und den Lehrern, von denen ‚wöchentlich ein Wagenvoll' nach Possenhofen (von München) herausrollt, mag allerdings Herzog Max ein Schreckgespenst gewesen sein, auch von der eigenen Gattin als Jugendbildner mehr gefürchtet als geschätzt, obwohl er gewiß nicht die übelsten Grundsätze der Erziehung verkörpert hat. Und die Herzogin wie der Kreis der Lehrkräfte atmen erleichtert auf, wenn wieder einmal eine der Reisen des Schloßherrn diesen Eingriffen in ihre Bereiche ein Ziel setzt. Lange dauern ja die erzieherischen Intermezzi des Vaters niemals an." (Sexau, S. 25)

Wie aus dem Text hervorgeht, hielt selbstverständlich auch die Mutter Elisabeths an den allgemein üblichen Erziehungsmethoden fest, die als Tochter des Königs von Bayern nach denselben Richtlinien erzogen worden war, und als sie selbst Kinder hatte, galt für diese natürlich dasselbe Programm. Auch Elisabeth erhielt als Mädchen – wie jedes Kind gehobener Gesellschaftsschichten – Unterricht von Hauslehrern. Daneben wurde sie bis zu ihrem neunten Lebensjahr von einer Gouvernante betreut und kam danach in die Obhut einer Erzieherin, einer Baronin Luise Wulffen, die ihre erste und privateste Kontaktperson war. Mit der Mutter traf sie – wie alle Kinder fürstlicher, aristokratischer oder großbürgerlicher Häuser – nur zu Essenszeiten und bei geselligen Veranstaltungen zusammen. Als Elisabeth im Sommer 1853 mit ihrer Mutter und drei Geschwistern nach Bad Ischl reiste, war im Zuge der Ereignisse vor der Verlobung mit Kaiser Franz Joseph die Erzieherin – und nicht die Mutter – ihre Vertraute. Es ist müßig hinzuzufügen, daß auch für die Kinder Elisabeths dieselben Richtlinien in der Erziehung galten. Für die kleinen Erzherzoginnen und den Thronfolger wurden die üblichen Kinderfrauen, Gouvernanten, Erzieher und Lehrer engagiert – darüber hinaus wandte sich das Kaiserpaar in heiklen Belangen an Erzherzogin Sophie, die eine geschickte Hand in der Auswahl dieser Vertrauenspersonen hatte: „Sisi ist Ihnen auch dankbar für das Schreiben, das sie von Ihnen erhielt, und wir beide können nicht genug danken für die viele Mühe, die Sie sich in der Gouvernantenangelegenheit auferlegt haben. Die Auskünfte über die bewußte Französin sind alle so günstig, daß ich nur hoffen kann, daß wir sie bekommen ..." (Schönbrunn, 2. August 1864, Briefe I)
Wie die meisten Dinge, die Erzherzogin Sophie in die Wege leitete, hatte man mit der Anbahnung Erfolg, und schon wenige Wochen später war der Handel abgeschlossen: „Sie werden schon wissen, liebe Mama, daß wir die neue Gouvernante für Gisela (die damals acht Jahre alt war) glücklich erobert haben und daß sie am 1. November eintritt ..." (Schönbrunn, 27. August 1864, Briefe I)
Mit weniger glücklicher Hand war – auf die Veranlassung Kaiser

Franz Josephs, der seit seiner Kindheit ein fanatischer Militär war – für den kaum schulreifen Rudolf ein General zum Erzieher bestellt worden, der den Kronprinzen auf seine künftige Rolle als Kaiser und Heeresobersten vorbereiten sollte. Aus der Geschichte ist hinlänglich bekannt, daß dem Programm kein Erfolg beschieden war. Als Dokument dafür sei eine Tagebucheintragung der Gräfin Festetics herangezogen, die allerdings erst sieben Jahre später erfolgte (15. Oktober 1872) und sich auf ein um diese Zeit geführtes Gespräch mit der Kaiserin bezog: „Die Behandlung und die Erziehungsmethode des Generals (Gondrecourt) mußten, meint sie (Elisabeth), ihren Rudolf ja ‚beinahe zum Trottel' machen. ‚Es ist Wahnsinn', sagt Elisabeth, ‚ein Kind von sechs Jahren mit Wasserkuren erschrecken und zum Helden machen zu wollen.' Gondrecourt (ließ Rudolf) zum Beispiel an der Tiergartenmauer von Lainz innen bei der Tür stehen, schlüpft(e) schnell hinaus und (rief) dann hinein: ‚Es kommt ein Wildschwein!' Natürlich (fing) das Kind zu schreien an, aber je mehr es brüllt(e), desto mehr Schrecken jagt(e) man ihm ein. Bis der Kleine endlich so nervös (wurde), daß es, wie die Kaiserin sagt, förmlich ‚lebensgefährlich' (wurde) ..." (Corti, S. 120f.)
Hier griff Kaiserin Elisabeth das einzige Mal nachhaltig in das Erziehungsprogramm ihrer Kinder ein und stellte dem Kaiser ein Ultimatum, in dem er sich zwischen ihrem Bleiben oder dem Gondrecourts entscheiden sollte. Sie verfaßte eine längere Niederschrift, in der sie alle möglichen Forderungen formulierte, und es ist typisch für sie, daß sie daran sofort Bedingungen knüpfte, die ihre Person betrafen und mit der Erziehung Rudolfs in keinem Zusammenhang standen. Sie war zu dieser Zeit schon zu der selbstbewußten Frau gereift, als die sie uns aus den Briefen und Gedichten entgegentritt, hatte auf ihren ausgedehnten Reisen die Unabhängigkeit von Ehemann, Kindern und Hof schätzen gelernt und wußte so genau um die Liebe des Kaisers zu ihr Bescheid, daß sie es wagen konnte, alles auf eine einzige Karte zu setzen. Der im Sommer des Jahres 1865 verfaßte Text des Ultimatums lautete: „Ich wünsche, daß mir vorbehalten bleibe unumschränkte Vollmacht in allem, was die Kinder betrifft, die

Wahl ihrer Umgebung, den Ort ihres Aufenthaltes, die komplette Leitung ihrer Erziehung, mit einem Wort, alles bleibt mir ganz allein zu bestimmen, bis zum Moment ihrer Volljährigkeit. Ferner wünsche ich, daß, was immer meine persönlichen Angelegenheiten betrifft, wie unter anderem die Wahl meiner Umgebungen, den Ort meines Aufenthaltes, alle Änderungen im Haus etc. etc., mir allein zu bestimmen vorbehalten bleibt. Elisabeth." (Brief der Kaiserin aus Bad Ischl, 24. August 1865, zitiert in: Corti)

Da die Ausführung der Bedingungen an das Bleiben ihrer Person geknüpft waren, könnte man bei diesem Schreiben – ohne zu übertreiben – von einer Erpressung sprechen. Zum besseren Verständnis sei hinzugefügt, daß während des gesamten 19. Jahrhunderts und auch noch weit in das 20. Jahrhundert hinein die Erziehung der Kinder sowie die Stellung und die Anwesenheit der Frau im Haushalt ausschließlich vom Ehemann bestimmt wurden. Natürlich wurden in höheren Gesellschaftsschichten – schon aus Gründen der Galanterie – den Ehefrauen in den verschiedensten Belangen Mitspracherechte eingeräumt, aber es hätte eines einzigen Wortes Kaiser Franz Josephs gebraucht, um alle diese Forderungen umzustoßen und sogar die Kaiserin auf ihren den ihr zustehenden Platz an seiner Seite zu verweisen. Aber der Kaiser liebte seine Frau, und allein der Gedanke, sie zu verlieren, ließ ihn auf alle Vorschläge eingehen: Die Erziehung des Kronprinzen Rudolf wurde Oberst Latour von Thurnburg übertragen, Gondrecourt mußte gehen, und Elisabeth besaß einen Freibrief für ihre weitere Lebensgestaltung.

Interessant im Zusammenhang mit dem Verständnis für Kinder sind die – ohnehin – wenigen Briefe, die die Kaiserin in der Mitte der sechziger Jahre an Gisela oder Rudolf richtete und die sich in ihrem Stil und im Inhalt in nichts von Schreiben an Erwachsene unterscheiden. Als Elisabeth im März 1865 einige Zeit bei ihren Eltern und Geschwistern in Bayern verbrachte, wo sie König Ludwig besuchte, schrieb sie über ihn an den damals sechseinhalbjährigen Sohn Rudolf: „Gestern hat mir der König eine lange Visite gemacht, und wäre nicht endlich Großmama dazugekommen, so wäre er noch

da … (Er) hat mir die Hand so viel geküßt, daß Tante Sophie (eine Schwester der Kaiserin), die durch die Türe schaute, mich nachher fragte, ob ich sie noch habe. Er war wieder in österreichischer Uniform und ganz mit Chypre parfümiert." (Zitiert in: Corti) Ein Jahr später – im Jahr der Schlacht bei Königgrätz – erhielt der achtjährige Rudolf einen Brief seiner Mutter über den Zustand des österreichischen Militärs: „Trotz der traurigen Zeit und den vielen Geschäften sieht der liebe Papa gottlob gut aus, hat eine bewundernswerte Ruhe und Vertrauen in die Zukunft, obwohl die preußischen Truppen furchtbar stark sind und ihre Zündnadelgewehre einen ungeheuren Erfolg haben." (Elisabeth an ihren Sohn Rudolf, Wien, 29. Juni 1866, zitiert in: Corti)
Wenn man davon ausgeht, daß Rudolf ein aufgewecktes und militärisch interessiertes Kind war, so scheint dieser Brief noch verständlicher als die langweiligen Reiseaufenthaltsberichte, die Tochter Gisela erhielt: „Ich bin so froh, Horseguard (einen Lieblingshund) hier zu haben, er hatte eine furchtbare Freude, als er mich sah, und erdrückte mich fast mit seinen Armen … Ich gehe viel in den Wald, denn am Kurplatz laufen mir die Leute zu viel nach … Vom König (Ludwig II.) habe ich einen sehr liebenswürdigen Brief erhalten, worin er mir sagt, daß ihm die Ärzte verboten haben, hierherzukommen … Ich werde also ganz ruhig und ungestört hier leben können." (Elisabeth an Gisela, Kissingen, 9. Juli 1865, zitiert in: Corti.) Oder einige Monate später: „Hier (in Ofen) gibt es viel zu tun. Das ofte Aus- und Anziehen ist mir recht langweilig; sehr fatiguant (ermüdend) war der Damencercle, das lange Stehen und Sprechen." (Elisabeth an Gisela, Ofen, 2. Februar 1866, zitiert in: Corti) In bezug auf den Kronprinzen sei noch hinzugefügt, daß das von der Geschichte überinterpretiert gute Verhältnis von Mutter und Sohn nur einer Sage entstammte. Als der Kronprinz erwachsen wurde, sprach die Kaiserin über ihren Sohn wie von einem beiläufig Bekannten, der ihr sogar unheimlich war: „Marie … heute abend wirst du Rudolf sehen. Ich warne dich vor ihm. Er ist gefährlich, wenn er zum Feinde wird." (Larisch-Wallersee II, S. 24) Einige Zeit später nahm

die Kaiserin mit der Nichte abermals ein Gespräch über den Kronprinzen auf. Sie erschien in der Wohnung Marie Larisch-Wallersees, und der Grund ihres Besuches galt „... der Mitteilung, daß Rudolf bald auf die Suche nach einer Frau ausziehen sollte. Uns tat schon heute die Prinzessin leid, die die Ehre seiner Wahl treffen würde. Elisabeth gab sich keinen Täuschungen über ihres Sohnes Haltlosigkeit hin, und wir wußten beide, daß nur eine Frau von ungewöhnlichem Takte fähig sein würde, sich seine Liebe oder auch nur seine Neigung zu bewahren." (Larisch-Wallersee II, S. 87)

Dieselbe Frau, die mit ihrer Nichte die schlechten Eigenschaften ihres Sohnes erörterte und keine Ahnung von seinen psychischen Problemen hatte, brach nach dem Selbstmord des Kronprinzen mit Marie Larisch-Wallersee. Als Elisabeth erfahren hatte, daß ihre Nichte Rudolf und der Baroneß Vetsera zu einigen Treffen verholfen hatte, schob sie ihr die Hauptschuld an der Mayerling-Affäre zu und verbot ihr für alle Zeit, die Hofburg zu betreten, ohne ihr je die Möglichkeit einer Rechtfertigung zu geben.

In bezug auf das Mutter-Sohn-Verhältnis der Kaiserin sei auch auf die von Kronprinzessin Stephanie in ihren Lebenserinnerungen veröffentlichten Briefe ihres Ehemanns hingewiesen. In einem einzigen Schreiben wurde ein Treffen mit der Mutter erwähnt, und dieser Vermerk klingt wie die Bestätigung eines abgeleisteten Audienztermins: „Um elf Uhr empfing mich die Kaiserin, die nicht sehr entzückt scheint über ihren hiesigen Aufenthalt (in Budapest); dann meldete ich mich beim Corpscommandanten." (Brief Kronprinz Rudolfs an seine Frau aus Budapest vom 6. März 1887)

Blenden wir noch einmal zurück in die Zeit, als Gisela und Rudolf im Schulalter standen und im Jahr 1868 eine kleine Schwester, Marie Valerie, erhielten. Wenn sich auch an ihrem künftigen Leben nichts Wesentliches ändern sollte, so bedeutete die Geburt dieses letzten Kindes für das Leben der Kaiserin eine vollkommene Änderung in ihrer Einstellung zu Kindern. Sie hatte die Geburt ganz bewußt nach Ungarn verlegt, um das von ihr innig geliebte Land damit zu ehren, und beschloß von Anfang an, ihre Zukunft auf dieses

eine Kind auszurichten, das sie als das „Einzige" betrachtete, dem sie alle Liebe zuwenden und das sie allein nach ihren Vorstellungen erziehen wollte. Das heißt aber nicht, daß Elisabeth in Hinkunft auf ihre Reisen verzichtete. Es bedeutete nur so viel, daß der sie begleitende Hofstaat um die kleine Tochter und um etliche Kinderfrauen erweitert wurde. Die beiden größeren Kinder, Gisela und Rudolf, blieben weiterhin in Wien in der Obhut ihrer Erzieher, der Großmutter und des Vaters, zu denen sie eine innige Beziehung entwickelten und mit denen sie ein halbwegs normales Familienleben führten. Die Kaiserin hielt mit den beiden älteren Kindern weiterhin schriftlichen Kontakt, und wenn sie auf ihren Reisen einmal etwas vermißte, dann waren es nicht die Kinder, sondern ihre Lieblingstiere: „Das größte Opfer wird sein, meine ‚Ballerina' (eines der Lieblingspferde) zurückzulassen. Schade, daß ich nicht alle meine Lieblingspferde mitnehmen kann. Küsse sie (‚Ballerina') für mich von Kopf bis zum Fuß, doch gib acht, daß sie Dich nicht in den Bauch schlägt, da sie hie und da ein falsches Tier ist." (Brief aus Garatshausen in Bayern vom 26. Juli 1869, zitiert in: Corti)
Ein weiterer Aspekt, der sich nach der Geburt der kleinen Tochter Marie Valerie ergab, betraf die Sorge um die Gesundheit dieses Kindes. Sie überstieg schon bald die übliche Fürsorge und steigerte sich wie viele Eigenschaften der Kaiserin in eine Art Hysterie, die schon ausbrach, wenn das Baby nur Verdauungsprobleme hatte: „Ich bin entsetzlich erschrocken, ja wahrhaft erschauert ... glaube mir, ich habe keinen ruhigen Moment, da es ein gräßliches Gefühl ist, wenn der Mensch weiß, daß sein teuerster Schatz auf der Erde von unverläßlichen Menschen (mit der ‚Unverläßlichkeit' ist die Milch der Amme gemeint), umgeben ist ... (mit denen) nicht einmal der Herrgott auskommen kann." (Elisabeth an Ida von Ferenczy, Starnberg, 11. August 1868, zitiert in: Corti) Als Marie Valerie zahnte, gestand die Kaiserin ihrer Mutter in einem Brief nicht nur die Sorge um das Kind, sondern auch, wie sie „durch eine Woche gelitten und Todesängste ausgestanden" hatte und forderte sie auf, sich „eine Vorstellung zu machen von (ihrem) Zustande ..."

Diese Ängste durchzogen die Jahre der Kindheit Marie Valeries, und selbst als die Tochter erwachsen und verheiratet war und eigene Kinder hatte, beunruhigte sich die Kaiserin – aus der Ferne – über die geringsten Unpäßlichkeiten und verlangte dem Ehemann die kleinsten Details über den aktuellen Gesundheitszustand der Tochter ab.
Als Maria Valerie sich im Herbst des Jahres 1871 gemeinsam mit ihrer Mutter in Meran aufhielt, wohin Kaiser Franz Joseph nachreisen wollte, hörte die Kaiserin von einigen Scharlachfällen in Wien. Sofort bat sie den Ehemann, nicht zu kommen, was dieser – trotz der seltenen Gelegenheiten, seine Frau zu sehen – auch sofort unterließ: „Wir (Elisabeth mit ihrer Tochter und dem Hofstaat) wohnen hier alle so zusammengedrängt, denke nur, wenn die Krankheit ins Haus gebracht würde ... Es wird mir schrecklich schwer, Dich zu bitten, nicht herzukommen, aber doch ist es gewiß keine verlorene Vorsicht ..." (Brief der Kaiserin an Kaiser Franz Joseph aus Meran vom 29. November 1871, zitiert in: Corti)
Dieselbe Frau, die ihre Nerven überbelastete, wenn es um die geringste Übelkeit ihres „einzigen Kindes" ging, war im Umgang mit den älteren Kindern wesentlich weniger empfindlich. Als ihre Tochter Gisela im Jahr 1874 erstmals Mutter wurde und die Kaiserin anläßlich der Taufe der Enkelin nach München reiste, besuchte sie einen Tag nach dem Fest die Kranken im dortigen Choleraspital. Bereits einen Tag später kehrte sie an die Wiege der Enkelin zurück, was sie ganz natürlich empfand, da sie – für sich – keine Angst vor Ansteckung hatte und im Umgang mit ihrer Tochter Gisela und deren Familie nie sehr zimperlich war.
Umgekehrt wäre es im Frühsommer des Jahres 1886 wegen einer unaufgeklärten Krankengeschichte beinahe zum Bruch Elisabeths mit ihren Geschwistern gekommen, als während eines Aufenthalts in Possenhofen die dort anwesende Schwester der Kaiserin, Herzogin Sophie Alençon, an Scharlach erkrankte. Man vergaß, die anreisende Elisabeth zu informieren, und so geschah es, daß die mitgekommene Tochter Marie Valerie, als sie sich eines Morgens nach Possenhofen begab, um ihre Cousine, die Tochter der Herzogin von

Alençon, zu einem Spaziergang zu holen, erst an Ort und Stelle von der Krankheit erfuhr. Verstört begab sich Marie Valerie zurück ins Hotel zu ihrer Mutter, die sie über den Grund ihres verwirrten Zustands ausfragte, den Marie Valerie erst langsam zugab. Sie ahnte, welche Wirkung die Nachricht auf Elisabeth haben würde, die auch tatsächlich sofort packen ließ und empört abreiste, ohne sich von den Verwandten verabschiedet zu haben. Die Kaiserin schwor im ersten Schreck, mit der Familie zu brechen und nie wieder nach Bayern zu reisen, was sie selbstverständlich nicht durchhielt, wenn auch das Verhältnis zu den Eltern und Geschwistern einige Monate lang abgekühlt blieb.

Als im Jahr 1888 der Sohn Katharina Schratts an Keuchhusten erkrankte, war die Kaiserin wegen der möglichen Ansteckungsgefahr für ihre Tochter abermals derart besorgt, daß Kaiser Franz Joseph den persönlichen Kontakt mit der Schauspielerin langfristig einstellen mußte: „Wegen Valérie muß ich (Kaiser Franz Joseph) die strengsten ärztlichen Vorschriften einhalten, denn ich persönlich würde mich nicht abhalten lassen, mit Ihnen (Katharina Schratt) zusammen zu kommen, um so mehr, als ich mich vor Ansteckung gar nicht fürchte ..." (11. Januar 1888, Briefe III)

Zehn Jahre später litt die Kronprinzessin-Witwe Stephanie an einer Lungenentzündung, und die mittlerweile verheiratete Marie Valerie, die auch schon Kinder hatte, fragte bei ihrem Vater an, ob sie in die Hofburg kommen sollte, um der Familie helfend zur Seite zu stehen. Kaiserin Elisabeth befand sich auf Reisen, weshalb Kaiser Franz Joseph sich genötigt sah, ihr diese Idee zumindest schriftlich mitzuteilen: „Valérie hatte mir schon Vorgestern, auf die Nachricht von der Verschlimmerung in Stéphanies Krankheit telegraphirt, ob sie nicht kommen solle, um bei mir und Erzsi (der Tochter Stephanies) zu sein. Da bald Besserung eintrat, so antwortete ich, daß das Kommen nicht nothwendig sei. Nun kommen sie aber doch, Du brauchst Dich aber nicht zu ängstigen, denn Stéphanie kann Niemand sehen, und so wird Valérie nicht mit ihr zusammenkommen." (Wien, 7. März 1898, Briefe II)

Die mütterlichen Gefühle, die Elisabeth den anderen Kindern nur in geringem Maße hatte zuteil werden lassen, wurden auf die jüngste Tochter mit aller „Gewalt" übertragen, so daß natürlich auch an ihr eine Menge Erziehungsfehler begangen wurde. Es ist allgemein bekannt, daß Marie Valerie, die als einziges Kind in Ofen geboren wurde, in der Folge nicht nur das „einzige", sondern auch das „ungarische" Kind genannt wurde. Wegen der Freundschaft der Kaiserin mit Gyula Graf Andrássy war bald das Gerücht entstanden, er wäre der Vater des Kindes. Dieses Gerücht hielt sich so hartnäckig und lange, daß auch die heranwachsende Marie Valerie noch oft damit konfrontiert wurde. Ob aus diesem Grund oder weil sie als Tochter des österreichischen Kaisers das ihr auferlegte Ungartum nicht leiden mochte oder weil ihre Mutter sie nötigte, ungarisch zu sprechen, litt sie ab der Mitte der achtziger Jahre plötzlich an einer Ungarnpsychose. Sie bat ihren Vater, wenn die Mutter auf Reisen war, in Hinkunft anstelle des Ungarischen die deutsche Sprache verwenden zu dürfen, was dieser ihr natürlich gerne erlaubte. In Zusammenhang damit sei auch auf ein anderes Problem der Kaisertochter verwiesen, das sie bis an ihr Lebensende bedrückte: Sie konnte und wollte sich nur selten mündlich ausdrücken. Marie Valerie war eine „Schweigende" geworden. Das heißt, daß sie kaum sprach und die meisten ihrer Gedanken auf Papier – in Tagebüchern oder in zahlreichen Briefen – festhielt. Schon in ihrer Jugend versuchte sie schriftlich, die komplizierte Beziehung zu ihrer Mutter zu analysieren, die sie zwar sehr liebte, aber auch nicht immer verstand: „... es sind doch so viele unüberschreitbare Schranken zwischen uns, die nicht wären, hätten wir nicht denselben harten, ‚fahrigen' Charakter, dasselbe leidenschaftlich schroffe, unduldsame Urteil, dieselbe schwärmerische Begeisterungsfähigkeit, die so entgegengesetzte Beweggründe hat." (Eintragung vom 3. August 1884, zitiert in: Corti)

Unter den „entgegengesetzten Beweggründen" verstand Marie Valerie vor allem ihre „Begeisterungsfähigkeit", einem Mann anzugehören, mit dem sie eine Familie gründen wollte. Familienleben galt ihr als etwas Heiliges – wahrscheinlich auch deshalb, weil sie kaum eines gehabt hatte. Als Kind war sie entweder mit ihrer rastlosen Mutter durch die Länder gereist, und ihre Jugend verbrachte sie an der Seite des Vaters in Schönbrunn oder in der Hofburg, mit dem sie zwar der Sinn für ein ruhiges Familienleben verband, der sich aber auch nur einige wenige Stunden des Tages mit ihr beschäftigen konnte. Ein Grund, die Reisen Elisabeths nicht mehr mitzumachen, hieß Erzherzog Franz Salvator, in den sich Marie Valerie sehr früh verliebt hatte. Diese Neigung löste bei ihrer Mutter neue Depressionen aus, weshalb sich viele der folgenden Gedichte in Elisabeths poetischem Tagebuch auf die ihr unverständliche Liebe bezogen:

„Die mir alles hier gewesen,
Meine Sonne und mein Leben,
Ach! die hat mich längst vergessen,
Eh ein Jahr sich hinbegeben!"*
(Ischl, Sommer 1886)

Immer wieder taucht das Motiv der einzigartigen und unvergleichlichen Tochter auf, und man vermeint ein Beben in der Stimme der Kaiserin zu verspüren, wenn sie ihre Strophen an die „Einzige" dichtete:

„Duftig weiss wie eine Nixe,
Schwebt mein Püppchen dort umher,
Macht dazwischen tiefe Knickse
In dem Tanze des Lanciers.
Reicht sie aber jenem schlanken Knaben**
Dort die Hand zum Tanz,
Dann verrät sich ihr Gedanken
Durch des Auges tiefern Glanz."
(Wien, 20. Januar 1887 – „Hofball")

* Diese Zeile bezieht sich auf die Angst vor einer baldigen Hochzeit der Tochter.
** Franz Salvator.

Über den Auftritt mit ihrer Tochter anläßlich eines Familienfestes (das – wie früher erwähnt – ebenfalls ein Ball war) schrieb sie:

„Dir (Elisabeth) zur Seit' dein Töchterlein,
Deine Augenweide,
Wie ein Püppchen, zart und fein,
prangt's im rosa Kleide.

Ihr im Haar wiegt sich kokett,
Funkelnd die Libelle*
Hals und Arm' sind übersät
wie mit Sternlein helle …"
(Wien, Januar 1887, „Familienmahl")

Aber auch Marie Valerie hatte bisweilen unter den Launen ihrer Mutter zu leiden, die durch banale Ereignisse oder Bemerkungen ausgelöst werden konnten. So wurde eine „ungeduldig" empfundene Antwort der Tochter in einem Brief an Elisabeth zur großen Enttäuschung hochstilisiert, die die Kaiserin in einem eigenen Gedicht verarbeiten mußte:

„Mein Liebchen, du hast mir geschrieben
Fürwahr einen hässlichen Brief;
Doch ich bin ganz ruhig geblieben,
Zum Glücke, sonst ging es jetzt schief …

Der Meister** war eben zugegen,
Als ich deine Zeilen durchlas;
Drum ward ich ein bischen (sic) verlegen,
Und schleunigst bemerkte er das.

Doch ihm kann ich nimmer verhehlen,

* Ein Schmuckstück, aber Libelle war auch ein Deckname für Valerie.
** Der von der Kaiserin verehrte tote Dichter Heinrich Heine, mit dem sie übersinnlich in Kontakt zu sein glaubte.

Was lieblos die Seele mir rührt;
So musst ich ihm alles erzählen,
Auch, wie schlecht du dich aufgeführt ..."
(Wien, März 1887 – „Mein Liebchen"/Marie Valerie)

Interessant im Vergleich zu der fast unnatürlich guten Beziehung zur Tochter Marie Valerie ist Kaiserin Elisabeths Meinung über die ältere Tochter Gisela und deren Familie. Anläßlich eines Familiendiners, an dem auch Gisela mit ihrem Mann und ihren Kindern teilnahm, schrieb die Kaiserin jenes Gedicht, in dem alle Habsburger als Tiere dargestellt wurden. Gisela ließ sie – sehr beabsichtigt – an der Seite ihres Vaters auftreten:

„Oberon (der Kaiser) zu Deiner Linken
Einer rackerdürren Sau (Gisela)
Blaue Äuglein ehrlich blinken
Ähnlich Dir fast im Geschau.

Ihre Ferklein, herzig kleine,
Bracht sie aus dem Nachbarreich (Bayern);
Sehen dort dem Vaterschweine (Prinz Leopold von Bayern)
Bis aufs letzte Härchen gleich.

Mit den angestammten Rüsseln
Arbeitet das emsig los
In den Tellern, in den Schüsseln;
Leises Grunzen hört man blos."
(Ischl, 18. August 1887 – „Zu Oberons Wiegenfest")

Die Beziehung zu Gisela, wenn man von einer solchen überhaupt sprechen kann, gestaltete Elisabeth so karg wie möglich, und sie gipfelte darin, daß sie sich, wie früher erwähnt wurde, vom Choleraspital in München an die Wiege der Tochter Giselas begab. Gisela wurde wie eine mehr oder weniger gute Bekannte behandelt, für die

Kaiser Franz Joseph sogar um Quartiererlaubnis für Schönbrunn anfragte, wenn die Kaiserin gar nicht in Wien war: „Gisela wirst Du wohl erlauben, einige Tage in Schönbrunn zuzubringen." (Wien, 14. April 1896, Briefe II) Abgesehen von solchem Erlaubnisgeplänkel für Gisela, besaß Marie Valerie im Schloß Schönbrunn für sich und ihre Familie ein eigenes Appartement.
Das Verhältnis zur einzigen, zur geliebten Tochter Marie Valerie, gestaltete sich – wenn auch im umgekehren Sinn – um nichts natürlicher, wie aus den „Liebesbriefen" Elisabeths herauszulesen ist: „Ich liebe doch eigentlich nur Dich, wenn Du mich verläßt, so ist mein Leben aus. Aber so liebt man nur einmal im Leben. Da denkt man nur an das geliebte Wesen, da ist alles auf der einen Seite – von der anderen verlangt man und erwartet man nichts ... Du mußtest mein eigenes, eigenstes Kind bleiben, mein Kleinod, auf das niemand ein Recht haben darf als ich allein, und alle Liebesfähigkeit meines bis dahin verschlossenen Herzens habe ich dann auf dich ausgeströmt." (Zitat nach den Worten der Kaiserin im Tagebuch Marie Valeries vom 9. Dezember 1887, in: Corti) Aus dieser Liebe heraus empfand die Kaiserin die sich anbahnende Beziehung ihrer Tochter zu Erzherzog Franz Salvator nicht anders als dumm. Sie regte sie zu einem spöttischen und selbstmitleidigen Gedicht an:

„Verliebt, verliebt! und folglich dumm:
Ich kann dich (Marie Valerie) nur bedauern.
Lang geh ich schon hienieden um,
Mich macht die Liebe schauern ...

Was nutzt es, dass ich Mutter ward,
Und dir zu Lieb entsagte
Dem Leben, wo nach Feenart
Ich wild die Welt durchjagte?

Fort zieht es dich aus meiner Näh'
Zu jenem blassen Knaben,

Trotzdem ich ehrlich dir gesteh',
Ich möchte ihn nicht haben.

Du siehst im Geiste um dich her
Der Kinder zwölf schon wogen,
Zwölf Rotznäschen liebst du dann mehr
als mich, die dich verzogen.

Die Lieb' ist dumm, die Lieb' ist blind!
So steht's im Schicksalsbuche,
Du mußt nun ebenfalls, mein Kind
Dich beugen diesem Fluche.

Ich aber breite trauernd aus
Die weiten weissen Schwingen,
Und kehr' ins Feenreich nach Haus –
Nichts soll mich wieder bringen."
(Ofen, Februar 1888 – „An mein Kind"/Marie Valerie)

Zu den Versen im poetischen Tagebuch ist anzumerken, daß sie – egal ob sie beschimpften, verspotteten oder lobten – den Empfängern wahrscheinlich nie bekannt wurden. Die Kaiserin vertraute ihre Gedichte in verpacktem Zustand nur einigen Personen an, die sie mit der Auflage erhielten, sie nicht durchzusehen oder zu veröffentlichen, bis – vom Jahr 1890 ab gerechnet – eine Frist von sechzig Jahren verstrichen sei. Nur so ist zu verstehen, warum die meisten Personen im näheren und weiteren Umkreis der Kaiserin sie zwar als eigenbrötlerische, aber doch freundliche Person empfanden. Bei den wenigen Veranstaltungen, an denen sie teilnahm, legte sie ihre Rolle sehr zu ihrem Vorteil an. Sie versprühte ihren geheimnisvoll genannten Charme, der durch das leise und beinahe unverständliche Sprechen entstanden war, das sie sich in ihrer Jugend auferlegt hatte, um ihre unschönen Zähne zu verbergen. Die öffentlich mysteriös auftretende Kaiserin neigte innerlich zu sehr weltlicher Boshaftigkeit, die sie schriftlich und im geheimen abreagierte. So dachte auch Erzherzogin Sophie, die Schwiegermutter der Kaiserin, ihr Leben lang, daß sie ein gutes Verhältnis mit Elisabeth hätte, die ihr ja stets freundlich entgegentrat. Abgesehen davon weiß man aus den Briefen der fünfziger und sechziger Jahre, daß das Verhältnis nicht nur gut war, sondern daß Elisabeth die Schwiegermutter und Tante sogar sehr gerne als Muttterersatz anerkannte. Es ist anzunehmen, daß die Kaiserin die Beziehung zu Erzherzogin Sophie erst in späteren Jahren, wahrscheinlich sogar erst nach deren Tod, als so schlecht hinstellte, wie sie in die einschlägige Literatur eingegangen ist. Aus der Zeit, in der die Schwiegermutter lebte, existieren zumindest keine Dokumente über irgendwelche Disharmonien zwischen den beiden Frauen. Daß das Verhältnis als ein besonders schlechtes überliefert wurde, liegt wohl daran, daß der erste Biograph der Kaiserin, Egon Caesar Conte Corti, als Hauptquelle seiner Arbeit die mündliche Überlieferung von Erzherzogin Marie Valerie gewählt hatte. Sie kannte ihre Großmutter, Erzherzogin Sophie, nur als Kleinkind (die Kaisermutter starb, als Marie Valerie vier Jahre alt war) und bezog ihr Wissen über diese Frau allein von ihrer Mutter Elisabeth. Bei dem extrem engen Verhältnis der Kaiserin zu ihrer Tochter steht außer Zweifel, daß Marie Valerie ihrer Mutter auch die schlimmsten Geschichten über die Großmutter glaubte und deren Meinung unverändert übernahm. Corti arbeitete mit Marie Valerie zudem zu einem Zeitpunkt, als Elisabeth schon lange tot war, weshalb auch die Verklärung der Mutter durch die Tochter in diese Bewertung mit einzubeziehen ist.

Die umstrittene Mutterrolle der Kaiserin ist auf einen einfachen Nenner zu bringen: Elisabeth gebar zwar vier Kinder, aber nur eines, nämlich die letztgeborene Valerie, war ihres.
Die ersten Kinder, deren Erziehung – wie damals in jeder Familie

höherer Gesellschaftsschichten üblich – von Kinderfrauen und Gouvernanten geleitet war, wurden von Sisi mehr oder weniger aufgegeben. Oberflächlich betrachtet, könnte der naheliegende Grund dafür in der zwiespältigen Einstellung Sisis zur Schwiegermutter als oberste Aufsichtsdistanz liegen. Tatsächlich aber konnte Elisabeth durch ihre persönliche Lebensgeschichte selbst nie Mütterlichkeit entwickeln. Ihr Verhalten ist als Spiegel dafür zu sehen, wie sie ihrerseits „Bemutterung" erfahren hat.

Auch wenn in der Regenbogenpresse Sisi immer wieder als glückliches Kind einer urigen, kerngesunden bayrischen Familie dargestellt wird, war es vermutlich doch anders. Die Annahme liegt nahe, daß ihre Familienverhältnisse alles andere als ideal waren.

Früher war man von der Existenz eines Muttertriebes überzeugt. Heute neigt man zu der Ansicht, daß mütterliches Verhalten durch lebensgeschichtliche Erfahrungen erworben wird. Eine Frau, die selbst als Baby nicht ausreichend Liebe und einfühlsame Fürsorge bekommen hat, wird es als Mutter schwer haben, echte Mütterlichkeit zu entwickeln. Damit eine Frau zu der Opferbereitschaft fähig ist, die den Kern der Mütterlichkeit ausmacht, muß sie ihr Kind narzißtisch besetzen. Darunter versteht man die entwicklungsgerechte Verschiebung von der körperbezogenen Eigenliebe auf das Kind aus „eigenem Fleisch und Blut". Einem pubertierenden Mädchen geht es vorwiegend noch um die Wirkung, die es auf Grund seines Aussehens auf andere hat. Das Gefühl von eigener Größe und Macht bildet sich ausschließlich aus der Bewunderung durch andere. Manchmal bleibt ein Mensch durch Versagung, Verwöhnung oder durch einen ständigen Wechsel von beidem auf dieser selbstbezogenen Entwicklungsstufe fixiert. Bei Elisabeth war das offensichtlich der Fall. Tatsächlich lassen sich bei ihr solche emotionalen Wechselbäder bis in die früheste Kindheit feststellen. Die Illusion, etwas „ganz Besonderes" zu sein, und die Ernüchterung darüber, eigentlich „gar nichts" zu sein, müssen bei ihr zwangsläufig zu einer schweren Erschütterung ihres Selbstwertgefühles geführt haben.

Sisis „kerngesunde, urige" bayrische Familie war also hochgradig

neurotisierend. Wir werden später noch darauf zurückkommen, daß Elisabeth sogar jene charakteristische Struktur zeigt, wie sie Familien „produzieren", aus denen Magersüchtige hervorgehen.
Wie wir wissen, war die Kaiserin bei ihren ersten drei Kindern nicht gerade von unbändigem mütterlichem Stolz erfüllt. Nur im Film präsentierte sie aller Welt ihre Kinder in mütterlicher Verliebtheit. In Wirklichkeit distanzierte sie sich von ihnen und stand ihnen sogar mit kaum nachvollziehbarer Gefühlskälte gegenüber. Typisch dafür ist ihr Verhalten anläßlich des Todes von Sophie.
Auch ihr Widerwille gegenüber Babys und deren normalerweise als betörend empfundenen Gerüchen spricht für eine neurotische Aversion Kleinkindern gegenüber. Charakteristisch ist auch Sisis Abscheu gegenüber dem Zustand der Schwangerschaft mitsamt den dazugehörenden körperlichen Veränderungen. Von einer so körperfixierten, schlankheitsbesessenen Frau, wie Elisabeth es war, muß die zunehmende Leibesfülle zwangsläufig als kränkende Verunstaltung empfunden worden sein.
Ihre Angst, durch Schwangerschaften ihre idealen Körperformen zu verlieren, war – zumindest in der damaligen Zeit – nicht ganz unberechtigt. Fettabsaugung und Fitness-Center waren noch nicht erfunden. Normalerweise nimmt aber eine Frau körperliche Einbußen dafür hin, daß sie Leben schenken darf. Die Liebe ihrer Kinder ist eine so hohe narzißtische Aufwertung, daß die narzißtische Einbuße der perfekten Schönheit vergleichsweise weniger wiegt. Während die Frau als Partnerin eines Mannes doch ersetzbar ist, ist die Mutter für ein Kind unersetzlich und einzigartig. Auch darin steckt ein massiver narzißtischer Kern. Sisi konnte vermutlich niemals derartige mütterliche Phantasien entwickeln. Ihre Phantasien blieben stets selbstbezogen. Die Mutterschaft mußte sie daher als Kastration ihrer phallisch orientierten Weiblichkeit erleben.
Bis zu Marie Valeries Geburt zeigte die Kaiserin nur einmal mütterliche Gefühle: Als Reaktion auf die harte Erziehung Rudolfs riß sie die Verantwortung für ihre Kinder vorübergehend an sich. Durchhaltevermögen hatte Elisabeth allerdings nicht. Jene unerschütterli-

che Kontinuität, die mütterliche Liebe auszeichnet, fehlte ihr. Wie schon der Vater, Herzog Max in Bayern, bei Sisi, weckte auch sie – durch ihre Entscheidung, sich um Rudolf zu kümmern und ihn mit Freiheit zu verwöhnen – in ihrem Kind Illusionen. Aber schon Wochen später war Elisabeth wieder unterwegs und Rudolf um Hoffnungen ärmer.

Wie ihr Vater tauchte auch Sisi im Leben ihrer Kinder auf, wirbelte alles durcheinander und verschwand wieder auf unbestimmte Zeit.

Bei der jüngsten Tochter, Marie Valerie, geschah etwas Interessantes: Sisi entwickelte mütterliche Gefühle. Doch auch jetzt handelte es sich nicht um die klassische Mütterlichkeit, die die Entfaltung des eigenen Kindes im Auge hat. An Marie Valerie wollte Sisi all das ungeschehen machen, was sie ihren älteren Kindern angetan hatte. Nicht nur, daß sie ihre „Einzige" von früh an bei sich hatte und auch auf ihre Reisen mitnahm, überhäufte sie ihre kleine Tochter auf geradezu exaltierte Weise mit Zuwendung. Sie tat alles, um Marie Valerie an sich zu binden und die Liebe der Tochter mit niemandem zu teilen. Nicht einmal mit dem Liebespartner, den Marie Valerie wollte.

Das Verhältnis zu Schwiegermutter und Schwiegertochter

Zunächst gilt es, mit dem bereits angesprochenen Vorurteil über das schlechte Verhältnis zwischen Erzherzogin Sophie und Elisabeth aufzuräumen. Zur Beweisführung können unter anderem bis jetzt nie veröffentlichte Dokumente vorgelegt werden. Im Gegensatz zu allen biographischen Quellen, in denen Erzherzogin Sophie als harte, bösartig veranlagte und unnachgiebige Frau hingestellt wird, wurde sie von ihren Mitmenschen als besonders gesellige, intelligente und warmherzige Persönlichkeit beschrieben. In den diversen Werken über die Habsburger werden immer wieder Auszüge aus ihren Briefen zitiert, die eben dieses Bild wiedergeben, die aber – widersinnigerweise – herangezogen werden, um ihre Gefühlskälte zu dokumentieren. Es würde einer eigenen Arbeit bedürfen, um die positiven Briefe der Erzherzogin den in den Büchern stets folgenden Kommentaren über ihr negatives Charakterbild gegenüberzustellen. Eintönig wiederholt sich diese Meinung in allen Corti nachfolgenden historischen Werken. Keiner der Biographen und Historiker hat es je für wert befunden, den wahren Charakter Erzherzogin Sophies aufzuspüren. Das Signum der Unnachgiebigkeit und Hartherzigkeit erhielt sie in den mündlich überlieferten Berichten durch Vertraute der Kaiserin, die das wiedergaben, was sie von Elisabeth erfahren hatten. Aus Vorsichtsgründen wurden sie nicht in die Nähe der Schwiegermutter gelassen. Viele von ihnen kannten sie auch nicht mehr lebend. Hätten die Historiker mehr von den zeitgenössischen Berichten und Dokumenten herangezogen und bearbeitet, wären sie plötzlich einer Frau gegenübergestanden, die so war, wie sie uns auf Bildern entgegentritt: eine warme und liebevolle Persönlichkeit.

Das Leben Erzherzogin Sophies gestaltete sich anfänglich ähnlich dem ihrer späteren Schwiegertochter Elisabeth. Auch sie entstammte dem Haus Wittelsbach, auch für sie entbrannte ein Habsburger, Erzherzog Franz Carl, in Liebe, der – als er sich für sie entschieden hatte – wie später sein Sohn Franz Joseph ständig zwischen Wien und München hin und her reiste, um die geliebte Braut zu besuchen und schließlich 1824 zu heiraten. Im Unterschied zu seinem Sohn verfügte Franz Carl aber über kein besonders einnehmendes Äußeres, weshalb Sophie zunächst zögerte, einer Verbindung zuzustimmen. Als sie ihn jedoch näher kennenlernte, überzeugte sie schon bald sein liebevoller und guter Charakter, und als auch ihre Familie zu dieser Heirat riet, war es ihr bereits ein Anliegen, Erzherzog Franz Carl zum Mann zu nehmen. Wie später Elisabeth verließ auch sie nur ungern ihr Elternhaus, in dem sie mit viel Liebe großgezogen worden war. Als sie später in Wien lebte, tauschte sie unzählige Briefe mit ihrer Familie aus, die sich aber in Ton und Inhalt wesentlich von denen der künftigen Schwiegertochter Elisabeth unterschieden. Klagen war Erzherzogin Sophie fremd. Im Gegenteil – sie zeichnete in ihren Schreiben das Bild einer immer glücklicher werdenden Ehe und eines harmonischen Zusammenlebens im Kreis der neuen Familie: „Ja, meine liebe Großmama, ich (Erzherzogin Sophie) bin recht glücklich, und es wäre auch schwierig, daß ich es nicht wäre. Man kann nicht besser sein als mein Gatte, und er liebt mich so zärtlich. Der Kaiser (Franz II./I., er war über ihre Halbschwester Caroline Auguste ihr Schwager und über ihren Ehemann gleichzeitig ihr Schwiegervater) überschüttet mich mit seiner Güte. Die gesamte Familie bezeugt mir rührende Zuneigung, und das einzige was ich da auszusetzen habe, besteht darin, daß sie mich alle ein wenig zu sehr verwöhnen, vor allem meine gute Charlotte (Caroline Auguste, die Halbschwester), die ich nur meinen Schutzengel nennen kann." (Brief Erzherzogin Sophies an ihre Großmutter Amalie von Baden vom 4. August 1827, zitiert in: Holler) Als sie wenig später die erste von insgesamt fünf aufeinanderfolgenden Fehlgeburten erlitt, konnte sie nur die Anwesenheit des Ehemanns über die Traurigkeit hinwegtrösten: „Trotz aller meiner Melancholie war ich gestern doch recht glücklich nach zweimonatiger Trennung meinen guten Franz wiederzufinden, der eine so rührende Freude bezeigte, daß mir dies ungemein wohltat." (Brief der Erzherzogin Sophie an ihre Mutter, Königin Karoline von Bayern, vom 23. August 1827, zitiert in: Holler)

Als sich nach fünf Fehlgeburten eine neue Schwangerschaft anzeigte, nahm Sophie alle Strapazen, die man ihr abverlangte, geduldig auf sich und schickte unzählige Briefe an ihre Mutter, die nichts anderes als ihre glückliche Zufriedenheit widerspiegeln: „Niemals war ich Dir so dankbar, daß Du mir das Leben geschenkt hast, als jetzt. Wo es durch Hoffnung verschönt ist, Hoffnung auf etwas, was eine herrliche Zukunft eröffnet und so viele geliebte Wesen glücklich machen kann. Ich schone mich so sehr, daß ich mich schon acht Wochen lang nicht mehr aus meinem Zimmer gerührt habe." (Erzherzogin Sophie an ihre Mutter vom 28. Januar 1830) Als Frau, die sich nichts sehnlicher als eine Familie wünsch-

te, gab sie sich dieser Schwangerschaft mit aller nur menschenmöglichen Disziplin hin.
Kurz vor der Geburt des Kindes wurde die Kinderfrau, Baronin Luise Sturmfeder, bestellt, die sich gemeinsam mit der Erzherzogin auf den Umgang mit dem Säugling vorbereitete. Aus den oft kritischen Briefen dieser Aja (so wurden die Kinderfrauen bei Hof genannt), die von den Fähigkeiten der kaiserlichen Leibärzte und des Hofpersonals wenig überzeugt war, klingt nur dann Lob heraus, wenn sie von der Mutter ihres künftigen Schützlings sprach: „Ich (Baronin Sturmfeder) sah nie eine Frau in diesem Stande weniger Faxen machen. Ich glaube, sie ist so glücklich darüber, daß sie sich dergleichen gar nicht erlaubt und alles geduldig erträgt. Man hört sie gar nie klagen …" (Brief der Baronin Sturmfeder von Juli/August 1830, zitiert in: Holler)
Die Geburt des Kindes, bei dem die Mutter Erzherzogin Sophies sowie der gesamte Hofstaat anwesend waren, dauerte lange und verlief kompliziert. „Schönbrunn, 18. August 1830 … Alles war die Nacht auf, sogar der gute Kaiser seit 4 Uhr … (Zehn Stunden später) fielen die Damen vor Schlaf und Mattigkeit nieder, in der Kammer lag eine da, die andere dort … auch die Herren waren kaputt … die Nachricht, daß man auf ein baldiges Ende hoffen durfte, brachte nun in alle wieder neues Leben … Je mehr die Erzherzogin schrie, desto lebendiger wurden wir, denn – sagte man –, nur so kann es enden. Um 8 Uhr (weitere sechs Stunden später) wurde erklärt, es müssten Doktoren zu Hilfe genommen werden, denn das Kind könnte sonst zugrunde gehen … Es waren alle außer sich. Die Frau Erzherzogin (Sophie) war es aber zufrieden, sie war überhaupt geduldig wie ein Engel und ganz ergeben … Viele, die das nicht mehr anhören konnten, verließen die Kammer und Antikammer … Nur noch sechs Personen, vom Kaplan abgesehen, blieben im Gebärzimmer zurück … Einige beteten, andere weinten. Nun ward eine gräßliche Stille, dann wieder ein fürchterliches Schreien und Wehklagen, wo man nur von Zeit zu Zeit des guten Kaisers Stimme hörte, welcher ihr Mut zusprach, auf einmal um ¾ 10 wurde alles laut: Das Kind ist da … Ich

(Baronin Sturmfeder) gratulierte der Erzherzogin, welche alle Schmerzen vergessen hatte und glückselig in ihrem Bette lag ..." (Holler, S. 44f.)

Über den dramatischen Verlauf der Geburt des nachmaligen Kaisers Franz Joseph schrieb Sophies Mutter, die Königin von Bayern, die während der gesamten Zeit dabei gewesen war, ihrer Mutter nach München: „Meine liebe Mutter! Sophie ist soeben eines starken, schönen und gesunden Knaben genesen. Wir sind trunken vor Freude nach all den Leiden, die kein Ausdruck Ihnen treffend genug schildern kann. Es sind zweimal 24 Stunden vergangen, seit ich mein Bett nicht mehr gesehen habe. Ich bin vollständig niedergebrochen und doch so glücklich, meine Sophie und ihr Kind, das mit der Zange genommen werden mußte, behalten zu haben. Marie (Tochter des Königs von Bayern und Schwester der Erzherzogin Sophie, die ebenfalls die gesamte Geburt miterlebte) wird meinen Brief beenden. Ich kann nicht mehr. Meine arme Sophie hat sich während der zwei vollen Tage und Nächte dauernden grausamen Leiden wie ein Engel benommen. Bevor ich sie jetzt verlassen habe, hat sie mich, liebe Mutter beauftragt, Ihnen zu schreiben, daß sie gleich nach der Geburt des Kindes zuerst an Sie gedacht habe. Der Kaiser und die Schwägerinnen haben sie während der grausamen Tage fast keinen Augenblick verlassen." (Brief vom 18. August 1830, Zitat eines Zeitungsartikels in: Corti)

Auch Kaiserin Caroline Auguste, die ebenfalls anwesende Halbschwester Erzherzogin Sophies, schickte wahrscheinlich an eine ihrer Schwestern einen ähnlich lautenden Brief: „Schönbrunn, 18. August 1830 um ½ 11 Uhr morgens. Meine Freundin, danke Gott mit uns. Nachdem wir beinahe zwei volle Tage in der schlimmsten Unruhe verbracht hatten, schweben wir gemeinsam im Glück. Sophie hat furchtbar gelitten, und man mußte ihr zuletzt das Kind (mit der Zange) nehmen. Es ist ein großer und kräftiger Sohn. Die Mutter ist ganz hingerissen, und sie verdient es wohl, nachdem sie die schlimmsten Schmerzen mit engelsgleichem Sanftmut ertragen hatte. Ich bin sicher, daß Ihr unsere Freude teilt. Sophie wird selbst

stillen*. Deine zärtliche und treue Freundin Ch.** Entschuldigt meine Schrift, ich habe zwei weiße Nächte verbracht und kann kaum mehr die Feder halten." (Unveröffentlichter Brief der Kaiserin Caroline Auguste, aus dem Französischen übertragen.)
Abgesehen davon, daß aus vielen Briefen und Berichten die unglaublich starke positive Kraft Sophies herauszulesen ist, zeugen sie von einem harmonischen und emotional absolut normalen Familienleben, das sich in nichts von dem des Bürgertums unterschied.
Erzherzogin Sophie bezauberte mit ihrem fröhlichen und warmen Wesen nicht nur die angeheiratete Familie, sondern auch den Wiener Hof und die Wiener Gesellschaft. Eine innige Beziehung verband sie mit Kaiser Franz II./I., ihrem Schwager und Schwiegervater, der auch seine Sympathie für sie nicht verhehlen konnte. Als sein Sohn, der spätere Kaiser Ferdinand I., 1831 heiratete und seine Braut, Maria Anna, die Tochter des Königs von Sardinien, in Wien eintraf, wußte er, daß er in Hinkunft dieser Schwiegertochter viel Aufmerksamkeit schenken mußte. Um Sophie deswegen nicht zu kränken, bat er sie zu einem klärenden Gespräch, über das sie später ihrer Mutter schrieb: „(Kaiser Franz sagte zu mir:) Mein liebes Kind, ich liebe dich sehr und werde dich immer lieben, aber jetzt darfst du es nicht falsch auffassen, wenn ich mich in Zukunft Mariannas wegen ein wenig zurückhalten muß und nicht zu viele Vorliebe für dich zeige." Darüber freute sich Sophie so sehr, daß sie ihm um den Hals fiel, „und ihn dermaßen küßte und drückte, daß es zu verwundern ist, wie der gute Kaiser noch ganz bleiben konnte ..."
Es zeugt abermals von ihrem Charakter, daß sie der neuen Schwägerin mit der ihr üblichen Wärme entgegenkam. Den ersten Eindruck, den sie sich von Maria Anna gemacht hatte, hielt sie in einem Brief

* Das ist die überraschendste Mitteilung des Briefkonvoluts, da Frauen dieser Gesellschaftsschichte weder im 19. Jahrhundert noch in früherer oder späterer Zeit ihre Kinder selbst stillten. Zur Schonung der Mutter wurden Säuglinge nach der Geburt sofort in die Obhut von Ammen gegeben, und es ist besonders erstaunlich, daß Erzherzogin Sophie sich darüber hinwegsetzte.
** Charlotte, wie sie von den bayrischen Verwandten gerufen wurde.

an ihre Mutter fest, in dem sich auch die rührendsten Worte über ihren Schwager, Kaiser Ferdinand I., finden: „Wir können dem Himmel nicht genug danken, uns ein solch gutes und sanftes Wesen gesendet zu haben, das seine eigentlich trostlose Existenz* mit so viel Ergebung und Gleichmut erträgt. Ich glaube, wenn man Ferdinand nicht sagte, er solle von seinem Gattenrecht Gebrauch machen, er niemals daran denken würde, es zu tun (weil er ein äußerst zartfühlender Mensch war, der mit seiner Gemahlin so glücklich war, daß er ihr die Intimität mit ihm gerne erspart hätte)." (Alles zuletzt Zitierte aus einem Brief Erzherzogin Sophies an ihre Mutter vom 23. Mai 1831, in: Holler)

Erzherzogin Sophie war ein fanatischer Familienmensch. Das kam besonders zum Ausdruck, wenn ein Mitglied ihres kleinen Kreises erkrankt war. Im speziellen widmete sie sich der Pflege ihrer Kinder, die sie abgöttisch liebte, und ihres Mannes, dem sie eine liebevolle und fürsorgliche Ehefrau war: „Erzherzog Franz Carl (der Ehemann Sophies und Vater Franz Josephs) hat seit zwei Tagen ein nervöses Fieber ... Die Erzherzogin Sophie tut mir leid. Seit drei Jahren hat sie alle Winter eine Periode des Schreckens, der Angst und Sorge durchzumachen. Sie verläßt ihren Gemahl keinen Moment, reicht ihm selbst jede Arznei und teilt erst seit gestern die Nachtwache mit der barmherzigen Schwester Paula ..." (Wien, März 1843, zitiert in: Kühn) Als Pflegerin ihres Mannes und ihrer Kinder scheute Erzherzogin Sophie auch keine ansteckenden Krankheiten: „Vor einigen Tagen speiste ich (Baronin Scharnhorst) bei der ... Frau Erzherzogin Sophie, die gottlob trotz der Pflege, die sie mit großer Gewissenhaftigkeit ihrem Gemahl während der dreiwöchentlichen Blatternkrankheit widmete, sehr gut aussieht ..." (Brief vom 25. April 1862 aus Wien, zitiert in: Kühn)

Erzherzogin Sophie hatte als Mutter schwere Schicksalsschläge hin-

* Eine Anspielung auf den zeitweise sehr schlechten Gesundheitszustand Ferdinands, der nicht nur unter einem Wasserkopf, sondern auch unter Epilepsie litt.

zunehmen. Abgesehen von den Fehlgeburten, die sie vor der Geburt ihres ersten Sohnes erlitten hatte, wurde ein Sohn tot geboren, und die einzige Tochter Anna, die während der Dauer einer schweren Krankheit von der Erzherzogin ständig betreut wurde, starb im Alter von vier Jahren. Den vier verbleibenden Söhnen war sie eine hingebungsvolle Mutter, die nichts anderes als das Glück und die Gesundheit ihrer Familie im Sinn hatte. Ein besonderes Sorgenkind war der jüngste Sohn, Erzherzog Ludwig Victor, der im Kindesalter unter sehr langwierigen und schweren Krankheiten litt und von seiner Mutter selbst betreut wurde. (Erzherzogin Sophie) „pflegt noch immer den lieben kleinen Ludwig. Sein Unwohlsein wird sich leider, leider in die Länge ziehen. Es ist die Folge eines Falles, den er beim heftigen Laufen auf den Rücken tat … (Die) Erzherzogin hat dieses Jahr viel Sorge um ihre Kinder, die sie hegt und pflegt mit wahrhaft mütterlicher Hingebung, bereit, ihnen jedes Opfer zu bringen. Der Himmel erlöse sie recht bald aus ihrer Quarantäne, sie verläßt den Kleinen beinahe gar nicht." (Hacking bei Wien, 22. Juni 1851, zitiert in: Kühn)

Als Ludwig Victor ein Jahr später vor Weihnachten mit einer hartnäckigen Grippe erkrankte, verlegte seine Mutter das Weihnachtsfest kurzerhand auf den Tag, an dem er wieder gesund war: „Wien, 26. Dezember 1852 … Der Abend wurde diesmal nicht wie gewöhnlich bei Hofe beschlossen, weil der kleine Ludwig mit Husten und Schnupfen zu Bett lag. Der Christbaum ist bis zu seiner Herstellung aufgeschoben … Den 27. (Dezember 1852). Heute ist Christbaumfeier bei Hof. Der kleine Herr ist wieder wohl!" (Brief der Baronin Scharnhorst, zitiert in: Kühn)

Als wenige Wochen später ein Attentat auf Kaiser Franz Joseph verübt wurde, das man – trotz der geringen Verletzung des Opfers – vorerst nicht wagte, der Erzherzogin zu melden, galt ihre ganze Sorge dem ältesten Sohn. Jede Besserung seines Zustands wurde sorgfältig notiert und die endgültige Genesung gebührend gefeiert: „Dem Kaiser geht es Gott Lob und Dank täglich besser. Er sieht sehr gut aus und beschäftigt sich mehr, als man wünscht. Auch die liebe

Erzherzogin Sophie hat sich von den schweren Tagen erholt und sich ... des herrlichen enthusiastischen Empfanges hoch erfreut, der ihrem geliebten Sohn bei seiner Fahrt nach St. Stephan und im Burgtheater zuteil wurde." (Brief der Baronin Scharnhorst aus Wien vom 16. März 1853, zitiert in: Kühn)
Selbstverständlich hatten die kleinen Erzherzoge ihrem Stand entsprechend ein dichtes Lehr- und Erziehungsprogramm zu absolvieren, zunächst vor allem der älteste Sohn, der auf sein Amt als Kaiser von Österreich vorbereitet werden mußte. Aber auch die nachfolgenden Söhne wurden mit größter Aufmerksamkeit betreut und erzogen, da die Zukunft auch für sie hohe Ämter bereithalten konnte. Aus jahrhundertelanger Erfahrung wußte man, wie schnell eine Herrscherdynastie im männlichen Stamm erlöschen konnte. Dann wurden fremde Throne nicht nur Adoptiv- oder Schwiegersöhnen überlassen, sondern auch Zweit- oder Drittgeborenen anderer Regentenfamilien. Oder es wurden neue Fürstentümer oder Kaiserreiche geschaffen, die nach demselben Prinzip besetzt wurden. So wurde zum Beispiel Erzherzog Ferdinand Maximilian, der nächstälteste Bruder Kaiser Franz Josephs, Kaiser von Mexiko. Trotz allem Pflichtbewußtsein und aller notwendigen Disziplinierung der Kinder vergaß Erzherzogin Sophie nie ihre Mutterrolle. Sie ließ den Unterricht ihrer Söhne von ausgedehnten Pausen unterbrechen, die von der Familie gemeinsam bei Essen oder stundenlangen Spaziergängen verbracht wurden. Die Freizeitgestaltung wurde in bestimmten Abständen – altersspezifisch – verändert. Je älter die Söhne wurden, desto öfter durften sie die Eltern in Theater- und Opernaufführungen begleiten, desto mehr wurden sie in die abendlichen geselligen Familienversammlungen und in politische Gespräche mit einbezogen. Erzherzogin Sophie war eine politisch sehr interessierte Frau, die die Unsicherheiten der Zeit des Vormärz und im Revolutionsjahr 1848 richtig eingeschätzt hatte, und galt „neben Metternich ... (als) die markanteste Erscheinung des vormärzlichen Österreich ... Von ungewöhnlicher Bildung, liebenswürdig, wurde sie und nicht die von Natur passive Kaiserin Marianne (Gemahlin Kaiser Ferdinands I.)

der Mittelpunkt des Wiener Hofes ... Die Erzherzogin hing von Hause aus dem Absolutismus an, die Starrheit des Systems Metternich jedoch war ihrer geschmeidigen Natur zuwider. Überdies besaß sie genügend Weitblick, um zu erkennen, daß die Forderungen der Zeit auf die Länge sich nicht würden umgehen lassen. So war sie für wohlbemessene, rechtzeitige Zugeständnisse. Da Metternich sich dieser Politik versagte, so sah sie in ihm eine Gefahr für den Staat und arbeitete entschlossen und zäh an seinem Sturz. Am 13. März 1848 erreichte sie ihr Ziel, zu spät, um dadurch den Ausbruch der Revolution zu verhindern ..." (Kühn, Vorwort, S. 25)

Daß sich Erzherzogin Sophie politisch engagierte, war nicht nur ihrem Interesse zuzuschreiben. Ab dem Zeitpunkt, an dem sie als Ehefrau Erzherzog Franz Carls am Wiener Hof residierte, war ihre Mithilfe und Unterstützung in politischen Belangen gefordert und von großer Bedeutung. Kaiser Franz II./I., ihr Schwiegervater und Schwager, hatte ihre hervorstechenden Begabungen – die klare Urteilskraft und die spontane Entscheidungsfähigkeit – sofort erkannt. Vor allem letztere fehlte ihm und seinem mutmaßlichen Nachfolger, seinem Sohn Ferdinand, weshalb er Erzherzogin Sophie oft und gerne in Beratungen mit einbezog. Die Ehefrauen beider Kaiser, Caroline Auguste und Marianna, waren politisch desinteressiert, weshalb der Einsatz Sophies nicht nur gefragt, sondern auch notwendig war. Aus diesem Grund wurde die Erzherzogin bald scherzhaft, aber durchaus im positiven Sinn, als „der einzige Mann in der Hofburg" bezeichnet. Sie war nicht nur den beiden Kaisern, sondern auch ihrem Ehemann und den meisten Familienmitgliedern eine wichtige Ratgeberin. Egal ob es sich um Belange des Hofes oder der Familie handelte, sie wurde – nicht nur in den kritischen Vormärztagen oder im Revolutionsjahr 1848 – von den vielen Ratsuchenden in eine Position der Alleinverantwortung gedrängt, weil sie die einzige war, der man eine Problemlösung zutraute. Was ihre eigene Ehe und die Erziehung der Kinder betraf, so mußte sie auch dort alles, was sonst an Arbeit und Entscheidung zwischen zwei Partnern geteilt wird, alleine übernehmen, wobei eine ihrer Hauptaufgaben darin bestand, zumindest einen Knaben zum Kaiser zu erziehen. Und das bedeutete, ihm nicht nur die übliche Schulbildung angedeihen zu lassen, sondern ihn auch politisch, historisch, rhetorisch und in den vielen Sprachen der Monarchie sowie in Selbstdisziplin, Pflichterfüllung und Eigenverantwortung auszubilden.

Als Kaiser Franz Joseph 1854 die damals knapp 16jährige bayrische Prinzessin Elisabeth ehelichte, oblag es abermals Erzherzogin Sophie, sie mit den Erfordernissen, die das Volk von seiner Herrscherin erwartete, vertraut zu machen. Ab dem Zeitpunkt ihrer Verlobung wußte Elisabeth über ihre künftigen Verpflichtungen Bescheid, da natürlich auch ihre eigene Familie sie über die Verhältnisse, die sie als Kaiserin von Österreich erwarteten, aufgeklärt hatte. Als die junge Frau in Wien eintraf, fanden es die habsburgischen Familienmitglieder nur natürlich, daß Erzherzogin Sophie die sechzehnjährige Nichte auf ihre hohe Stellung vorbereitete. Dabei wurde die Erzherzogin weder von ihrem Ehemann noch vom ehemaligen Kaiser, noch von den beiden Exkaiserinnen, die allesamt nicht mehr in Wien lebten, unterstützt. So war Erzherzogin Sophie mit dieser Aufgabe allein betraut, weshalb sich später alle Kritik der Schwiegertochter ausschließlich gegen sie richtete. Die behutsame Art, in der Erzherzogin Sophie an die Aufgabe heranging und worüber neue schriftliche Dokumente vorgelegt werden können, zeugt von einer verständigen Frau, die ihre Nichte und Schwiegertochter nicht nur sorgsam auf ihr Amt vorbereitete, sondern die als Ersatzmutter in ihren Schützling geradezu verliebt war.

Wie aus einem Brief Erzherzogin Sophies aus der Zeit kurz vor der Verlobung bekannt ist, bewunderte sie von Anbeginn Elisabeths Anmut, die sich im Sommer 1853 bei der Ankunft in Bad Ischl im Hotel ihr Haar selbst ordnete, während ihre Mutter und ihre Schwester von einem Mädchen frisiert wurden. Danach führte Erzherzogin Sophie die Damen in ihre Villa, wo sie von einer Menge Verwandter („die hohen Herrschaften" waren zwar Könige oder Mitglieder von Regentenfamilien, aber ausschließlich nahe Verwandte, die meisten von ihnen Geschwister von Herzogin Ludovika und Erzherzogin Sophie) empfangen wurden. Die immer wieder zitierte steife und zeremonielle Stimmung während dieser Soiree hat es nicht gegeben, da die Kaiserinmutter im Gegenteil bestrebt war, den jungen Leuten zu ermöglichen, sich in Ruhe und in familiärer Umgebung kennenzulernen. Deshalb fand die erste Begrüßung sogar im privaten Toilettezimmer Erzherzogin Sophies statt, und alle weitere Unterhaltung wurde „en famille" bestritten. Das Gefolge der „hohen Herrschaften" wurde für die Dauer des Abends beurlaubt. Das Familiendiner verlief harmonisch – von leiser Musik begleitet – und endete in einem privaten Familienball „zur großen Freude der Jugend", wie in einem Brief vermerkt wurde. Und bereits am Ende dieses Festes stand für Erzherzogin Sophie fest, daß Sisi – und nicht Helene – ihrem Sohn „sehr sehr gefallen" und damit den Wettkampf und den Kaiser gewonnen hatte. Drei Tage später war die Verlobung offiziell: „Meine innig geliebte Amelie! Seit heute früh 8 Uhr ist unser heiß geliebter Franzi der unaussprechl. strahlend, glückliche Bräutigam der lieblichen Sisi, die gar zu lieb, innig u. glücklich u. gerührt ist u. immer voller heißer Thränen über ihrem lieblichen Gesicht, wenn sie, sich an mich anschmiegend wie ein Kind, mir versichert, wie sie den Kaiser u. mich befriedigen will, oder wenn ich ihr sage, wie sie ihm recht seyn u. ihn beglücken kann. Mein guter Mann, Luise (Ludovika, die Mutter Elisabeths), wie alles, Herren, Damen, sind seligst weinen und heulen, besonders der treue Czernin, dem es heute der Kaiser sagte. Dein Album (wahrscheinlich ein Geburtstagsgeschenk für Franz Joseph) gefiel gleich beim ersten Anblick, die kleine Braut, ihr anmuthiges, bescheidenes, wohlerzogenes Wesen, ihre Lieblichkeit u. Anmuth, auch Lenga (das ist ein anderer Kosename Helenes, der Schwester Elisabeths) gefällt allen. Um 11 Uhr gehen wir alle mit dem Brautpaar in die Messe, Gott zu danken u. zu bitten u. um 1 Uhr nach Hallstadt (sic) zu Tisch u. zum Waldbach(stroppe?). Wie lieb, bescheiden, (...?) u. ehrlich mein Sohn wieder bei dieser Gelegenheit war, werde ich Dir mündl. erzählen. Nun in Eile herzl. Lebewohl u. die Bitte an Dich und Scharnhorst (Gesellschafterin der Prinzessin Amalie von Wasa) für das Brautpaar zu bitten. S. (Sophie)

(P.S.) Den Kaiser freut, daß eigentl. die Sache schon gestern an seinem Geburtstag, wo vor dem souper gehen, Luise mit Sisi in seinem Namen sprach, entschieden war. Vorgestern hatten wir Ball u. um Mitternacht, als es endete, brachte ich Franzi Deine Glückwünsche, meine Amelie, zum beginnenden Geburtstag dar. Die glückliche Luise u. Elise (Königin von Preußen und Schwester von Herzogin Ludovika und Erzherzogin Sophie) küssen Dich herzlich, u. Mann u. Söhne, besonders der Bräutigam, küssen Deine Hände." (Unveröffentlichter Brief der Erzherzogin Sophie an ihre Cousine und beste Freundin, Amalie Wasa, aus Ischl vom 19. August 1853)

Dieser familiäre Brief, der den einzigen Augenzeugenbericht der Geschehnisse des Verlobungstages des Kaiserpaars darstellt, straft alle Mutmaßungen vom zeremoniellen Gehabe innerhalb der kaiserlichen Familie Lügen. Die Freude der Mutter, daß ihr „heiß geliebter Franzi unaussprechlich, strahlend glücklicher Bräutigam der liebevollen Sisi" wurde, müßte genügen, um alle Argumente von Zweiflern zu entkräften. Weiters kann mit diesem Brief bewiesen werden, daß beide bayrischen Prinzessinnen – Helene und Elisabeth – nach Ischl mitgenommen wurden, um dem Kaiser die Wahl unter zumindest zwei jungen Damen zu geben. Und selbst wenn die Logik der älteren Schwester den Vorzug gegeben hätte, so war Erzherzogin Sophie von Anfang an mit der Wahl ihres Sohnes einverstanden. Sie selbst war von der „lieblichen Sisi, die gar zu lieb, innig und glücklich gerührt ist und immer voller heißer Thränen über ihrem lieblichen Gesicht" bezaubert. Und der einzige, bescheidene Nebensatz, der Helene betrifft, ist so nebensächlich, daß man ihn beinahe überliest: „... auch Lenga gefällt allen."

Daß man sich in der kaiserlichen Familie keineswegs steif oder gefühllos verhielt, bezeugen die etlichen zärtlichen Umarmungen und vergossenen Tränen der künftigen Schwiegermutter, die gemeinsam mit der Nichte Elisabeth, mit ihrem Mann, mit der Schwester Ludovika und allen anwesenden Damen und Herren in ein „seliges Weinen" fiel. Sollte man an der Wahrheit dieser Worte zweifeln, so sei als Argument entgegengestellt, daß es für Erzherzogin Sophie unnötig gewesen wäre, in einem Brief an ihre beste Freundin die Glückseligkeit zu „erfinden".

Elisabeth war zum Zeitpunkt der Verlobung noch nicht ganz sechzehn Jahre alt, und ihr späteres Benehmen als Kaiserin suchte man immer mit der schlechten und ungenügenden Erziehung zu entschuldigen. Nun haben, wie bereits erwähnt, alle Kinder aristokratischer und großbürgerlicher Familien im 19. Jahrhundert dieselbe sorgfältige Erziehung genossen, die Sprachen, Geschichte, Politik und Benehmen mit einschloß, ganz abgesehen davon, daß Mitglieder regierender Familien – und aus einer solchen stammte Kaiserin Elisabeth – ein noch dichteres Unterrichtsprogramm zu absolvieren gehabt hatten. An dieser Erziehung Elisabeths zweifelt auch niemand, denn Erzherzogin Sophie beschrieb nicht nur ihr anmutiges und bescheidenes, sondern auch ihr „wohlerzogenes" Wesen. Ein zweites Gegenargument, daß Elisabeth nicht ausreichend erzogen worden war, liefert die zeitgenössische Heiratspolitik, derzufolge Kinder regierender Häuser in andere Herrscherfamilien einzuheiraten hatten. Das bedeutet, daß zwar nur für eine der Töchter die Heirat mit dem österreichischen Kaiser offenstand, daß man aber auch für die anderen nur ebenbürtige Verbindungen anbahnte und zuließ: So heiratete Helene später den Erbprinzen von Thurn und Taxis aus einer der mächtigsten und vermögendsten Fürstenfamilien des Reichs, Marie den König von Neapel, Mathilde den nächsten Bruder des Königs von Neapel und Sophie den Herzog von Alençon, der der französischen Königsfamilie entstammte.

Wie entwickelte sich das Verhältnis zwischen Kaiser Franz Joseph und Elisabeth im Sommer 1853 nach der Verlobung weiter? Auch hiefür existiert ein noch nie veröffentlichter Brief Erzherzogin Sophies an ihren Sohn Ferdinand Max, der sich zu dieser Zeit schon in Triest aufhielt und dem von den Ereignissen genauer Bericht erstattet wurde: „Unaussprechl. hat mich Dein lieber Brief vom 27ten erfreut, den ich vorgestern erhielt, mein geliebtes Kind, so wohlthuend u. erquickend ist Dein Jubel über Franzi's Verlobung u. alles, was Du von der lieben, holden Sisi sagst ... Wir hatten (nachdem al-

le nach Salzburg gereist waren) fröhlich en famille in Leopoldskron bei meinem ältesten Bruder (Ludwig I., Exkönig von Bayern) :/der rührend glücklich über des Kaisers Heirath u. pontischer (Wortsinn nicht zu eruieren) :/ja pontischer !!!:/ Liebe ist /: gegessen; dann begleitete ich Luise (Herzogin Ludovika in Bayern) u. das Brautpaar in das Wirthshaus, wo T(ante) Luise wohnte u. blieb bis um 6 Uhr. Luise mit ihren Kindern, (vom Kaiser, der Sisi in seiner Calesche hatte, bis über die Gränze – sic – begleitet), abreiste ... Die Liebe des Brautpaares steigerte sich in der letzten Stunde der Maaßen, daß Du es gar nicht glauben kannst!! Einmal, während ich im Nebenzimmer mit Luise auf dem Sopha saß, sagte sie plötzlich ‚aber jetzt geht's da drinnen zu', da standen beide mit einem langen Kuß beschäftigt u. sich fest umschlingend wie Max Piccolomini u. Thecla; es fehlte nur Wallenstein, um zu sagen: ‚scheidet', doch der blieb Gottlob aus, wie der Kaiser dann selbst bemerkte. Als der Kaiser mit Sisi wegfuhr, rief ihnen die Menge die herzlichsten Vivats nach; den ganzen Tag war das Wirthshaus umlagert, u. alle sahen in die Zimmer! Am Abend des 31ten war Salzburg sehr schön beleuchtet u. bei K.C. (Exkaiserin Caroline Auguste, Witwe nach Kaiser Franz II./I. und Halbschwester der Erzherzogin Sophie, die in Salzburg lebte) ein kleiner Ball von 14 Paaren ... Lenga (Helene, Schwester Elisabeths) machte übrigens auch viele Eroberungen; viele der Herren waren ganz bezaubert von ihr; sie hat eine herrliche Gestalt, ihr Kopf ist schön u. graciös auf ihre Schultern gestellt u. wenn sie spricht, gewinnen ihre Züge u. ihr Ausdruck ... sie zog mich sehr an u. rührte mich, denn sie benahm sich vortrefflich in dieser ganzen, in mancher Hinsicht für sie schweren Zeit ..." (Brief aus Ischl vom 6. September 1853)
Dieser Brief bildet eines der überzeugendsten Dokumente von der Liebe des jungen Paares und der ausgelassenen Stimmung, die in der Familie seit der Verlobung Kaiser Franz Josephs mit Elisabeth herrschte. Erzherzogin Sophie und ihre Schwester Ludovika waren mit ihren Kindern von Ischl nach Salzburg gefahren und mußten in einem Wirtshaus Quartier nehmen, wo die Gesellschaft sehr beengt lebte. Der wenige Raum wurde von den dort anwesenden Schaulusti-

gen unter Kontrolle gehalten. Um dem jungen verliebten Paar die Möglichkeit zu geben, alleine zu sein und sich auf den bevorstehenden Abschied vorzubereiten, wies man ihm ein eigenes kleines Zimmer zu, vor dem sich beide Mütter gemütlich plauschend postierten. Ihre Gespräche wurden von den Geräuschen, die aus dem Nebenzimmer drangen, unterbrochen, was Herzogin Ludovika zu der saloppen Bemerkung: „...aber jetzt geht's da drinnen zu" hinriß. Die folgende Anspielung auf die Liebesgeschichte zwischen Wallensteins Tochter Thekla und Max Piccolomini zieht sich bis zum Ende des Briefes und zeugt von der Anteilnahme der Familie am glücklichen Ausgang der Verlobung zwischen Kaiser Franz Joseph und Elisabeth. Im Unterschied zu Wallenstein, der mit dem zitierten „scheidet" zwischen die Liebenden trat, amüsierten sich die beiden Mütter über die Leidenschaft ihrer Kinder – weit entfernt von der Prüderie des 19. Jahrhunderts und entgegen der Vorstellung von kaiserlichem Gehabe. Auf diese komische Szenenbeschreibung folgt ein Einschub über einen Ball, in dem die Geschichte Helenes noch einmal aufgegriffen wird. Sie machte „viele Eroberungen", bezauberte die Herren, sah alles in allem sehr hübsch aus und „benahm sich vortrefflich in dieser ganzen, in mancher Hinsicht für sie schweren Zeit" (was sich weniger auf eine vereinbart gewesene Verlobung bezieht als darauf, daß sie als die ältere der beiden Schwestern wegen der – vor allem körperlichen – Entwicklung als die früher zu verheiratende Tochter galt). Es besteht aber trotz dieser freundlich gemeinten Worte über Helene nicht der geringste Zweifel, daß auch Erzherzogin Sophie Elisabeth für die Schönere, Lieblichere und eben die Erwählte hielt.
Gegen Ende des Briefes wurde die Thekla-Piccolomini-Geschichte – dramaturgisch verändert – noch einmal aufgegriffen. Der zunächst heitere Ton wechselt über in ein Hohelied an die Liebe, der durch ein Zitat einer anderen mitreisenden Schwester Sophies, Königin Elise von Preußen, eingebracht wurde. Der Liebesmonolog Theklas am Grab Max Piccolominis regte die drei Schwestern zu einer Übertragung des Gedankens auf die Empfindungen Elisabeths Kaiser Franz Joseph gegenüber an:

„Du standest am *Eingang in die Welt,*
Die ich betrat mit klösterlichem *Zagen,*
Sie war durch tausend Sonnen aufgehellt,
Du schienst, ein guter Engel, hingestellt
Mich aus der Kindheit *fabelhaften Tagen*
Schnell zu des *Lebens Gipfel hinzutragen*
Mein erst Empfinden war des Himmels Glück,
In Dein Herz fiel mein erster Blick."*

Die zwischen Thekla und Elisabeth gezogene Parallele fand bei den Anwesenden viel Beifall. „Wir (die drei Schwestern Ludovika, Sophie und Elise) sagten die Verse dem glücklichen Paar und schrieben sie ihm auf, Elise für den Kaiser, ich für Sisi. Dem Kaiser waren *sie so lieb,* daß er sie *auswendig lernte* u. immer wieder darauf zurückkam!! – Auch Sisi lernte sie u. freute sich dran." (Ende des oben zitierten Briefs vom 6. September 1853)
Mit so viel familiärer Aufmerksamkeit und Anteilnahme begann die Beziehung zwischen Kaiser Franz Joseph und Elisabeth, von der die Geschichte das Bild einer von Anfang an nicht anerkannten Braut entworfen hat. Für alle verbliebenen Zweifler, die vermuten, daß die „böse" Schwiegermutter spätestens ab dem Zeitpunkt der Heirat ihre Machenschaften aufnahm, seien die folgenden Passagen aus Briefen Erzherzogin Sophies angeführt. Im August des Jahres 1854 – ein Jahr nach der Verlobung und vier Monate nach der Hochzeit des jungen Paares – traf man in Bad Ischl Vorbereitungen zur Geburtstagsfeier für Kaiser Franz Joseph. Erzherzogin Sophie wußte nicht, ob er rechtzeitig eintreffen würde, was „doch zu traurig wäre, wenn Franzi nicht seinen Geburtstag mit seiner Frau u. uns zubringen könnte; schon den 16ten, an dem er Sisi im vorigen Jahr zum ersten Mal sah, möchte ich (Erzherzogin Sophie) sie (Franz Joseph und Elisabeth) vereinigt wissen, u. auch meine gute Sisi würde es be-

---

* Wallensteins Tod, 3. Akt – das Zitat folgt dem Wortlaut, der im Brief wiedergegeben ist, die kursiv gesetzten Wörter sind im Original unterstrichen.

glücken. Sie ist beinahe noch hübscher u. lieblicher hier u. oft so heiter, daß sie oft recht herzlich lacht, theils wenn ich oder T.(ante) Elise (Schwester Erzherzogin Sophies und Königin von Preußen) ihr etwas komisches erzählen, theils auch mit den Hofdamen auf dem Spaziergang, wo ich ihr die Congestion(?) machte, sie hinter T.(ante) Elise u. mir in den Thälern gehen zu lassen, was sie so beglückt, daß, als ich sie neul. frug: ‚nicht wahr, Du genießest recht das Nachgehen' sie mir mit inniger Freude u. ihr eigenen Lieblichkeit sagte: ‚ja freilich'. Ich veranlaßte dann die Hofdamen, sich ihr während des Spazierganges zu nähern, u. so lachen u. freuen sie sich zusammen, daß es mich erquickt ... Heute haben wir das Ehepaar Sickingen u. Sophie Scharnhorst beim Thee, u. ich werde Sisi an einem eigenen Tisch mit den Hofdamen etablieren, damit sie nicht immer mit uns alten Leuten sitzen muß ... Ich vergaß zu sagen, daß, als ich den 3ten (aus Wien) hieher kam, T.(ante) Elise u. Sisi mir zwischen hier und Ebensee entgegenkamen mit Sophie Esterházy u. Amelie Döhnhof zu meiner großen, großen Freude." (Brief wahrscheinlich an den zweitältesten, in Triest stationierten Sohn Ferdinand Max aus Ischl vom 8. August 1854)

Selbst bei kritischster Betrachtung der Sophienbriefe kann man aus den Zeilen nichts anderes als aufmerksame Liebe und Bewunderung für die Schwiegertochter herauslesen. Tausend Male überlegte sie, wie sie die junge Frau unterhalten könnte, ja sogar, sie aus der eigenen – für Elisabeth unpassend empfundenen „alten" Gesellschaft zu befreien: das angesprochene „Nachgehen" während der Promenaden, wo Elisabeth anstelle der Tanten junge Hofdamen als Begleitung zugeordnet bekam, war eine dieser Maßnahmen, die so großen Erfolg hatte, daß die jungen Frauen „so lachen u. (sich) freuen", daß es Erzherzogin Sophie „erquickt". Der eigens entworfene „Tisch für die Jungen" oder die Bemerkung, daß Elisabeth der ankommenden Schwiegermutter „zur großen, großen Freude" entgegenreiste, zeugen ausschließlich von der starken emotionalen Bindung Sophies der neugewonnenen Tochter gegenüber.

Der habsburgischen Familienkorrespondenz ist zu entnehmen, daß alle Mitglieder sehr gerne ins Theater gingen. Auch Kaiserin Elisabeth schloß sich mit Begeisterung dieser Tradition an und besuchte beinahe allabendlich die Vorstellungen, wohin sie in den seltensten Fällen vom Kaiser begleitet wurde. Zwei Erzherzoge stritten sich um die Ehre, den Cicisbeo zu spielen: Erzherzog Ludwig („Onkel Ludwig", ein Bruder Kaiser Franz II./I. und Großonkel Kaiser Franz Josephs) und Erzherzog Ludwig Victor (ein Schwager Elisabeths). Diese beiden Ehrenkavaliere betreuten Elisabeth, wann immer sie ihrer Gesellschaft bedurfte, was – wie aus der folgenden Geschichte hervorgeht – öfter vorkam, als die Kaiserin später je zugab: „Donnerstag Abend hatte ich (Erzherzogin Sophie) O.(nkel) Car:(l) (Erzherzog Karl Ferdinand, einen Vetter ihres Mannes), Sisi, O(nkel). Ludw:(ig) (der oben zitierte Großonkel Franz Josephs), Elisab:(eth), (Ehefrau Erzherzog Karl Ferdinands), Jos:(eph) (wahrscheinlich Erzherzog Joseph aus der ungarischen Linie, ebenfalls ein Vetter von Sophies Ehemann) u. Ludw:(ig) (ihr jüngster Sohn) beim Thee u. ein recht angenehmes Gespräch. Sisi war besonders deliciös an jenem Abend u. sehr heiter. Als wir uns trennten, sah sie sich bei der Thür der *verhängnisvollen* kleine Treppe (welche ihr bangen macht, wenn sie abends allein hinab gehen muß), nach Onkel Ludw: um. Meine Bitte, sie zu begleiten, ließ er sich nicht zwei Mal sagen, dann kam er wieder herauf u. sagte mir, Sisi hatte ihn gebethen, voran zu gehen, kaum aber hätte er es gethan, so hätte sie sich zwischen ihn u. die Wand gedrückt, was den alten Herrn sehr beglückte." (Brief Erzherzogin Sophies – wahrscheinlich an ihren Sohn Ferdinand Max – aus Wien vom 21. Mai 1855)

Wie üblich galt das Hauptinteresse Erzherzogin Sophies der Unterhaltung der jungen Schwiegertochter. Als Elisabeth die kleine Gesellschaft verließ, hatte sie – offensichtlich die wiederholte – Angst, allein die Korridore zu ihren Zimmern zu durchschreiten, was sie nicht einmal anzudeuten brauchte. Die aufmerksame Schwiegermutter hatte es sofort bemerkt und einen – für ihre diskrete und zuvorkommende Art typischen – Lösungsvorschlag bereit. Daß sie sich außerdem mit dem Onkel ihres Mannes freute, den diese Aufgabe

„beglückte", zeugt abermals davon, wie gerne sie ihre Schützlinge mit Liebe und Aufmerksamkeit bedachte.
Der freundliche und warme Ton durchzieht alle Briefe Erzherzogin Sophies. Ihre Schreiben beinhalten erzählenswerte Geschichten, die den Empfänger unterhalten sollten. Personen, über die Erzherzogin Sophie schreibt, werden nur in positiven Zusammenhängen erwähnt, um sich mit ihnen freuen zu können oder um mit ihnen zu trauern, wenn ihnen Schmerz zuteil geworden war. Da das Verhältnis Sophies zu ihren Söhnen, ihren Geschwistern und zu den anderen Verwandten, an die sich die meisten Briefe richteten, zeit ihres Lebens gut war, ist nicht anzunehmen, daß die Mitteilungen geheuchelt waren. Dagegen spräche auch die besonders herzliche Ausdrucksweise. Würde man die Schriften Kaiserin Elisabeths hier entgegenhalten, so fällt der meist klagende Ton auf. Zu deuten bleiben die wenigen schriftlichen Dokumente, die Kaiserin Elisabeth über ihre Schwiegermutter hinterließ, wie der Brief an ihren Schwager Ludwig Victor aus dem Jahr 1861 aus Madeira. Über Ludwig Victor hielt sie Kontakt mit der Familie, vor allem um Erzherzogin Sophie nicht direkt ansprechen zu müssen. Da Elisabeth wußte, wie sehr die Schwiegermutter ihr gegenüber besorgt war und für ihre Kinder einen vollwertigen Muttterersatz darstellte, plagte sie das schlechte Gewissen. Es fehlte ihr aber der Mut, direkt mit ihr zu korrespondieren. Als Erzherzogin Sophie ihr zu Weihnachten eine heilige Georgsfigur (einen der vierzehn Nothelfer, der Menschen beschützt, die in Not und Bedrängnis geraten sind) schickte, dankte Elisabeth über die Vermittlung des Schwagers: „Ich küsse ihr (der Schwiegermutter) die Hände dafür, und schreibe ihr nur nicht, da ich denke, meine Briefe müssen sie langweilen, nachdem ich Dir doch so oft schreibe und sich von hier so wenig erzählen läßt." (Brief aus Funchal vom 1. April 1861, zitiert in: Corti)
Über die Krankheit der Kaiserin zu Beginn der sechziger Jahre gab es widersprüchliche Meinungen. Sie reichten von nervösem Hustenreiz bis hin zur Bestätigung eines schweren Lungenleidens. Erzherzog Carl Ludwig, ein Schwager Elisabeths, der in Innsbruck als

Statthalter stationiert war, hielt mit seiner Mutter, Erzherzogin Sophie, regen Briefkontakt, und aus seinen Briefen lassen sich die uneinheitlichen Vermutungen über den Zustand der Kaiserin herauslesen: „Die sehr traurige Nachricht von der Reise der Kaiserin nach Madeira habe ich zuerst durch Zwierzina in München erfahren. Fürst Schönburg, der jetzt in Wien ist, schrieb es ihm. Dann wurde mir die Trauerbothschaft noch durch Nando (Ferdinand IV., Großherzog von Toskana, Schwager Erzherzog Carl Ludwigs) bestätigt, dem es sein Gesandter in Wien berichtete. Bei diesem ernstlich leidenden Zustand der Kaiserin, begleitet von fortwährendem Husten seit mehreren Jahren, war wohl nicht rechtes zu erwarten, als daß einmal der Augenblick kommen mußte, wo ein eingreifendes energisches Mittel und vollkommene Schonung angewendet werden muß; aber der jetzige Augenblick ist wohl auch der fatalste in unserer gegenwärtigen Lage (man war im Krieg mit Italien, und auch die Ungarn trieben ihre Abspaltungsbestrebungen voran), in dieser harten Bedrängniß ... Ich kann mir schon denken, es muß schlecht um ihren Gesundheitszustand stehen, daß in solchem Augenblick ein so weit tragender Entschluß gefaßt werden mußte." (Unveröffentlichter Brief Erzherzog Carl Ludwigs aus Innsbruck vom 7. November 1860)
Doch die Bulletins über den Zustand der Kaiserin änderten sich, und sie wurde von mehreren Ärzten für gesund befunden. Nun wurden in der Öffentlichkeit kritische Stimmen wach, da Elisabeth – trotz der angespannten politischen Verhältnisse – von der weiten Reise nicht absehen wollte: „Der Gedanke ist sehr betrübend, daß mehreres noch zur rechten Zeit hätte vermieden werden können (die Vorbereitungen für die nach damaligen Verhältnissen extrem weite Reise), und es scheint wohl, daß die ganze Reise aus Gesundheitsrücksichten nicht so nöthig fällt, indem der Zustand nicht so besorgniserregend ist, als derselbe dargestellt wurde ..." (Unveröffentlichter Brief Erzherzog Carl Ludwigs vom 19. November 1860)
Im Zusammenhang mit der Krankheit wurde auch das Ziel Madeira kritisiert, das für Lungenkranke – das wußten die Ärzte schon da-

mals – im Winter und Frühling der falsche Aufenthaltsort ist, wie sich später am Großneffen der Kaiserin, Kaiser Karl, bestätigte. Er starb in eben jenem Ort Funchal, an dem Elisabeth sich niedergelassen hatte, 1922 in Folge der schlechten Wetterbedingungen an einer Lungenentzündung. Die Kaiserin litt tatsächlich nur an einem nervösen Hustenreiz, gab ihre Reisebestrebungen aber trotzdem nicht auf und fühlte sich schon bei der Ankunft in Madeira frisch und gesund. Trotzdem tauchten auch später immer wieder Vermutungen über eine Lungenkrankheit auf, die die Ärzte damals von harmloseren Erkrankungen nicht zu unterscheiden vermochten. Vor allem wußte man – wenn überhaupt – nur über körperliche Leiden Bescheid. Für psychische Labilität und deren Auswirkungen auf die Gesundheit fehlte jede Erfahrung.

Im Sommer 1861 war abermals die Idee von einem Lungenleiden aufgetaucht, die aber auch bald wieder verworfen wurde. „Recht erfreut hat es mich (Erzherzog Carl Ludwig), daß es der Kaiserin mit ihrer Lunge besser geht; aber allerdings die Nerven sind doch auch eine Hauptsache." (Aus einem unveröffentlichten Brief Erzherzog Carl Ludwigs aus Schwyz vom 9. August 1861)

Viele Menschen interessierten sich für den Gesundheitszustand der Kaiserin. Wer ein Mittel gegen ihr Leiden kannte, schickte es ihr persönlich oder ließ es über Vermittlung eines Mitglieds der kaiserlichen Familie weiterreichen: „Ich (Erzherzog Carl Ludwig) hätte Ihnen, liebe Mama, schon längst schreiben sollen, habe es aber immer vergessen, daß Trice Thun für die Kaiserin eau de la salette schicken will. Es ist von einer Quelle in Frankreich, und hat der Gebrauch dieses Wassers schon vielen Leuten gut gethan ... Es ist ein gutes Zeichen, daß Helenens Ankunft (die Elisabeth nach Korfu nachgereist war) sie erfreut, damit sie etwas aus ihrem herabgestimmten Zustand, Melancholie, herausgerissen wurde. Ich war gerade in Possenhofen, als Max (wahrscheinlich Erzherzog Ferdinand Maximilian, einer der Brüder Carl Ludwigs) vorher die Tante Luise (Herzogin Ludovika in Bayern, Mutter Kaiserin Elisabeths) von Helenens Reise nach Corfù erfuhr. Das war ihr eine neue Sorge, ob es der Kaise-

rin recht sein werde." (Aus einem unveröffentlichten Brief Erzherzog Carl Ludwigs aus Lindau vom 24. August 1861)
Wie aus den vielen Berichten hervorgeht, scheint die nervliche Angegriffenheit über das – vermutete – Lungenleiden dominiert zu haben. Bemerkenswert in dem Zusammenhang ist auch die Sorge der eigenen Mutter, die nicht einmal zu beurteilen vermochte, ob sich Elisabeth über den Besuch einer ihrer Schwestern freuen würde oder nicht. Etwa zur selben Zeit trat auch bei einer ihrer anderen Töchter die familieneigene Nervosität stärker hervor. Marie, die gemeinsam mit ihrem Mann Franz II. vom sizilianischen Königsthron vertrieben worden war, konnte ihre Aktivitäten nur noch auf gesellschaftliche Verpflichtungen beschränken, weshalb sie – gleich ihrer Schwester Elisabeth – zu einem großen Teil aus Langeweile und Unterbeschäftigung psychisch darauf reagierte: „Marie fand ich (Erzherzog Carl Ludwig) recht verändert, immer eine schöne Frau, aber sehr mager geworden im Gesicht ... sie sieht aber nicht übel aus; sie hetzt etwas, geradeso wie die Kaiserin in den ersten Jahren ... es scheint wohl dieselbe Ursache zu sein, da die Ärzte jetzt die Brust (das bezog sich ebenfalls auf ein mögliches Lungenleiden) nicht angegriffen fanden." (Unveröffentlichter Brief Erzherzog Carl Ludwigs aus München vom 9. Juli 1862)
Zusammenfassend kann gesagt werden, daß Erzherzogin Sophie ihrer Schwiegertochter Elisabeth eine exzellente Schwiegermutter war. Sie liebte und schätzte die Nichte, wie aus all ihren Schreiben hervorgeht. Da die Briefe vorwiegend an nächste Verwandte und beste Freunde gerichtet waren, dürfen sie als ehrliches Urteil aufgefaßt werden; es hätte keinen Grund gegeben, sich ihnen gegenüber zu verstellen. Viel eher würde die Erzherzogin ihren Vertrauten gegenüber eine, wenn vorhandene, Problematik angesprochen haben oder – im vorsichtigsten Fall – gar nichts über die Schwiegertochter geschrieben haben. Bei Elisabeth liegt der Fall viel komplizierter. Abgesehen davon, daß sie kaum Briefe schrieb, ist außer einigen Dankesbriefen für Geschenke aus ihrer Brautzeit kein wesentliches Schreiben an die oder über die Schwiegermutter bekannt. Grüße

und Neuigkeiten wurden über den Ehemann oder über den Schwager Ludwig Victor bestellt. Alle Kritik über Erzherzogin Sophie wurde mündlich weitergegeben. Im poetischen Tagebuch, das alle Bosheiten über die Habsburger enthält, fehlen Bemerkungen über die Schwiegermutter, was vor allem mit der Entstehungszeit des Werkes zusammenhängt. Die meisten Beschimpfungstiraden stammen aus den achtziger Jahren, als Erzherzogin Sophie schon über zehn Jahre tot war. Alles, was über sie an Negativem bekannt wurde, geschah über die Vermittlung von Personen, die mit Erzherzogin Sophie nie in Berührung kamen (wie die Hofdamen der Kaiserin) oder sie nicht gekannt hatten (wie Elisabeths Lieblingstochter, Marie Valerie). Den Kritiken der Kaiserin der Schwiegermutter gegenüber mangelt es daher an Glaubwürdigkeit. Es steht fest, daß das Verhältnis der Kaiserin zu Erzherzogin Sophie in den Anfangsjahren nicht so schlecht gewesen sein kann, wie es später dargestellt wurde. Das stete Nichtkorrespondieren mit der Schwiegermutter und das Übermitteln von Botschaften über Dritte zeugt eher von schlechtem Gewissen als davon, daß Elisabeth Erzherzogin Sophie nicht leiden mochte. Alle Verunglimpfungen scheinen später auf die Person der Schwiegermutter übertragen worden zu sein, weil die Kaiserin einen Sündenbock brauchte, um sich selbst in ein besseres Licht stellen zu können. Erzherzogin Sophie war eine ideale Ehefrau, Mutter und Großmutter, die tage- und nächtelang an den Betten der kranken Familienmitglieder wachte und die Familie zusammenhielt. Als gebildete, politisch interessierte und warmherzige Frau war sie der intellektuelle Mittelpunkt des Wiener Hofs. Das heißt, sie verkörperte alle Eigenschaften, die der Kaiserin fehlten. Deshalb scheint die Eifersucht darauf der wichtigste Grund gewesen zu sein, warum Elisabeth versuchte, sie schlechtzumachen.

Zuletzt sei aus den Erinnerungen eines Politikers zitiert, der beide Frauen flüchtig kannte und sich trotzdem sehr schnell ein ziemlich wahrheitsgetreues Bild von ihnen machte: „Kaiserin Elisabeth bin ich (Minister Schäffle) nur ein einziges Mal vor die Augen getreten. Sie hatte mich mit einem Kollegen zur Tafel geladen, der prunk-

und geschmackvollsten, die ich je gesehen habe. Die Herren und Damen waren in gleicher Zahl bei Tisch, etwa dreißig ... Zum ersten Mal machte ich einen allerhöchsten Cercle mit; ich hatte noch keine Ahnung von der Richtigkeit der Definition, die ich später aus durchlauchtigstem Munde gehört habe. ‚Cercle ist die Gelegenheit, wo die höchsten Personen gezwungen sind, möglichst viel Unbedeutendes zu sagen.' Was die Kaiserin bemerkte, war vielleicht ein wenig wohlwollend, aber zweifellos unbedeutend. Sie hielt kaum einen Augenblick (bei der Begrüßung der Gäste) und sagte (zu mir): ‚Sie sind Schwabe und Protestant!' und ging weiter, um meinem Cerclenachbarn Graf Lónyay die Hand zum Kusse zu reichen ... Wahrhaft gemütlich dagegen war die Tafel bei der Mutter und dem Vater des Kaisers, Erzherzogin Sophie und Erzherzog Franz Karl. Sie hatten meinen Kollegen vom Unterricht und mich geladen. Außer uns war nur ein Kavalier und eine Hofdame schwäbischer Abstammung dabei. Die Unterhaltung war äußerst animiert, und auch um die persönlichen Familienverhältnisse wurde ich von der Frau des Erzherzogs gefragt. Ich hatte mir die hohe Frau so vorgestellt gehabt, wie sie aus der Revolution her bei den (gegen das Kaiserhaus eingestellten) Wienern schwarz in schwarz gemalt war: Finster, bigott, unbedeutend, Puppe des Kardinals Rauscher. Das Gegenteil fand ich. Ein wohlwollendes Auge, geistige Frische noch im Alter, und nahm den Eindruck einer Frau von nicht gewöhnlicher Begabung mit, welche ohne den Kardinal Rauscher imstande gewesen sein mußte, mitten im Zusammenbruch von 1848 für ihr Haus das Rechte zu tun und dafür auch auf die Kaiserkrone zugunsten ihres Sohnes zu verzichten ..." (Aus den Memoiren des Ministers Schäffle, zitiert in: Holler, S. 386f.) Diese Stelle erklärt einen bis jetzt außer acht gelassenen Aspekt, der aus dem Engagement der Erzherzogin für das Kaiserhaus während der Revolutionsjahre herrührte und sie für das „Rote Wien", also bis ins 20. Jahrhundert, zum Feindbild machte. Was aber dabei vergessen wird, ist, daß Erzherzogin Sophie in der Stunde, als sie innerhalb der Familie unangefochten als die politisch führende Person anerkannt wurde, nicht die Macht an sich riß. Es wäre leicht für sie gewesen, Kaiser Ferdinand I. zum Abdanken zu bewegen und an seine Stelle ihren Ehemann, den nicht sehr persönlichkeitsstarken Erzherzog Franz Carl, auf den Kaiserthron setzen zu lassen, wodurch sie zweifelsfrei zur Alleinherrscherin aufgestiegen wäre. Stattdessen setzte sie sich dafür ein, daß ihr achtzehnjähriger Sohn das Amt erhielt, der mit seiner Jugend dem politisch verunsicherten Volk Frische und Kraft für die Zukunft verheißen sollte, und ihre Rechnung ging zum größten Teil auf. Angesichts des jungen Mannes an der Spitze der Regierung konnten zwar nicht alle Regimekritiker zum Schweigen gebracht werden, aber Kaiser Franz Joseph symbolisierte zumindest einen Neubeginn. Er errang sich in den ersten Jahren seiner Regentschaft durch seinen persönlichen Einsatz im Krieg viele Sympathien, was auch die kritische Öffentlichkeit beeindruckte. Wie immer die Politik Franz Josephs ausgelegt wurde, die – vor allem wegen der Ausrichtung auf eine einzige, nämlich seine, Person – nicht nur von den immer stärker werdenden Sozialdemokraten kritisiert wurde, so steht fest, daß er in der Masse der Bevölkerung zahlreiche Sympathisanten hatte. Vielen Menschen tat er auch leid, da ihm in seinem Leben tatsächlich „nichts erspart geblieben war“. Seine erste Tochter Sophie war im Alter von zwei Jahren verstorben, sein ältester Bruder wurde 1867 in Mexiko hingerichtet, sein einziger Sohn nahm sich 1889 das Leben, die Ehefrau wurde neun Jahre später, der Großneffe Franz Ferdinand und dessen Frau wurden 1914 ermordet. Abgesehen davon ließ ihn seine Ehefrau dauernd allein, weshalb auch das Bild vom verlassenen Ehemann rührte. Trotz seines dichten Zeitplans war er seinen Kindern ein anerkannt guter Vater. Wenn sie heirateten, übertrug er seine Liebe und Fürsorge auch auf seine Schwiegerkinder und Enkel, worin er sich gänzlich von seiner Ehefrau unterschied. Denn wenn Elisabeth schon wenig Interesse für ihre eigenen Kinder zeigte, so interessierten sie die Schwiegerkinder noch weniger, und Kronprinzessin Stephanie wurde ausnahmslos mit Verachtung bedacht. Obwohl Stephanies Schicksal in bezug auf die Heirat mit dem Kronprinzen von Österreich-Ungarn von Anfang an unter einem wesentlich unglück-

licheren Stern stand als die Ehe der Kaiserin, hatte Elisabeth nicht das geringste Mitleid mit der Schwiegertochter, die ihre mehr als doppelt so weit wie Bayern entfernte Heimat hatte verlassen müssen, um einen Mann zu heiraten, mit dem sie bis dahin keine zwei Worte gewechselt hatte. Stephanies Eltern, der König und die Königin der Belgier, und Kaiser Franz Joseph hatten die Verbindung befürwortet, und Stephanie selbst wurde angeraten, in die Ehe einzuwilligen, ohne den Kronprinzen auch nur ein einziges Mal gesehen oder gesprochen zu haben. Über die erste Begegnung mit ihrem künftigen Gemahl schrieb die Kronprinzessin später in ihren Lebenserinnerungen: „Der Kronprinz war ungefähr von gleicher Größe wie ich. Man konnte nicht sagen, daß er schön war, jedoch war er mir nicht unsympathisch. Der Ausdruck seiner kleinen hellbraunen Augen war intelligent, aber sein Blick unstet und hart; er vertrug nicht, daß man ihm in die Augen sah. Um den von einem schwachen Schnurrbart überschattenen breiten Mund hatte er einen seltsamen, schwer zu deutenden Zug.“ (Lebenserinnerungen, S. 65)
Wie Kaiserin Elisabeth heiratete Stephanie im Alter von siebzehn Jahren, und im Unterschied zu ihrer Schwiegermutter war es ihr nicht vergönnt, die Liebe und die Aufmerksamkeit ihres Ehemanns zu erringen. Trotzdem empfand Kaiserin Elisabeth keinerlei Mitgefühl für die Schwiegertochter, und es wäre ihr nicht im Traum eingefallen, Stephanie den Aufenthalt in Wien in irgendeiner Form zu erleichtern. Aus den wenigen schriftlichen Dokumenten, die die Kaiserin hinterließ (es sind zumindest vier Gedichte erhalten, die sich konkret mit der Kronprinzessin befassen), spricht nichts als Hohn und Verachtung. Anlaß zu kritischen Versen gaben Familienzusammenkünfte in Wien oder in Bad Ischl, einem der wenigen Orte, an dem die Kaiserin es ertrug, sich für kurze Zeit gemeinsam mit der Familie aufzuhalten:

„Unter einer grossen Tanne,
Duftend auf dem weichen Moos,
Freut sich eine Herbstcyclame (Elisabeth)

Ihrer Waldeinsamkeit blos.

Doch nicht lang währt ihre Freude;
Eine Kröte, gelb und dick (Stephanie),
Steigt dort aus dem Kraut der Haide
mitten ihr auf das Genick …"
(Bad Ischl, 12. August 1885)

Ein Jahr später entstand ebenfalls in Bad Ischl das wahrscheinlich an Kronprinzessin Stephanie gerichtete Gedicht „An …", und der Ton geriet um nichts freundlicher:

„Du (Stephanie) bist nicht wie die Blume,
Nicht lieblich, hold und fein,
Auch fehlt dir jede Anmut
Und Charme noch obendrein …

Mir ist, als müsst ich falten,
Zu Gott die Händ und fleh'n,
Er möge gnädig walten,
Dass wir uns selten seh'n.

Du hast Diamanten und Perlen,
Hast alles, was Menschen Begehr;
Doch mit deinen inneren Werten,
Mein Liebchen, da happert es sehr!

Und statt der schönsten Augen
Hast du die böseste Zung',
Die schmähet auf nahe und ferne
Und schonet nicht alt noch jung."

Hingerissen von der selbstverfaßten Literatur, vergaß die Kaiserin, daß auch über ihre Zunge kein gutes Wort kam, und erachtete ihr eigenes Urteil als gerecht und unanfechtbar.
Im Februar 1887, zu einer Zeit, als die kaiserliche Familie wegen der

vielen Empfänge und Hofbälle meist ziemlich vollzählig in Wien versammelt war, entstand das Gedicht „Die Burgfrau", das wieder die – angeblich – schlechten Eigenschaften der Kronprinzessin zum Inhalt hatte:

„Noch schläft sie (Stephanie) süss, die schöne
Blonde,
Und träumet trotz der späten Stonde (sic)
Von neuen Bosheiten gewiss.
Im Schlaf selbst macht ihr Geist die Ronde
Und sucht, wen er zerreissen konnte,
Mit unersättlichem Gebiss.
Kein anderes Curiosum thronte
Hier, wo schon mancher Drachen wohnte,
So malitiös gesinnt wie dies ..."

Es steht außer Zweifel, daß mit „manch anderem Drachen" auch die eigene Schwiegermutter der Kaiserin gemeint ist, die sich im Unterschied zu ihr besonders liebevoll um die junge Frau ihres Sohnes gekümmert hatte.
Einige Monate später entstand in Bad Ischl anläßlich des Geburtstags der Kaiserin das letzte bekannte Gedicht über Stephanie, und es unterscheidet sich im Ton in nichts von den vorangegangenen Versen:

„Ob'ron (Kaiser Franz Joseph), ei! zu Deiner
Rechten
Welch ein mächtig Trampeltier (Stephanie),
Statt der langen falschen Flechten
Siehst du blondes Fell jetzt hier! ...

Und den Stolz in seinen Zügen
Trägt es selbst als Trampeltier ..."
(18. August 1887 – „Zu Oberons Wiegenfest")

Worauf später noch zurückzukommen sein wird, daß nämlich die

Kaiserin in ihrem literarischen Werk, das sie als Backfisch begann und im Alter von einundfünfzig Jahren beendete, keinen künstlerischen Fortschritt machte, kann an dieser Stelle auch auf ihren Charakter übertragen werden: Selbst wenn die jung verheiratete Elisabeth von ihrer Schwiegerfamilie schlecht aufgenommen worden wäre, was ja – wie bewiesen werden konnte – nicht der Fall war, dann hätte die Kaiserin doch als reifere Frau auf die Problematik ihrer Schwiegertochter eingehen müssen und alles das, was sie vermeinte, nicht erhalten zu haben, an das neugewonnene Familienmitglied weitergeben können. Aber nichts von dem geschah, sondern es wurde wie ehedem die einzige Thematik behandelt, die Elisabeth ein Leben lang beschäftigte: ihre eigene Person.

Die Autorin geht davon aus, daß – im Gegensatz zu vielen anderen historischen Darstellungen – das Verhältnis zwischen Erzherzogin Sophie und Elisabeth keineswegs besonders schlecht war. Die Mutter des Kaisers sei auch nicht kalt und hart, sondern warm und liebevoll gewesen. Für den Umstand, daß sie ihr die Kindererziehung abgenommen hatte, sei sie der kaiserlichen Schwiegertochter sogar dankbar gewesen. Aber warum zeichnete die Kaiserin dann später ihrer Tochter Marie Valerie gegenüber ein so böses Bild von Erzherzogin Sophie, während sie die eigene Mutter idealisierte?
Dieser Sachverhalt erklärt sich uns mit dem Phänomen der „Spaltung und Verschiebung": Wie viele neurotische Menschen verleugnete Sisi ihre negativen Gefühle gegenüber der eigenen Mutter. Diese Verleugnung geschah mit dem unbewußten Ziel, sich jene ideale Mutter zu schaffen, auf die sie in der Realität hatte verzichten müssen.
In all dem, was Elisabeth nachträglich in der Beziehung zu Erzherzogin Sophie kritisierte, scheint es sich um eine Verschiebung aller jener negativen Gefühlsanteile zu handeln, die eigentlich ihrer leibli-

chen Mutter gegolten hätten. So wie im Märchen niemals die wahre Mutter böse sein darf, sondern immer nur die Stiefmutter, war es auch bei Sisi. Nur war in ihrem Fall Sophie die böse Stiefmutter.

Da Elisabeth gewiß nicht der einzige Mensch mit derartigen Spaltungsneigungen ist, sondern man hier durchaus von einer kollektiven Tendenz sprechen kann, wurde die Geschichte von der „bösen Schwiegermutter" von der Öffentlichkeit bereitwillig und dankbar aufgenommen. Darüber hinaus wird in der Beziehung zwischen der Kaiserin und ihrer Schwiegermutter auch eine Abgrenzungsproblematik sichtbar: Sisi entzog sich vielen Annäherungsbemühungen Sophies, indem sie darauf schwach, verspätet oder gar nicht reagierte.

Das merkwürdige Beziehungsverhalten, das Elisabeth gegenüber ihrer Mutter und ihrer Schwiegermutter an den Tag legte – die Mutter ist „die Gute", die Schwiegermutter „die Böse" – offenbart eine tiefe Haßliebe, die Sisi der Weiblichkeit im allgemeinen gegenüber empfand. Ihr Verhalten Frauen gegenüber war durchwegs von dem krankmachenden Motto „Ich hasse dich, verlaß mich nicht" geprägt.

Diese Haltung ist der Nährboden, auf dem Beziehungsstörungen gedeihen. Auch Elisabeths Reisesucht kann durchaus als Abwehr latenter infantiler Abhängigkeitswünsche verstanden werden. Diese lassen sie ein Leben lang durch die Welt reisen, um endlich jenen Ort zu erreichen, an dem sie jene verschmelzende Ruhe findet, nach der sie sich seit der frühesten Kindheit sehnte, die sie aber doch nie finden konnte.

Die Kaiserin und ihre Ticks

Die zahlreichen Ticks der Kaiserin sind zwar zum Großteil bekannt, wurden aber noch nie einer eingehenden Bewertung unterzogen. Die meisten Marotten sind dem Alltagsleben zuzuordnen. Elisabeth hätte ihnen aber kaum nachgeben können, wenn sie nicht Kaiserin gewesen wäre, da sie mit großem Personalaufwand oder mit hohen Kosten verbunden waren. Die harmlosesten von ihnen betrafen die Kleidung, wobei hier die Menge der Garderobe weniger den Wünschen Elisabeths als denen des Hofprotokolls zu entsprechen hatte, das für die Kaiserin natürlich eine beträchtliche Anzahl repräsentativer Kleider vorschrieb.

Großes Augenmerk wurde auf die Reitkleidung gelegt, die Elisabeth – am Pferd sitzend – angepaßt werden mußte. Die Kaiserin wurde vor jedem Ausritt „... hineingenäht. Hiermit meine ich (Marie Larisch-Wallersee) daß der Schneider, nachdem sie die Taille (den oberen Teil des Kleides angezogen hatte), den Rock darannähte. Den Grund dieser seltsamen Marotte habe ich nie einsehen können." (Larisch-Wallersee I, S. 43)
Hier stößt man auf einen der ersten bemerkenswerten Ticks der Kaiserin, denn bei allem Verständnis für gutsitzende Sportbekleidung fehlt hier der Sinn hinter dem Unternehmen. Jede Schneiderin wird bestätigen, daß die Naht rund um die Taille während einer Bewegung, also auch beim Aufsitzen nicht beansprucht wird, weshalb das „Einnähen" völlig unnötig war. Zur weiteren Reitausrüstung gehörten unzählige Paare von Handschuhen, da die Kaiserin, um ihre Hände zu schonen, drei Paar gleichzeitig übereinanderzog. Selbstverständlich wurde bei jedem Ausritt – wie auch bei jeder Ausfahrt oder bei jedem Spaziergang – ein Fächer mitgeführt, den Elisabeth benötigte, um sich vor den Blicken der Neugierigen zu schützen, die auch die Alterungserscheinungen im Gesicht nicht sehen durften. Sie muß ab ihrem fünfzigsten Lebensjahr unter einer starken Faltenbildung der Haut gelitten haben, die ein Erbe ihrer Familie gewesen zu sein scheint. Auf Photographien der Mutter und der Schwestern zeigen sich in deren fortgeschrittenem Alter deutliche Spuren, und etliche Zeitgenossen der Kaiserin, die sie in ihren späteren Jahren zufällig ohne Fächer trafen, bestätigen diesen Eindruck: „Eines Tages wanderten meine ältere Schwester und ich (Graf Clary-Aldringen im Kindesalter) allein in den Bergen ... Da sahen wir schon von weitem die uns bekannte schlanke, in Schwarz gekleidete Gestalt herankommen. Wir stellten uns neben den Weg und siehe da, weil kein Erwachsener in der Nähe war, öffnete die Kaiserin diesmal nicht ihren Fächer! Meine Schwester machte einen Knicks und ich meinen schönsten Bückling; sie lächelte uns freundlich zu – aber ich war wie aus den Wolken gefallen, denn ich sah in ein mir uralt vorkommendes Gesicht voller Runzeln." (Alfons

Clary-Aldringen, S. 114) Oder: „Das Gesicht (Elisabeths in den achtziger Jahren) war das einer alten, blassen, abgehärmten Frau..." (Schlagintweit, S. 187)
Hier ist man beim Kernpunkt der meisten Ticks Elisabeths angelangt: der Eitelkeit, der sie wie einem Götzen diente. Da sie in ihrer Jugend eine hübsche Person war, die offensichtlich frühe Alterserscheinungen an der Haut bekam, litt sie stark unter diesem Prozeß. Man kann daher auch vermuten, daß viele ihrer Bosheiten, die ab ihrem etwa fünfzigsten Geburtstag stark hervortraten, mit der Unzufriedenheit über ihr Aussehen in Zusammenhang zu bringen sind. Mit eiserner Selbstdisziplin hielt die Kaiserin ihre jugendliche Figur, aber für ihr Gesicht konnte sie mit zunehmendem Alter nichts mehr tun. Sie konzentrierte sich deshalb besonders auf ihren Körper und ihr Haar. Der täglichen Körper- und Haarpflege wurden etliche Stunden geopfert. Im Schnitt wurde sie zwei Stunden pro Tag frisiert. Die Arbeit führte eine eigens engagierte Haarkünstlerin aus, die im Rang einer engen Vertrauten stand. Sie erfand die berühmte Kronenfrisur für die Kaiserin und entwarf auch das spezielle Haarpflegeprogramm, das sich noch länger und komplizierter gestaltete, wenn das Haar gewaschen wurde. Nach dem Frisieren mußten Elisabeth die „toten" – also ausgekämmten – Haare auf einer silbernen Schüssel präsentiert werden. Je nach ihren Launen und nach der Menge der ausgefallenen Haare wurde die Bestrafung angelegt, die auch mit einer Ohrfeige enden konnte.
Ein weiterer Kult wurde mit der Figur getrieben, die täglich vermessen wurde. Die Maße wurden gemeinsam mit dem Gewicht jeden Tag bis zu dreimal festgestellt und in einem eigenen Buch notiert. Für die Erhaltung der Figur hungerte die Kaiserin oft wochenlang. Zudem informierte sie sich ständig über alle Methoden des Abnehmens und probierte im Laufe ihres Lebens Hunderte von Diäten. Sie schlief mit feuchten Tüchern um die Hüften (um die Schlankheit zu erhalten), trank Mixturen aus rohen Eiern, gepreßten Saft aus rohem Rindfleisch und literweise kalte Milch, von der man damals offensichtlich annahm, daß sie zu den Schlankmachern gehörte. Der

Figur zuliebe betrieb die Kaiserin auch etliche Sportarten (vor allem Reiten und Fechten), die sie – wie die meisten ihrer Leidenschaften – im Übermaß betrieb. Wie viele Extremsportler litt auch Elisabeth ab ihrem 42., 43. Lebensjahr an den Folgeerscheinungen und mußte bald fast alle sportlichen Betätigungen aufgeben. Sie durfte nur noch leichte gymnastische Übungen machen, wenn man ihr auch das Spazierengehen – oder besser das Spazierenlaufen – nicht verbieten konnte. Im Zusammenhang damit und mit der unbändigen Reiselust der Kaiserin muß auf eines ihrer Hauptprobleme hingewiesen werden: den Bewegungsdrang. Elisabeth konnte seit ihrer Kindheit nicht still sitzen und verzichtete als Erwachsene deshalb darauf, in den Räumen ihres Appartements Stühle aufzustellen, da sie sich ohnehin nie niedersetzte (abgesehen von dieser Gewohnheit schlief die Kaiserin in einem Bett, das sich in der Mitte des Raums befand). Die meisten Beschäftigungen wurden im Auf-und-ab-Gehen betrieben, so zum Beispiel der Sprach- und Literaturunterricht, den sie in den Salons gehend oder durch die diversen Schloßparks laufend nahm. Auch Bittsteller und Audienzwerber hatten sich dieser Eigenart anzupassen, wie zum Beispiel ein englischer Fabrikant, der sich zur selben Zeit wie die Kaiserin in Gödöllö aufhielt und sie bat, ihr eine Erfindung erklären zu dürfen. Elisabeth, die im Begriff war auszureiten, forderte ihn auf, ein Pferd zu besteigen, sie zu begleiten und dabei die Erfindung vorzutragen. Selbstverständlich hatte der Mann Schwierigkeiten, das Tempo der Kaiserin zu halten, die eine der besten und wagemutigsten Reiterinnen ihrer Zeit war. Was er ihr während einer knappen Stunde erklären konnte und wieviel die Kaiserin davon verstand, bleibt ein Geheimnis. Als der Engländer zurückkam, konnte er sich des Kommentars nicht enthalten, daß der Ausritt die schnellsten vierzig Minuten seines Lebens bedeutete. (Episode nach einem Brief Elisabeths an Kaiser Franz Joseph aus Gödöllö, 2. Oktober 1881, zitiert in: Corti)
Ebenso wie die Kaiserin es nicht ertrug, still zu sitzen, mochte sie sich auch nicht lange am selben Ort aufhalten, weshalb sie sich ab ihrem 23. Lebensjahr monatelang auf Reisen begab: „Wo immer ich

(Elisabeth) wäre, wenn man mir sagen würde, ich müsse immer dort bleiben, dann würde auch das Paradies für mich zur Hölle werden." (Eigene Aussage der Kaiserin, zitiert in: Corti, S. 413)
Auf Reisen entwickelte Elisabeth, die sonst nie das Geringste von sich preisgab, die Eigenart, die sie begleitenden Personen an ihren innersten und privatesten Gedanken teilhaben zu lassen. Selbst die von ihr erwählten Damen, die Elisabeth schon deshalb verehrten, weil sie – im Unterschied zu den meisten Menschen, die von der Kaiserin mit Nichtbeachtung bestraft wurden – in Gespräche mit einbezogen wurden, verwunderten sich über die ungewohnte Redseligkeit auf Reisen: „Ihre Majestät erzählt die vertraulichsten Sachen, sie ist sehr lieb und gut, doch oft erschauere ich über die schöne Seele, die in Egoismus und Paradoxen untergeht." (Marie Festetics an Ida von Ferenczy, Afrika, 25. September 1890, zitiert in: Kühn) Das schrieb eine Hofdame, die neben Ida von Ferenczy der Kaiserin am nächsten stand und die als (beinahe) gleichgestellte Freundin behandelt wurde.
Das Reisen mit dem Gefolge brachte noch eine andere Problematik mit sich, die die Kritikfreude der Hofdamen schärfte. Da die Kaiserin von Österreich niemals alleine unterwegs sein durfte, blieb ihrer Gesellschaft nichts anderes übrig, als die monatelangen Reisen und Spazierläufe mitzumachen, was vielen Damen nicht leicht fiel: die meisten vermochten mit zunehmendem Alter das Schrittempo der Kaiserin nicht mitzuhalten, andere wollten nicht Monate im Ausland verbringen und litten unter Heimweh oder während wochenlanger Schiffsreisen unter der Seekrankheit.
Neben der Härte, die die Kaiserin während der Reisen sich selbst gegenüber aufbringen konnte, verfügte sie über eine Schwäche, der sie besonders im Ausland gerne nachgab: der Kaufwut. „Sehr lustige Negergeschäfte gibt es hier (in Gibraltar). Jeden Tag gehe ich (Elisabeth) in eines, und so ist es nur das Verdienst der Marie Festetics (einer der mitreisenden Hofdamen), daß ich noch nicht im Schuldturm sitze." (Elisabeth an ihre Tochter Marie Valerie, 23. Januar 1893, zitiert in: Corti) Oder: „Ihre Majestät kauft derart viel Verschiedenes ein, daß das Schiff schon voll ist, da die nach Korfu bestimmten Ge-

genstände auch noch am Schiff sind." (Baron Nopcsa, der mitreisende Obersthofmeister Elisabeths, an Ida von Ferenczy, Gibraltar, 21. Januar 1893, zitiert in: Corti)

Viele der negativen Eigenschaften der Kaiserin kamen auf Reisen zum Ausbruch, da der einzige Mensch, der Elisabeth Einhalt hätte gebieten können, Kaiser Franz Joseph, fern war. Er mußte in Wien oder Budapest seinen Amtsgeschäften nachgehen. Die Kaiserin aber dachte, sich außerhalb der Grenzen der Monarchie keiner so strengen Disziplin unterwerfen zu müssen und im Ausland die Regeln des guten Geschmacks übertreten zu können. So fegte sie zum Beispiel während ihrer Ausritte über bebautes Ackerland, eine Angewohnheit, die der Kaiser, der großen Respekt vor dem Bauernstand hatte, niemals gutgeheißen hätte. Letztlich wunderte sich die Kaiserin sogar, wenn sich die Betroffenen über sie beklagten: „Auch beim Reiten hatte ich schon öfters Unannehmlichkeiten (weil die Schaulustigen ihr beim Reiten zusahen) ... (doch) reitet man in die Felder, natürlich, wo kein Schaden gemacht werden kann, so sind die Bauern furchtbar grob." (Elisabeth an Kaiser Franz Joseph aus Sassetôt, 2. September 1875, zitiert in: Corti)

Ihre labile Persönlichkeit ließ die Kaiserin zusätzlich zu ihren Spleens an absurden Dingen Halt suchen und verstrickte sie ein Leben lang in Aberglauben und Spiritismus. Kaiserin Elisabeth nahm in München an spiritistischen Sitzungen teil, die eine Freundin aus Jugendtagen organisierte. In Wien empfing sie einen Geisterseher aus Frankreich, und auch in Korfu umgab sie sich mit einer Menge hellsichtiger Leute. Die Kaiserin war extrem abergläubisch. Sie schlug Eiklar in ein mit Wasser gefülltes Glas und deutete aus den Formen künftige Ereignisse. Vor einer Elster machte sie drei Verbeugungen, und sie vermied es, Raben anzusehen, die sie mit unentrinnbarem Lebensleid in Zusammenhang brachte. Sie fürchtete den bösen Blick und erflehte vom Neumond die Erfüllung ihrer Wünsche. Sie ließ sich aus den Karten lesen, sammelte Hufeisen im Vertrauen auf ihre Schutzgewalt und erbat sich von jedem Buckligen, dem sie begegnete, die Erlaubnis, seinen Höcker zu berühren.

Wenn man an das abenteuerliche Leben der Kaiserin denkt, die sich monatelang auf Reisen befand, die niemals seekrank wurde, die sich bei stürmischster See an einen Mast auf Deck binden ließ, um das Meer beobachten zu können, und die eine der wagemutigsten Reiterinnen ihrer Zeit war, so klingt es verwunderlich, daß sie in manchen harmlos scheinenden Situationen übergroße Angst empfand: Sie hatte Angst vor dem Alleinsein in der Dunkelheit, wie in einem Brief Erzherzogin Sophies bereits erwähnt wurde und wie es auch Marie Larisch-Wallersee, die Nichte der Kaiserin, im Zusammenhang mit einem nächtlichen Treffen mit ähnlichen Worten beschrieb. Beim Abschied im Hausflur bat Elisabeth sie, im Gang vorzugehen, weil es ihr dort zu dunkel war. (Larisch-Wallersee I, S. 222) Auch Gräfin Sztáray, eine der Hofdamen der Kaiserin, erwähnte in ihren Erinnerungen verschiedene Angstgefühle Elisabeths: „Gelegentlich ... (einer) etwa halbstündigen Wagenfahrt (die zu einem auf einem kleinen Berg gelegenen Hotel in Algier führte) gewahrte ich mit Überraschung, daß unsere Kaiserin, die bekannt kühne Reiterin (und Bergsteigerin), im Wagen sitzend, nervöse Ängstlichkeit verriet. Es gab einen Augenblick, da hing es nur an einem Haare, daß sie nicht aus dem Wagen sprang, aus quälender Angst, die Pferde könnten den Dienst versagen und der Wagen die abschüssige Bahn zurückrollen ... Starken Eindrücken widerstand (das Nervenkostüm der Kaiserin), einzelnen geringfügigen Angriffen gegenüber aber zeigte es große Empfindlichkeit und Schwäche." (Sztáray, S. 16f.)
Im Zusammenhang damit sei auch auf eine andere Begebenheit hingewiesen, die sich auf das plötzliche Beenden ihrer Reitkarriere bezieht. Elisabeth war eine tollkühne und sportliche Reiterin gewesen, als sie diesen Sport zu Beginn der achtziger Jahre des 19. Jahrhunderts von einem Tag auf den anderen aufgab. Alle Biographien sprechen einhellig davon, daß die Kaiserin das Reiten aus gesundheitlichen Gründen aufgeben mußte. Aber Gräfin Sztáray konnte sich in ihren Erinnerungen auf ein mit Elisabeth geführtes Gespräch beziehen, die einen völlig anderen Grund dafür nannte: „Einmal fragte ich die Kaiserin, wie es gekommen, daß sie mit ihrer ... Leiden-

schaft, mit dem Reiten, brach (worauf sie antwortete) ‚Plötzlich und ohne jeden Grund hatte ich (Elisabeth) den Mut verloren und ich, die ich noch gestern jeder Gefahr spottete, erblickte heute eine solche in jedem Busche und konnte mich von ihrem Schreckbilde nicht mehr befreien. Dies ist der Grund, warum ich auch Valerie niemals erlaubte, ein Pferd zu besteigen; ich wäre nicht fähig gewesen, die ewige Unruhe zu ertragen.'" (Sztáray, S. 195f.)
Kaiserin Elisabeth hegte eine besondere Vorliebe für alles Kranke und Abnorme. Sie besuchte in den meisten Städten, die sie bereiste, die Seuchenabteilungen der Krankenhäuser oder ließ sich in die Irrenanstalten führen, wo sie sich nach den gängigen Behandlungsmethoden erkundigte oder hypnotischen Experimenten beiwohnte. Außerdem lud sie abnorm gewachsene Menschen, wie Riesen oder siamesische Zwillinge, die in der damaligen Zeit meist mit einem Zirkus unterwegs waren, zu sich nach Hause. Das Interesse für die geistig kranken oder verwachsenen Menschen darf aber nicht überbewertet werden, da es einer Mode der Zeit entsprach. Man begann sich etwa um die Mitte des 19. Jahrhunderts erstmals wissenschaftlich mit diesen Phänomenen auseinanderzusetzen, und Gesellschaftskreise, die mit dem Nachvollzug dieses Ideenguts mondän erscheinen wollten, zeigten sich dafür aufgeschlossen.
Eine der Leidenschaften der Kaiserin war die Beschäftigung mit Sprachen und Literatur. Da die Art, wie sie sie betrieb, nicht der Norm entsprach, könnte man dieses übertriebene Interesse durchaus in die Reihe ihrer Ticks aufnehmen. Dem gesamten geistigen Schaffen der Kaiserin, das auch sehr starke Auswirkungen auf ihr Privatleben nahm, wurde jedoch wegen der Fülle des Materials ein eigenes Kapitel gewidmet.

Allein bei der Vorstellung des Körpergefühls, das ein buchstäblich „auf die Haut genähtes Kleidungsstück" erzeugt, drängt sich der

Gedanke an ein Korsett auf, das einerseits stützt und andererseits Kraft gibt. Bleibt man bei diesem Bild, dann dient ein Korsett auch dazu, den Körper in eine bestimmte Form zu zwingen.

Auf Elisabeths Schlankheitstick bezogen, geht es bei dieser Kleidungs-Tortur nicht mehr darum, dem „äußeren" Fleisch, sondern auch dem inneren Willen und damit der Gier äußere Schranken zu setzen. Es ist leicht vorstellbar, daß bei einer Schnürtaille von 47 Zentimetern der Hungerperistaltik kein Raum mehr bleibt.

Als passionierte Reiterin mußte Sisi ihren heißblütigen Pferden gegenüber ausgeprägte Durchsetzungskraft zeigen, um bei ihren waghalsigen Ritten nicht gefährdet zu sein. Die auf den Leib genähte Reitkleidung, quasi eine zweite Haut, gibt natürlich das notwendige Gefühl von Macht und Stärke. Eine ähnliche Illusion vermitteln hautenge Uniformen und breite Gürtel. Nicht zu unterschätzen ist auch das narzißtische Hochgefühl, das mit dem Tragen dieser Kleidung, die den weiblichen Körper betont und seine Formen buchstäblich „herausstellt", verbunden ist. Auch hier finden sich Elisabeths phallische Züge wieder.

Es ist weiters zu bedenken, daß die Kaiserin, die mit der griechischen Kultur vertraut war, über die Gepflogenheiten mykänischer Frauen informiert war: Im Matriachat der mykänischen Kultur waren die politisch wichtigen Frauen immer die am engsten geschnürten. Die enggeschnürte Taille überbetont die weiblichen Geschlechtsmerkmale – Busen und Becken – und soll als Symbol für Überlegenheit, Macht und Stärke imponieren.

Eine ähnliche Symbolik ist auch in Sisis Haarfetischismus zu entdecken. Haare gelten allgemein als Sinnbild für Vitalität und Kraft – sie wachsen sogar noch nach dem Tod weiter. Wie eng Haar und Vitalkraft im Sinne von Schönheit miteinander verknüpft sind, zeigt auch die prächtige Mähne der Jugend und das schüttere Haar des Alters. In diesem Zusammenhang kann die Haartracht Elisabeths, noch dazu eine kunstvolle, in stundenlanger Kleinarbeit hergestellte Frisur, als mühsam gebändigte Vitalkraft interpretiert werden.

So wie Sisi ein Leben lang ihre Gier nach Essen und anderen Versuchungen bekämpfte, so wurde auch ihr Haar in eine „ordentliche", ästhetische, aber auch imponierende Form gebracht. Ihre prächtige Frisur ähnelte einem architektonischen Machtbau. Jedes ausgefallene Haar könnte, wie ein abbröckelnder Stein, den Turm ins Wanken bringen und sie „depotenzieren".
Elisabeths Gewohnheit, sich ihre ausgefallenen Haare am Silbertablett zeigen zu lassen, entbehrt nicht eines gewissen Masochismus. Die Kaiserin zählte aber nicht nur ihre ausgefallenen Haare, sie kontrollierte auch penibel ihr Gewicht und ihre Körpermaße. Wir nehmen an, daß es sich dabei nicht um eine angemessene gesundheitliche Selbstbeobachtung handelte, sondern um einen Kontrollzwang. Zwänge entstehen aber immer dann, wenn vermeintlich verbotene Triebbedürfnisse künstlich unterdrückt werden.
Da sich der Kontrollzwang in diesem Fall auf Gewicht und Körpermaße bezog, ist es naheliegend, daß es sich bei dem unterdrückten Trieb um Sisis orale Gier handelte, die sie buchstäblich mit Gewalt niederhielt. Auch Elisabeths Kaufwut war nichts anderes als eine Verschiebung der oralen Unersättlichkeit: Sie kriegte den Hals nicht voll.
Am Präsentierteller lagen nicht nur Sisis Haare, sondern auch sie selbst. Ein Bett, das in der Mitte des Zimmers steht, lädt einen Normalsterblichen sicher nicht zum entspannten Ruhen ein. Eher drängt sich schon der bedrückende Vergleich mit einer Aufbahrung auf. Der Grund für die sonderbare Wahl eines „Schlafnestes" kann praktische und psychologische Ursachen haben: Das frei stehende Bett erlaubte natürlich das ungehinderte Herabfließen von Elisabeths langem Haar. So bestand nicht die Gefahr, daß sich die Haare im Schlaf verhedderten und einzelne womöglich verlorengingen.
In der Psychologie kommt der Aufenthalt im Bett einer Mutterleibsregression gleich. Eingehüllt in die sanfte, weiche Wärme fühlt man sich geschützt und geborgen wie ein Embryo im Bauch der Mutter. Diese Metapher drängt sich bei Sisis Bettenstandort nicht auf. Im Gegenteil, hier offenbart sich wieder einmal ihr gestörtes

Verhältnis zur Nähe. Ein Bett in der Mitte des Zimmers ist nicht nur der Mittelpunkt, es hat auch zu allen anderen Punkten des Raumes die weiteste Distanz. Menschen, die im Laufe ihrer Lebensgeschichte Nähe nicht nur wohlig, sondern auch einengend erfahren haben, zeigen später häufig Näheängste. Eine Wand ist ja nicht nur ein Schutz, sondern auch eine Einengung. In Sisis Bedürfnis nach Distanz könnte sich auch ein psychischer Konflikt spiegeln: Eine Versuchung, die vehement nach Befriedigung drängt – z. B. Freßgier – engt den inneren Raum ebenfalls ein.

Der Hinweis, daß es in den Empfangsräumen der Kaiserin keine Stühle gab, weil sie ihrerseits keine Ruhe fand und daher auch ihre Besucher zu Rastlosigkeit verurteilt waren, ist ebenfalls aufschlußreich: Bewegliche Ziele sind schwer zu treffen. Indem Elisabeth ständig in Bewegung war, entzog sie sich nicht nur körperlich; sie war auch seelisch schwer erreichbar. Der unstillbare Bewegungsdrang läßt sich daher gut als symbolische Verweigerung deuten. Darüber hinaus ist dieses eigenartige Verhalten durchaus dazu angetan, andere Menschen zu demütigen. Wer von der Kaiserin etwas wollte, mußte im wahrsten Sinne des Wortes hinter ihr herlaufen!

Elisabeth und ihr geistiges Schaffen

Im Zusammenhang mit den geistigen Interessen der Kaiserin muß zum einen auf ihre ungewöhnlichen Sprachkenntnisse – sie beherrschte das Alt- und Neugriechische sowie das Ungarische – hingewiesen werden, und zum anderen auf die jahrzehntelange Beschäftigung mit der Literatur, und zwar passiv als Studentin und aktiv als Dichterin.

Interessant ist dabei – wie an früherer Stelle schon besprochen wurde – die Art, wie und wo sie den Unterricht erhielt. Da Elisabeth unter einer Bewegungsmanie litt, wurden die Studierstunden im Gehen genommen: in der Hofburg im Winter bei offenen Fenstern in

ihren Privaträumen auf und ab gehend oder auf stundenlangen Spazierläufen, wobei es nicht immer einfach war, Lehrer zu finden, die während des Laufens vorzutragen oder vorzulesen imstande waren. „(Elisabeth) war an diese Vorlesungen so sehr gewöhnt, daß sie, müßig sitzend, kaum imstande war, ihre Gedanken auf das Vorgelesene zu konzentrieren." (Sztáray, S. 168)
Wenn sie gezwungen war, längere Zeit still zu sitzen, wie zum Beispiel während der täglichen zwei Frisierstunden – was zwar auf ihre Anweisung geschah, sie aber trotzdem langweilte –, mußten dafür Ablenkungen und Unterhaltungen gefunden werden. Während der zwei Stunden absolvierte Elisabeth die schriftlichen Übungen, wobei sie die Blätter mit kindlichem Eifer füllte. „Die Kaiserin schreibt sehr rasch: beim Halten der Feder krümmt sie die Finger, offenbar noch eine Gewohnheit aus ihrer Kindheit, welche sie auch wahrscheinlich nur deshalb beibehalten hatte, weil ihre Lehrer sie rügten. Überhaupt hat ihr ganzes Gebaren beim Schreiben etwas kindlich Anmutiges und Unbeholfenes im Gegensatz zu ihrer sonstigen majestätischen Haltung ... Sie fixiert das Papier und die Spitze der Feder, und es ist als ob sie ihre Feder nötigen möchten, fein und rein zu schreiben. Aber die Buchstaben quellen ungestüm und sich überhastend hervor, von jeder Konvention befreit ... Dann macht sie große Tintenflecke mit violetter Tinte, mit der sie einzig und allein aus einem goldenen Tintenfaß schreibt; dünnes Fließpapier liegt um sie gestreut, und sie trocknet damit jede Seite ab mit dem Ballen der Hand daraufschlagend." (Heyden-Rynsch, S. 46f.)
Elisabeth war sehr stolz auf ihre Sprachkenntnisse und benahm sich in bezug darauf ein Leben lang wie ein Backfisch. Sie tauschte mit ihren Freundinnen in einer der jeweiligen „Geheimsprachen" private Erlebnisse aus, um im speziellen die Wiener Hofgesellschaft zu brüskieren, die zum Beispiel das Ungarische nicht beherrschte. Außerdem machte es ihr eine Freude, mit ihren Sprachkenntnissen bestimmte Menschen in unangenehme Situationen zu bringen. Als Marie Valerie und ihr Ehemann Franz Salvator Elisabeth 1891 in Korfu besuchten, führte die Kaiserin das junge Paar unter anderem

nach Athen. Ohne sich vorher anzumelden, steuerten die drei die königlich griechische Residenz an, um der Herrscherfamilie einen Kurzbesuch abzustatten. Im Schloß trafen sie nur auf die junge und erst seit kurzem mit dem griechischen Kronprinzen vermählte Prinzessin Sophie, die Tochter des deutschen Kaisers Friedrich III. Elisabeth sprach die aus Deutschland Stammende auf griechisch an, die mit einem verlegenen Schweigen antwortete, da sie die Landessprache noch nicht beherrschte. „Das unterhält die Kaiserin ebenso, wie wenn sie mit Rhoussopoulos (einem ihrer Griechischlehrer) griechisch über die anwesende Gräfin Mikes und dann mit dieser ungarisch über den Griechen spricht." (Corti, S. 401)
In Ungarn sprach Elisabeth sogar in einem Kloster für deutschsprachige Nonnen ausschließlich Ungarisch, das eine der Klosterfrauen noch nicht beherrschte. Die Kaiserin machte sich einen Spaß daraus, dieses Kloster immer wieder aufzusuchen, die bestimmte Nonne zu sich zu rufen und sie auf ihre Fortschritte im Ungarischen zu überprüfen. Die Frau hatte Probleme, diese Sprache zu erlernen, und bekam mit der Zeit Angstzustände, wenn sich Elisabeths Besuche ankündigten. Sie meldete sich krank und verkroch sich in ihr Zimmer, um dem peinlichen Abhören zu entgehen.
Dabei scheint Elisabeth das Ungarische selbst nicht fehlerfrei beherrscht zu haben, wie ein Brief Kaiser Franz Josephs aus dem Jahr 1897 – also nach mehr als vierzig Jahren des Studiums – belegt: „Gestern erhielt ich zu meiner großen Freude und mit innigstem Danke Deinen (Elisabeths) lieben, an Valérie gerichteten Brief vom 20., den ich sogleich nach Wallsee (Wohnsitz der Familie Marie Valerie) expedierte. Die Schrift desselben war ziemlich unleserlich und auch mit der ungarischen Orthographie bist Du ein wenig brouillirt (entzwei) ..." (Wien, 23. Dezember 1897, Briefe II) Da der Kaiser solche Bemerkungen der Ehefrau gegenüber schon aus Galanterie unterließ, darf angenommen werden, daß Elisabeth eine Menge von Fehlern gemacht haben muß, wenn sogar ihr Mann das erwähnte.
Elisabeth war verliebt in ihre Schönheit und mit zunehmendem Unterricht auch in ihren Geist und in ihr politisches Verständnis. Als

sie sich während der Zeit der Ungarnkrise zum ersten (und auch zum einzigen) Mal in ihrem Leben der Tagespolitik annahm und die Berichte des Reichstags und die dort gehaltenen Reden studierte, schrieb sie, sich selbst bewundernd: „Immer mehr sehe ich (Elisabeth) ein, daß ich außerordentlich klug bin, trotzdem Du (Kaiser Franz Joseph) meinen vorzüglichen Verstand nicht genug würdigst." (Elisabeth in einem Brief an ihren Ehemann aus Ofen, 29. Mai 1867, zitiert in: Corti)

In Wahrheit war die Kaiserin von der großen Politik ebensoweit entfernt wie von der schöpferischen Philosophie, und sogar ihre besten Freundinnen, die ungarischen Hofdamen, erkannten den „kleinen" Charakter Elisabeths und bezeichneten ihr geistiges Schaffen mehr als Grübelei: „Schade, daß sie (die Kaiserin) die ganze Zeit eigentlich mit Grübeleien vertändelt und gar *nichts tun* muß. Sie hat Hang zu geistiger Trägheit und dabei einen Freiheitstrieb, dem jede Beschränkung schrecklich ist. Ist sie bei einem kleinen Diner, dann ist sie reizend, vorausgesetzt, daß kein Element da ist, das ihr unsympatisch ist. Wenn ja, ist es steif um sie." (Aus dem Tagebuch der Gräfin Festetics, Meran, 17. März 1872, zitiert in: Corti) Anstelle von großen Themen trieben Unruhe und Unzufriedenheit die Kaiserin zu den Grübeleien, die weder für sie noch für die Umwelt Ergebnisse brachten: „Wenn sie (Elisabeth) nur wenigstens zufrieden und beruhigt zurückkehren würde (von einem Ausflug an den Langbathsee); doch je mehr sie nachgrübelt, um so unglücklicher fühlt sie sich; der Herrgott möge es geben, daß sie in irgend etwas ihre Seelenruhe finden könnte, doch glaube ich, daß weder Heine noch Byron (der auch zu den bevorzugten Dichtern zählte) imstande sind, ihr diese zu verschaffen; wirklich traurig." (Brief Charlotte von Majláths an Ida von Ferenczy aus Ischl vom 18. August 1888, zitiert in: Corti)

Es gab tatsächlich weniges, was der Kaiserin Seelenruhe verschaffte. Dazu mußte sie erst von ihrer steten Unzufriedenheit abgelenkt werden, wozu es zumindest „Doppelbeschäftigungen" brauchte, um das zu erreichen: das Sprachstudium während der Frisierstunden, die

Literaturlesungen auf den Spaziergängen und Wanderungen sowie das Studium Heines während der gleichzeitigen Schöpfung eigener Gedichte. Die Dichtkunst gehörte zu den wenigen Leidenschaften, denen sich die Kaiserin seit ihrer Kindheit hingab. Sie führte etwa ab ihrem zehnten Lebensjahr ein romantisches Tagebuch und verfaßte kleine Gedichte. Sie eiferte darin ihrem Vater nach, der auch schon nach dem Vorbild Heinrich Heines Gedichte, Märchen und Satiren geschrieben hatte. Niemand innerhalb der bayrischen Königsfamilie brachte dafür Verständnis oder Freude auf, da Heine ein von der Gesellschaft „geächteter" Dichter war und als Freigeist, Gotteslästerer und Sozialkritiker einen besonders schlechten Ruf hatte. Im Jahr 1835 wurde die Verbreitung seiner Schriften sogar in einem eigenen deutschen Bundestagsdekret verboten, und es steht zu vermuten, daß sich die Kaiserin eben deshalb mit Heine so intensiv beschäftigte, weil sie immer gerne machte, was die Gesellschaft allgemein ablehnte. Wie schon früher erwähnt, zählte Heine, da er schon 1856 gestorben war, zu Elisabeths großen „geistigen Lieben". Zum Zeitpunkt seines Todes war sie zwar schon neunzehn Jahre alt, hatte das Werk des Dichters aber noch nicht studiert. Sie beschäftigte sich erst später mit seinen Schriften, wobei die Tatsache, daß er bereits tot war, den Reiz erhöhte, denn die Kaiserin liebäugelte mit dem Tod und mit dem Leben nach dem Tod. Auch dieses Interesse darf nicht überbewertet werden, denn die Beschäftigung mit dem Tod zählte ebenfalls zu den Modeerscheinungen des 19. Jahrhunderts und fand mannigfaltigen Niederschlag in der zeitgenössischen Kunst. Elisabeth interessierte sich auch für den Kontakt mit Toten und versuchte, mit Heine medial in Verbindung zu treten. Sie fand Zugang zu ihm als Mann, der sie erotisch gefangen hielt und als Dichter über ihre Feder weiterhin Literatur produzierte. Alles Geschriebene führte sie auf sein Diktat zurück, wobei fraglich ist, ob der Dichter darüber erfreut gewesen wäre. Denn abgesehen vom subjektiven Wert, den die Gedichte im Hinblick auf die Persönlichkeit der Kaiserin darstellen, fehlt es ihnen an allen künstlerischen Kriterien, auf die Heine gesteigerten Wert gelegt hatte: an Form,

Rhythmus, Inhalt, Botschaft und vor allem an dem spritzigen, pointierten und zynischen Witz, von dem Heines lyrisches Werk durchdrungen ist.
In bezug auf das Leben Elisabeths bedeutete ihr Heine alles. Er bildete neben ihrer Tochter Marie Valerie den Hauptinhalt ihrer Gedanken: „Heine ist immer und überall mit mir, jedes Wort, jeder Buchstabe, was nur in ‚Heine' vorkommt, ist ein Juwel." (Brief Elisabeths an ihre Tochter Marie Valerie aus Gödöllö vom 11. September 1886, zitiert in: Corti) Die Kaiserin gab bei verschiedenen Bildhauern Statuen und Büsten des Dichters in Auftrag, die sie in den Parks der kaiserlichen Villen aufstellte, und bezeichnete die Stifterin der Kunstwerke auf den Sockeln als „Frau Heine", worunter sich niemand anderer als Elisabeth selbst verbarg. Sie besuchte Heines Schwester, Charlotte von Emden-Heine, in Hamburg und empfing 1886 einen Neffen Heines in Wien, um sich von ihm über die Heine ähnlichsten Porträts zu informieren. Die Kaiserin engagierte sich auch zur Errichtung eines Heine-Denkmals in seiner Geburtsstadt Düsseldorf, wofür sie dreizehntausend Mark spendete (das entsprach der Hälfte der veranschlagten Summe). Der fehlende Betrag sollte durch Spenden aufgebracht werden, wofür Elisabeth ein eigenes Gedicht – „Aufruf" – verfaßte, um die Öffentlichkeit dazu anzuregen.
Zurück zum künstlerischen Schaffen der Kaiserin. Der literarische Nachlaß umfaßt ein Tagebuch in Gedichtform, das in schwärmerischer oder zynischer Weise Bezug auf bestimmte Ereignisse nimmt. Wie bereits festgestellt wurde, verstehen sich die Episoden weniger als realistische Aufarbeitung von Tagesgeschehnissen, sondern sie symbolisieren Elisabeths Anschauungen von bestimmten Personen und Ereignissen. In Anlehnung an das lyrische Werk Heines brachte Elisabeth alle sie fesselnden Gedanken in Gedichtform zu Papier.

„Mir dünkt, daß Du (Heine) dictiertest,
zu schreiben nur bleibt mir,
Gedanken und Gefühle
wehst du auf das Papier."

Gerade bei diesen Versen, die sich inhaltlich an den verehrten Dichter richten, fällt der ungelenke Rhythmus auf, der sich in nichts von den braven Reimen sechzehn-, siebzehnjähriger Schüler abhebt. Abgesehen vom schwachen Inhalt und von der schwachen Form der Verse Elisabeths, klingen Heines Gedichte im Unterschied dazu eben künstlerisch – wie wohlrhythmisierte Prosa:

„Kaum sahen wir uns, und an Augen und Stimme
merkt ich, daß du mir gewogen bist;
stand nicht dabei die Mutter, die schlimme,
ich glaube, wir hätten uns gleich geküßt."

(aus: „Die Heimkehr")

Es hat nicht viel Sinn, die Lyrik Heines mit der der Kaiserin zu vergleichen, da es sich bei den Gedichten der Schülerin, die dachte, Heines Werk fortzusetzen, lediglich um bemühte Kopien des Originals handelt. Elisabeth bediente sich seines Formenschatzes und übernahm Titel (Nordseelieder), Ideen (Meeresbetrachtungen, Schiffsreisen, Odyssee, den Spendenaufruf zur Errichtung eines Denkmals, das deutsche Volkslied, Kontakt mit Toten, die Bereitschaft für übersinnliche Wahrnehmungen), Motive (das Motiv der Möwe, die Liebe für bestimmte tote Helden der Geschichte, die Todessehnsucht), literarische Vorbilder (Shakespeare), einzelne Bezeichnungen (Schellenkappe, den Meeresgruß „Thalatta!", „Jehova" für Gott, „ins Geschirr gehen") oder ganze Zitate (König Wiswamitra). Die meisten Arbeiten ahmen rhythmische oder inhaltliche Besonderheiten Heines nach. Ein witziger Aspekt im Zusammenhang mit der Nachahmung ergibt sich aus den Vorwürfen der modernen Literaturgeschichte, die sogar Heine des Kopierens nach Vorbildern bezichtigt: „Bereits zu früheren Zeiten hat die Lektüre des ‚Buchs der Lieder' offenbar einen starken Eindruck des ‚déjà vu' zurückgelassen. Und auch heute hat man beim Lesen der Gedichte allenthalben den Eindruck, Heine habe sich reichlich aus fremden Töpfen bedient. Bei näherem Hinsehen zeigt sich freilich, daß es sich in den allerseltensten Fällen um direkte Zitate handelt – auch solche finden sich hie

und da." („Quellen" in einer Ausgabe des „Buchs der Lieder" aus dem Jahr 1990/1994)
Unabhängig von solchen Vorwürfen und von der Wertschätzung seines Werkes sprüht Heines Lyrik im Unterschied zu der der Kaiserin von Witz und Geist und zeugt im Formenreichtum, in der Wortwahl und den phantasiereichen Versen von künstlerischem Können. Im folgenden sollen einige Gedichte der Kaiserin angeführt werden, um die starke Anlehnung an das Werk Heines aufzeigen zu können.

Heine, Junge Leiden II
„Die Liebe suchte ich auf allen Gassen.
vor jeder Türe streckt ich aus die Hände,
und bettelte um g'ringe Liebensspende, –
doch lachend gab man mir nur kaltes Hassen.
Und immer irrte ich nach Liebe, immer
nach Liebe, doch die Liebe fand ich nimmer,
und kehrte um nach Hause, krank und trübe."

Elisabeth, Die Pflanze
„Ich suchte sie (die Pflanze) bei Tag und Nacht,
in Dörfern und in Städten;
und gern betrogen hätten,
die falsche Pflanzen mir gebracht.

Wohl manchmal ward ich angeführt,
und wähnt', es sei die Pflanze;
doch ach! mit falschem Glanze
war künstlich sie nur imitiert..."

Wenn auch beide Autoren verschiedene Dinge suchen – Heine die Liebe, Elisabeth die Dankbarkeit – so fällt die ziemlich parallele Führung der beiden Strophen auf. Auffällig bilden Inhalt und Metrik (elf Silben pro Zeile) bei Heine ein harmonisches Ganzes, während die Kaiserin nur inhaltlich kopiert und ihre Verse stets nach dem Muster „Im Osten geht die Sonne auf, im Westen geht sie unter ..." den Rhythmus von Stammbuchgedichten annehmen.

Heine, Lyrisches Intermezzo, XLVII
Sie haben mich gequälet,
geärgert blau und blaß,
die einen mit ihrer Liebe,
die anderen mit ihrem Haß.

Sie haben das Brot mir vergiftet,
sie gossen mir Gift ins Glas,
die einen mit ihrer Liebe,
die andern mit ihrem Haß.

Doch sie, die mich am meisten
gequält, geärgert, betrübt,
die hat mich nicht gehasset,
und hat mich nie geliebt.

Elisabeth, Anti-Trinklied
Für mich keine Liebe,
Für mich keinen Wein;
Die eine macht übel,
Der andere spei'n!

Die Liebe wird sauer,
Die Liebe wird herb;
Der Wein wird gefälschet
Zu schnödem Erwerb.

Doch falscher als Weine
Ist oft noch die Lieb';
Man küsst sich zum Scheine
Und fühlt sich ein Dieb!

In beiden Gedichten kommt die formale Anlehnung Elisabeths an Heine – vor allem in den Zeilenanfängen – zur Geltung. In diesem

Beispiel stärker als im früheren. Noch augenfälliger ist die inhaltliche Anlehnung. Beide Autoren haben zur Beschreibung der Liebe einen Vergleich gewählt: Heine stellte sie dem Haß gegenüber, Elisabeth dem Wein. Doch während sich bei der Kaiserin das Gedicht in diesem einen Vergleich erschöpft, erhält es bei Heine eine für ihn typische Pointe: die Person, der die Zeilen galten, hat ihn weder gehaßt noch geliebt. Die Gefühle als Motiv des Gedichts erhalten in Form der Gleichgültigkeit einen dritten, nicht vermuteten Gegenspieler und werden somit gleichzeitig in Frage gestellt.

Heine, Die Heimkehr, LXII
Du hast Diamanten und Perlen,
hast alles, was Menschenbegehr,
und hast die schönsten Augen –
mein Liebchen, was willst du mehr?

Elisabeth, An ...
Du hast Diamanten und Perlen,
Hast alles, was Menschen Begehr;
Doch mit deinem inneren Werte,
Mein Liebchen, da happert es sehr!...

Abgesehen davon, daß sich Heine mit dem Gedicht an eine Frau wandte und Elisabeth nicht – wie man meinen würde – an einen Mann, sondern an eine Konkurrentin im eigenen Haus (wahrscheinlich an Kronprinzessin Stephanie), steht die Kopie nach dem Original außer Frage. Es hat wenig Sinn, dieses Spiel weiterzuführen, das den Inhalt einer eigenen Arbeit über vergleichende Literatur bilden soll. Viel merkwürdiger als die literarische Anlehnung ist der Einfluß von Heines Werk und Lebensgestaltung auf das Leben der Kaiserin. Wie bei Elisabeth ist auch bei Heine die Mutter die wichtigste Bezugsperson, eine weitaus stärkere Parallele findet sich jedoch in der Auffassung über die Liebe, die sowohl Heine als auch Elisabeth zeitweise zu zerreißen drohte. Der Dichter beschäftigte sich im „Buch der Lieder" beinahe ausschließlich mit dem Thema der unglücklichen, unerfüllten Liebe, „... die beständig von Schmerzen begleitet wird ... Charakteristisch für das Thema ist seine Gespaltenheit. In ihm treffen zwei einander völlig entgegengesetzte Bereiche aufeinander: die Wünsche, Hoffnungen, Sehnsüchte, die Begeisterung, Seligkeit und Lust der Liebe einerseits und die Enttäuschung, die Kälte, der Jammer des Abgewiesenwerdens, der Schmerz andererseits." (Nachwort aus: „Buch der Lieder")

Erinnert man sich der Kapitel über die Beziehungen der Kaiserin (zu Kaiser Franz Joseph und auch zu anderen Männern, die sie verehrten), so wird man zu dem Schluß kommen, daß sie um nichts weniger stürmisch verliefen als die literarischen – und vermutlich auch gelebten – Beziehungen Heines. Am stärksten kommt dieses Auf und Ab der Gefühle bei Elisabeth in den Gedichten über Alfred (siehe S. 52ff.) zum Ausdruck, wo eben alle „Wünsche, Hoffnungen, Sehnsüchte, die Begeisterung, Seligkeit und Lust der Liebe einerseits und die Enttäuschung, die Kälte, der Jammer des Abgewiesenwerdens, der Schmerz andererseits" in Wirklichkeit ausgelebt wurden. Was die andere Seite der Kaiserin ausmacht, die Frau, die lustvolle und grausame Spiele mit den Männern treibt, so entspricht sie auch dabei einem Modetrend der Zeit. Keine Epoche der Kunstgeschichte hat sich diesem Thema mit soviel Aufmerksamkeit gewidmet wie das mittlere und späte 19. Jahrhundert. Die Bewegung gipfelte in der (bildenden) Kunst mit den zahlreichen Darstellungen blutrünstiger Frauen – wie Salome, Judith und Kleopatra –, auf die auch Heine nicht verzichten konnte. In diesem Sinn verstehen sich die letzten Zeilen des Gedichts „Heimkehr", XXV: „Und sterbend zu dir sprechen: Madame ich liebe Sie ..." oder die Charaktere der weiblichen Hauptgestalten in der „Wilden Jagd" im „Atta Troll", die den typischen Frauenfiguren der „Schwarzen Romantik" entsprechen:

„... ausgestattet mit wunderbarer, exotischer Schönheit und dämonischer Sinnlichkeit, bringen sie den Männern, die ihnen hoffnungslos verfallen, als ‚femmes fatales' den Tod und haben ihr grausames Vergnügen daran ..." (Kommentar zu Kapitel XIX.)

In diesem Sinn kann man auch das Gedicht Elisabeths „Das Kabinet" deuten, wo – in Anspielung an Shakespeares Sommernachtstraum – vergangene Liebschaften als Esel(shäute) dargestellt werden. Dasselbe Motiv, die Verwandlung des Kavaliers in einen Esel, findet sich bei Heine, und auch das Bild der Frau entspricht den Vorstellungen der Kaiserin: „So spöttelte die hübsche Frau (während der Besichtigung einer Kirche) über alles, sie kokettierte mit dem armen Sakristan, machte dem Bischof mit der abgetretenen Nase noch drollige Exküsen, wobei sie sich seinen etwaigen Gegenbesuch höflichst verbat, und als wir an den Weihkessel gelangten, wollte sie mich durchaus wieder in einen Esel verwandeln." (Heine, Bäder, Kapitel XI)

Elisabeth setzte die „abgelegten" Verehrer Eselshäuten gleich, was als symbolische „Tötung" gedeutet werden kann. Da die Kaiserin natürlich niemanden wirklich töten wollte, mußte sie den Akt sinnbildlich vollziehen. So könnte man das „Motiv der Geliebten, die lachend ihren Liebhaber sterben sieht ..." auch auf die Geschichte mit dem Kronprinzen von England, dem späteren König Eduard VII., übertragen, wenn man den unrühmlichen Abgang einem „Sterben" gleichsetzt.

Viele der weiblichen Finessen Elisabeths entsprachen dem Geschmack der Zeit, weshalb sie sich natürlich auch in der Literatur Heines wiederfinden: „Als ich (der Schriftsteller) mich umsah, erblickte ich ein ... Frauenzimmer, das sich fächerte, und hinter dem Fächer erspähte ich Myladys kichernde Augen ..." (Heine, Bäder, Kapitel VII) In der kichernden und zufächernden Lady scheint sich die Kaiserin ebenso erkannt zu haben wie in einer anderen Protagonistin Heines: „Minka lächelte seltener, denn sie hatte keine schönen Zähne" (Heine, Memoiren, S. 13), da auch Elisabeth nur mit geschlossenem Mund lächelte und leise sprach, um ihre unschönen Zähne zu verbergen.

Mitunter neigt man dazu, die Werke Heines in bezug auf das Verhalten der Kaiserin als eine Art Lebensmuster auszulegen. Es ist bekannt, daß die Kaiserin an Idiosynkrasie, einer Überempfindlichkeit der Nerven, litt. Sie reagierte abnorm stark auf bestimmte Ein-

drücke, unter anderem auch auf Parfums, deren Verwendung sie sich ein Leben lang untersagte. In diesem Zusammenhang sei der folgende Absatz angeführt, der Heines „Bädern von Lucca" entstammt und – vielleicht ein wenig überzeichnet – eine Szene im Leben der Kaiserin wiedergeben könnte: „Ich (der Schriftsteller) aber kannte die Dame und ihre Idiosynkrasie weit besser, mich ergötzte dieses Schauspiel (daß eine Lady, als sie Blumen erhielt, schrie: ‚Morden! Morden! wollen Sie mich morden? Fort, fort mit dem schrecklichen Anblick!') Dabei gebärdete sie sich, als wolle man sie umbringen, hielt sich die Hände vor die Augen, rannte unsinnig im Zimmer umher, (verwünschte die Tulpen des Verehrers,) klingelte, stampfte den Boden, schlug den Hund mit der Reitgerte, daß er laut aufbellte, und als John eintrat, rief sie, wie Kean als König Richard: Ein Pferd! Ein Pferd! Ein Königtum für ein Pferd! und stürmte wie ein Wirbelwind von dannen." (Heine, Bäder, Kapitel II)
Sogar die besondere Beziehung zu Pferden spielt eine Rolle bei Heine, der seine Protagonistin einen auch auf die Kaiserin zu münzenden Satz aussprechen läßt: „Wenn ich zu Pferde bin, so will ich schwören: Ich liebe dich unendlich." (Heine, Bäder, Kapitel II)
Hier stößt man vielleicht auf ein anderes Phänomen der Zeit, das mit der verkappten Anschauung von Sexualität in Zusammenhang zu bringen ist. Da vor allem Frauen der Gesellschaft im 19. Jahrhundert in der Öffentlichkeit nicht über körperliche Liebe sprechen durften, mußte – sowohl verbal als auch tatsächlich – Ersatz dafür gefunden werden. Heine legte einer Protagonistin diese Worte in den Mund – und Elisabeth lebte sie nach. Der Ritt auf dem Pferd darf einem „Umwegs"-Beischlaf gleichgesetzt werden. Andererseits steht das Bild der Reiterin auch für die kühne, die wagemutige, die amazonenhafte Frau, die Femme fatale, die aus den – für den Geschmack der Zeit – interessantesten Widersprüchen besteht: „Eine kuriose Frau … So zart wie weiße Seide und ebenso stark, und sitzt zu Pferde ebenso gut wie ich …" (Heine, Bäder, Kapitel III)
Einige für uns als Absonderlichkeiten klingende Eigenschaften der Kaiserin, wie das von ihr ungewöhnlich stark betriebene Herumlau-

fen im Gebirge, entsprachen ebenfalls einem Modetrend der Zeit, der von Künstlern und Intellektuellen „erfunden" worden war. Französische Schriftsteller wie Flaubert, Hugo, Mérimée und George Sand bestiegen die Gipfel der Berge, um dort dem schnöden Alltag und der spießbürgerlichen Gesellschaft zu entfliehen. Obwohl Elisabeth aus einer gebirgigen Gegend stammte und von zu Hause aus das Wandern gewohnt war, darf das künstlerische Vorbild, das sich zu wiederholten Malen in ihren Gedichten wiederfindet, nicht außer acht gelassen werden. Während sie ihre Stellung – die der Feenkönigin Titania – hoch oben auf dem Gipfel eines Bergs beschrieb, siedelte sie die „Sterblichen" „unten" im Tal an. Auch das oft zitierte Interesse der Kaiserin für wahnsinnige und abnorme Menschen entsprach einer Modeerscheinung und findet sich daher ebenfalls bei Heine wieder. In einem kurzen Absatz der „Bäder von Lucca" philosophiert er darüber im Stil seiner Zeit: „... die wahre Verrücktheit ist so selten wie die wahre Weisheit, sie ist vielleicht gar nichts anderes als Weisheit, die sich geärgert hat ... Die Orientalen sind ein gescheutes (sic) Volk, sie verehren einen Verrückten wie einen Propheten ..." (Heine, Bäder, Kapitel I) Oder ein anderer Vergleich über die nationalen Besonderheiten des Wahnsinns: „Ein französischer Wahnsinn ist noch lange nicht so wahnsinnig wie ein deutscher; denn in diesem ... ist Methode. Mit einer Pedanterie ohnegleichen, mit einer entsetzlichen Gewissenhaftigkeit, mit einer Gründlichkeit, wovon sich ein oberflächlicher französischer Narr nicht einmal einen Begriff machen kann, trieb man jene deutsche Tollheit." (Heine, Romantische Schule, S. 28) In diesem Sinn ist auch die Liebe der Kaiserin für ihre geisteskranken bayrischen Verwandten zu erklären, vor allem zu König Ludwig II.

Weiters zählte die psychische „Zerrissenheit" zu den Modeerscheinungen der literarischen Strömungen. So darf ein Quentchen von Elisabeths Unruhegeist und Reiselust auch dieser Mode zugerechnet werden, ein Leben wie im Schelmenroman „Aus den Memoiren des Herren von Schnabelewopski" zu führen, dessen Held immer auf Reisen ist, die ihm ständig neue Begegnung zwischen dem Ich und der Welt verschaffen. Die Titelfigur durchläuft immer neue Schauplätze und begegnet immer neuen Personenkreisen, eine Liebhaberei, die Elisabeth bis zur Perfektion beherrschte und die darin gipfelte, daß sie sogar ihre Sprach- und Literaturlehrer ständig wechselte.

Von den Eigenschaften, die den Menschen Heine charakterisieren, teilte die Kaiserin mit dem Dichter die Frankophilie, die Liebe zu dem als Land der Freiheit empfundenen Frankreich, und die fixe Idee, immer und von jedem angegriffen zu werden. Sowohl Heine als auch Elisabeth übten deshalb heftige Kritik an den stets selben Menschen und hegten nicht die geringsten Zweifel an der Richtigkeit und Sinnhaftigkeit dieser Attacken. Beide litten im großen Maß an Selbstüberschätzung, was ihr geistiges Schaffen betraf: Elisabeth überschätzte ihre Bildung und Heine sein Werk. „... wie allen großen Werken der *Deutschen,* wie dem Kölner Dome, dem Schellingschen Gotte, der preußischen Konstitution etc., ging es auch dem ‚Atta Troll' – er ward nicht fertig." (Aus Heines Vorrede zu „Atta Troll") oder: „Ich (Heine) bin ein deutscher Dichter, bekannt im deutschen Land; nennt man die besten Namen, so wird auch der meine genannt." („Die Heimkehr", XIII) Selbst wenn diese Zeilen mit einem ironischen Augenzwinkern verstanden sein wollen, bleibt eine Einschätzung, auf die andere Dichter und Schriftsteller verzichtet haben.

Zusammenfassend kann gesagt werden, daß das poetische Werk der Kaiserin – in Form des von ihr geführten Tagebuchs und der Gedichte, die sie in ihrer Jugendzeit verfaßt hatte – künstlerisch keinen besonderen Wert darstellt. Die meisten Verse klingen bemüht, es fehlt ihnen an großen Gedanken, und sie zeigen vom Beginn des dichterischen Schaffens bis zu ihrem Ende keine künstlerische Entwicklung. Es scheint einer der sonderbarsten Züge Elisabeths gewesen zu sein – und er betraf sowohl das geistige Werk wie auch die meisten ihrer Charaktereigenschaften –, daß in ihrem Leben keine Entwicklung stattfand. Wenn man davon ausgeht, daß sie als Mitglied einer privilegierten Gesellschaftsschichte ab ihrer Kindheit eine wesentlich bessere Bildung als viele ihrer Zeitgenossen erhalten hat und ein Leben lang in Sprachen und Literatur unterrichtet wurde, so stellt sich die Frage, warum sie in der von ihr so geliebten Dichtkunst keine Fortschritte erzielte. Viele ihrer Künstlerkollegen wären mit den Voraussetzungen (vor allem durch den intensiven Einzelunterricht), die sie hatte, Universitätsprofessoren geworden. Gleichlaufend dazu verhielt sich der Charakter der Kaiserin, der sich – von frühester Jugend an – allen Vorschlägen zu einer positiven Entwicklung versperrte. Jeder Tick, den Elisabeth einmal angenommen hatte, wurde ein Leben lang gepflegt, jede noch so schlechte Charaktereigenschaft beibehalten, und die bei den meisten Menschen in der Mitte des Lebens auftretende Abgeklärtheit und Lebensweisheit traten bei ihr nie zutage. Sie verhielt sich als Sechzigjährige wie als Sechzehnjährige, stets wie ein trotziger Backfisch, dem alles nachgegeben und nachgesehen werden mußte, der aber im Gegenzug ein Leben lang damit beschäftigt war, die Fehler der Mitmenschen aufzulisten und anzukreiden.

Die Beurteilung der geistigen Potenz der Kaiserin divergiert grundlegend: Sie selbst hielt sich für ein Genie, Menschen aus ihrer nächsten Umgebung bezeichneten sie oft als banal, oberflächlich und kindisch.
Uns präsentiert sich Sisi als eine Frau mit einem beeindruckenden Verlangen nach Wissen. Die Erklärung dafür liegt auf der Hand: Schon die Wortbilder „Wissensdurst" und „Bildungshunger" verweisen auf den engen Zusammenhang zwischen Wissensaufnahme und ungestillten frühen oralen Bedürfnissen. An der Brust der Mutter erfährt der Säugling Sättigung und liebevolle Zuwendung gleichermaßen. Für einen Säugling sind Essen und Liebe, Nahrungs- und Beziehungshunger noch ident.
Elisabeth ist von unserer Warte aus als „Hungerkranke" zu sehen, die zeitlebens dazu tendierte, frühe Mangelerfahrungen auf der Be-

ziehungsebene auf andere Bereiche zu übertragen. Einerseits „saugte sie gierig an den Brüsten der Weisheit", andererseits kämpfte sie mit Diäten ein Leben lang gegen ihre Sucht, die eigentlich eine Sehnsucht war.

Beurteilt man Elisabeths „literarisches Werk" kritisch, kommt man nicht umhin, nicht mehr als eine – zugegebenermaßen bemühte – Einfalt festzustellen. Jahrzehntelang reimte sie naive Gedichte, die allerdings stellenweise Witz, Ironie und Sarkasmus zeigen. Es gehört zur normalen Entwicklung, in der Pubertät den inneren Gefühlsstürmen in Form von Gedichten Ausdruck zu geben. In der Mehrzahl der Fälle beruhigen sich die Emotionen und damit auch der Drang zum Fabulieren. Anders bei Sisi. Sie blieb bis ins reife Erwachsenenalter ein dichtender Backfisch. Sie hörte nie auf zu dichten, aber ihre Ergüsse zeigen keine Reife und Entwicklung.

Elisabeths unausgegorenes, kindliches Gemüt offenbart sich in ihren boshaften Spottversen, denen oft Tiervergleiche zugrunde liegen. Ein Umstand, der übrigens für neurotische Menschen typisch ist.

Daß sich die dichterischen Ambitionen der Kaiserin auffallend an Heinrich Heine orientieren, sie sich dabei sogar als sein Medium erlebte, ist ebenfalls aufschlußreich. Da Heine von der Gesellschaft verachtet wurde und die Kaiserin ihrerseits die Gesellschaft gerne brüskierte, ist ihre Schwärmerei für ihn verständlich. Ja, sie ging sogar so weit, daß sie in der Phantasie mit ihm eins wurde. Indem sie behauptete, daß nicht ihr Geist, sondern der Geist des Dichters aus ihr spricht, eignete sie sich seine dichterische Potenz an. Elisabeth schrieb also mit Heinrich Heines (Trieb-)Feder!

Das Sisi-Syndrom

Resümee von Gerti Senger und Walter Hoffmann

Wer war Sisi?
Ein urwüchsiges bayrisches Mädchen, das mit seiner natürlichen Frische die alte Kaiserstadt bezauberte?
Eine „Emanze" und Vorkämpferin für die Gleichberechtigung und Selbstbestimmung der Frau auf höchster Ebene?
Oder eine überspannte Neurotikerin, die mit ihren Allüren die Herrscherfamilie und vor allem Kaiser Franz Joseph bis aufs Blut sekkierte?

Elisabeths außergewöhnliche Persönlichkeit erlaubt viele Schlüsse. Schon zu Lebzeiten gab sie Anlaß zu zahlreichen Spekulationen, und bis heute ranken sich unzählige Mythen um die Person der schönen Kaiserin.

Es ist historisch unbestritten, daß die Kaiserin den auf Würde und Anstand bedachten Hofstaat immer wieder mit ihren Launen brüskierte. So gebrauchte sie mit Vorliebe die ungarische Sprache, die außer ihr kaum jemand beherrschte. Damit bekundete sie nicht nur offen ihre Sympathie für Ungarn, sie grenzte gleichzeitig die übrige Hofgesellschaft aus. Oder sie demütigte bei Audienzen hohe Würdenträger, indem sie diese stehen oder hinter sich herlaufen ließ, während sie ihre Anliegen vortrugen. Für Aufregung sorgte auch ihre Marotte, bei Familiendiners ganz einfach die Nahrungsaufnahme zu verweigern.

Elisabeth bot aber auch das Bild einer emanzipierten, auf Selbstverwirklichung und persönliche Freiheit bedachten Frau, der Ehe- und Familienglück im traditionellen Sinn zeitlebens wenig bedeuteten. Wenn sich Sisi auf Reisen befand, war oft nicht einmal der Kaiser über ihren genauen Aufenthaltsort informiert.

Viele der Kaiserin ähnliche exzentrische Verhaltensweisen sind in Lehrbüchern unter dem Kapitel „Magersucht" nachzulesen.

Die meisten Autoren stimmen heute darin überein, daß dem magersüchtigen Verhalten eine konflikthafte Einstellung zur weiblichen Identität zugrunde liegt. Im Gegensatz zur männlichen Sexualität, die durch Eindringen und Ausstoßen charakterisiert ist, ist bei der „aufnehmenden" weiblichen Sexualität die Analogie zur Nahrungsaufnahme nicht zu übersehen. Daran erinnern schon die Bezeichnungen „Schamlippen" oder „Muttermund". Auch das furchterregende Bild der alles verschlingenden „Vagina dentata", der gezähnten Vagina, deutet auf diesen Zusammenhang hin. So gesehen ist es kein Zufall, daß der Beginn der Magersucht in die Zeit der Pubertät fällt.

Mädchen, welche die Anfechtungen der erwachenden sexuellen Triebe zu sehr fürchten, versuchen oft, diese zu unterdrücken. Die „Ver-

körperung" erblühender sexueller Weiblichkeit – wachsende Brüste, Hüftrundungen usw. – erregt Angst und Widerstand. Diese Zeichen der Weiblichkeit werden dann durch radikales Hungern möglichst unterdrückt. Dadurch bleiben die Körperformen kindlich, und die monatliche Regel bleibt aus.
Wegen der Parallele zwischen Nahrungsaufnahme und genitaler weiblicher Sexualität wird der Kampf gegen die sexuelle Versuchung auf der oralen Ebene ausgetragen: Eine selbstauferlegte sexuelle Abstinenz äußert sich in Form von Nahrungsabstinenz. Aber je länger das Hungern andauert, umso drängender wird die – auf das Nahrungsbedürfnis verschobene – sexuelle Versuchung. Dadurch wird die Abwehr dagegen, also das Hungern, erneut verstärkt.
Dieser Kampf gegen den Trieb findet sich übrigens auch in allen Religionen: „Heilige" versuchen nahezu immer, mit Hilfe der Askese über ihre Triebregungen zu siegen. Der vermeintliche Sieg der Geistes- und Willenskraft über den Trieb stärkt das Selbst und erzeugt euphorische Größengefühle.
Die Symptomatik der Magersucht spiegelt aber nicht nur die Abwehr weiblich-sexueller Bedürfnisse, sondern auch den entwicklungsbedingten Kampf um Autonomie, also um Unabhängigkeit, wider. Im Widerstand gegen das Essen findet der verzweifelte Kampf gegen unerfüllte frühkindliche Verschmelzungswünsche – durch Verschlingen oder Verschlungenwerden mit der geliebten Mutter eins zu werden – seinen Ausdruck.
Aber nicht nur Elisabeths eigenartige Eßgewohnheiten weisen auf das Krankheitsbild der Magersucht hin. Ihre körperliche Unrast und ihr auffallender Bewegungsdrang sind ebenfalls charakteristische Begleitsymptome dieser seelischen Störung. Auch ihre narzißtische Fixierung auf ihren Körper und ihr Aussehen, der Kult, den sie um ihre Haare trieb, und ihre Einstellung zur Mutterschaft passen gut in das Bild einer Neurosekranken.
Was bei der schönen österreichischen Kaiserin nostalgisch verklärt als individueller Spleen gesehen wird, wuchs sich mittlerweile zu einem kollektiven Wahn aus. Charakteristisch für das „Sisi-Syndrom"

als Zeitkrankheit ist die Ablehnung des an runder Mütterlichkeit orientierten weiblichen Körpers.

Das Frauenbild der Vergangenheit war geprägt von Üppigkeit, Weichheit und Fruchtbarkeit. Das einschnürende, alles Weibliche erdrückende Korsett war das erste Mittel, mit dem üppig weibliche Formen gewaltsam einer flachen Silhouette geopfert wurden. Indem der Fettansatz des Unterbauches eingeschnürt wurde, appellierte optisch nichts mehr an die weibliche Gebärfähigkeit.

Das Korsett war der erste Schlag, mit dem Sexualität von der Gebärfähigkeit abgespalten wurde. Mit der Pille erfolgte die endgültige Trennung. Durch die Entkoppelung von Sexualität und Fruchtbarkeit dominiert heute ein Schönheitsideal, das unter der Suspendierung der mütterlichen Weiblichkeit steht. Als schön und sexy gilt die schmalhüftige, kleinbrüstige Frau ohne Bauchansatz – die Kindfrau, wie Sisi sie verkörperte.

Die Kaiserin ließe sich heute mühelos unter die untergewichtigen internationalen Starmodels einreihen. Sie entspricht ihnen nicht nur ästhetisch, sondern auch in ihrer Haltung. Es ist bekannt, daß die hochbezahlten Topmodelle ihre außerordentlichen Körpermaße meist nur durch gewaltsame Hungerkuren, Abführmittel und Appetitzügler erreichen und halten.

Die neurotischen Eßstörungen beschränken sich inzwischen längst nicht mehr ausschließlich auf die Modeszene: Magersucht und Freß-Brechsucht (Bulimie) sind allgemein im Ansteigen. Man darf daher ohne Übertreibung von einem „Sisi-Syndrom" sprechen, das immer mehr Frauen an der Jahrtausendwende betrifft.

Die Hintergründe für diese alarmierende Entwicklung liegen auf der Hand: Die durch die Berufstätigkeit veränderte Rolle der Frau hat zu einer unheilvollen Mehrfachbelastung geführt. Die Frau der Gegenwart soll nicht nur im Beruf „ihren Mann" stellen, sie soll auch ihren Kindern eine gute Mutter sein und womöglich den Haushalt alleine versorgen. Angesichts des Zerfalles der traditionellen Ehe – inzwischen wird jede dritte Ehe geschieden – würde der Verzicht auf einen Beruf die Frauen in wirtschaftliche Armut stürzen. Die außer-

häusige Arbeit ist also eine existentielle Notwendigkeit. Andererseits aber sind die Männer – noch – nicht zu einer konsequenten Mithilfe und Entlastung ihrer doppelt belasteten Partnerinnen bereit. Dazu kommt, daß die durch die voranschreitende Emanzipation immer offeneren Forderungen der Frauen die Männer vielfach so massiv verunsichern, daß sie sich immer häufiger in Form von Lustlosigkeit oder Potenzstörungen auch sexuell „verweigern". Die Frauen fühlen sich daher auch auf der Liebes- und Beziehungsebene im Stich gelassen.
Kein Wunder also, daß die ebenso belastete wie vernachlässigte Frau von heute wie die Kaiserin aus der Familie flüchtet und der Mutterschaft immer zwiespältiger gegenübersteht. Kinder binden ja nicht nur an eine frustrierende Partnerschaft, sie verhindern meist auch die berufliche Karriere und verändern die Figur. Ein Umstand, dem in einer Welt, in der Schlankheit und makellose Körperlichkeit zum unerbittlichen Diktat einer jugendorientierten Lebenshaltung wurde, besondere Bedeutung zukommt.
Die Ablehnung der „klassischen" weiblichen Rolle durch die Frau von heute mußte zwangsläufig zu einer Störung der weiblichen Identität führen. Immer mehr Frauen sehen in der Mutterschaft nicht mehr die Vollendung ihrer Weiblichkeit. Der weibliche Narzißmus gilt daher nicht mehr der Schwangerschaft und dem Gebären, er hat im zunehmenden Maße den Körper und seine Formen zum Inhalt. Sisis Beispiel zeigt auch, wie hoch die Bereitschaft einer Frau zur Selbstkasteiung ist, um der Erfüllung ihres narzißtischen Schönheitsideals zu genügen.
Dieses Schönheitsideal orientiert sich nicht nur an Jugendlichkeit, sondern auch am Phänomen der „Androgynität", die im Zuge der Gleichheitsbestrebungen der Frauen aufdämmerte. Männer sollten ihre weiblichen Anteile ausleben dürfen, Frauen ihre männlichen. Diese Veränderung betrifft nicht nur Persönlichkeitsaspekte, sondern auch das Äußere. Die Männer wurden insgesant femininer. Sie zeigen Emotionen, tragen langes Haar und gehen ins Kosmetikstudio. Frauen bemühen sich um Durchsetzungskraft und einen Körper,

der keine Spuren der Mütterlichkeit mehr zeigt: schmales Becken, lange, schlanke Beine, kleiner Busen. Die knabenhafte Frau und der „Softie" entsprechen dem androgynen Menschenideal von heute. Die androgyne Tendenz geht so weit, daß die Titelblätter von Hochglanzmagazinen als Frauen zurechtgemachte männliche Models zieren, die mit „edler" Schlankheit und kaum einzuordnender Geschlechtsausstrahlung faszinieren.
Handelt es sich bei den Ursachen dieser Entwicklung nur um eine zeitgeistige Modetorheit einer am homosexuellen Ideal orientierten Modelobby? Oder steckt mehr dahinter? Schließlich betreffen die Veränderungen nicht nur den Körper. Auch die Unterschiede der Geschlechter zueinander gleichen sich im Laufe dieses Jahrhunderts zunehmend an. Wir nähern uns immer mehr dem „Einheitsgeschlecht". Beiden Geschlechtern gleich ist eine narzißtische Selbstbezogenheit, die schon an Sisi auffiel. Auch von ihr wissen wir, daß sie kleine Kinder eher als Störung empfand. Die kaiserliche Familie war eigentlich auch der Prototyp für die bürgerliche Familie von heute: Beide Partner leben nebeneinander her, sie haben einander nicht viel zu sagen, und sie haben Nebenbeziehungen. Die Kinder laufen irgendwie mit.
Die Streitfrage, ob die Kaiserin nur eine süße, spleenige Frau oder eine der ersten Emanzen war, ist von unserem Standpunkt aus so zu beantworten: Sisi ist tatsächlich ein „moderner" Frauentyp. Nicht nur wegen ihrer magersüchtigen Symptomatik. Auch ihre Identifizierung mit den Lichtgestalten von Feen teilt sie mit den Phantasien moderner, schlankheitswütiger Frauen. Das „gesunde, urwüchsige bayrische Mädchen" entspricht eher der Vision einer androgynen Frau an der Jahrtausendwende. Nicht Mann und nicht Frau, geisterte sie als infantiles Wesen ruhelos durch die Welt und nahm damit auch die für heute typische Mobilität und Wurzellosigkeit vorweg …

Bibliographie

Briefe I = Franz Schnürer (Hg.), Briefe Kaiser Franz Josephs an seine Mutter 1838–1872. München 1930.

Briefe II = Georg Nostitz-Rieneck (Hg.), Briefe Kaiser Franz Josephs an Kaiserin Elisabeth 1859–1898. 2 Bde. Wien, München 1966.

Briefe III = Brigitte Hamann (Hg.), Meine liebe, gute Freundin! Die Briefe Kaiser Franz Josephs an Katharina Schratt. Wien 1992.

Reinhold *Baumstark* (Hg.), Wittelsbach. Kurfürsten im Reich – Könige von Bayern. Vier Kapitel aus der Geschichte des Hauses Wittelsbach im 18. und 19. Jahrhundert. München 1993.

Jean de *Bourgoing* (Hg.), Briefe Kaiser Franz Josephs an Frau Katharina Schratt. Wien 1949.

Alfons *Clary-Aldringen,* Geschichten eines alten Österreichers. Frankfurt a.M., Berlin, Wien 1977.

Egon Caesar Conte *Corti,* Elisabeth. Graz, Wien, Köln 1994 (1934).

A. *Dreyer,* Herzog Maximilian in Bayern, der erlauchte Freund und Förderer des Zitherspiels und der Gebirgspoesie. München 1909.

Fürstin Nora *Fugger,* Im Glanz der Kaiserzeit. Zürich, Leipzig, Wien 1932.

Edir *Grein* (Hg.), Tagebuchaufzeichnungen von *Ludwig II.,* König von Bayern. Schaan/Liechtenstein 1925.

Rupert *Hacker* (Hg.), Ludwig II. von Bayern in Augenzeugenberichten. Berlin, Darmstadt, Wien 1966.

Brigitte *Hamann,* Elisabeth. Kaiserin wider Willen. Wien, München 1981.

Brigitte *Hamann* (Hg.), Die Habsburger. Ein biographisches Lexikon. Wien 1988.

Joan *Haslip,* Elisabeth von Österreich. München 1966.

Heinrich *Heine,* Atta Troll. Ein Sommernachtstraum. Stuttgart 1991.

Heinrich *Heine,* Die Bäder von Lucca. Die Stadt Lucca. Stuttgart 1978.

Heinrich *Heine,* Buch der Lieder. Stuttgart 1994.
Heinrich *Heine,* Deutschland. Ein Wintermärchen. Stuttgart 1994.
Heinrich *Heine,* Der Doktor Faust. Stuttgart 1991.
Heinrich *Heine,* Aus den Memoiren des Herren von Schnabelewopski. Stuttgart 1987.
Heinrich *Heine,* Die romantische Schule. Stuttgart 1984.
Verena von der *Heyden-Rynsch* (Hg.), Elisabeth von Österreich. Tagebuchblätter von Constantin Christomanos (mit Beiträgen von E. M. Ciran und anderen). München 1983.
Gerd *Holler,* Sophie. Die heimliche Kaiserin. Mutter Franz Josephs I. Wien 1993.
Wilhelm Karl Prinz von *Isenburg,* Stammtafeln zur Geschichte der europäischen Staaten. Bd. I. und II. Marburg 1953.
Eugen *Ketterl,* Der alte Kaiser, wie nur Einer ihn sah. Der wahrheitsgetreue Bericht des Leibkammerdieners Kaiser Franz Josephs I. Wien, München, Zürich, Innsbruck 1980 (1929).
Richard *Kühn* (Hg.), Hofdamen-Briefe um Habsburg und Wittelsbach (1835–1865). Berlin 1942.
Larisch-Wallersee I = Marie Louise Larisch-Wallersee, Kaiserin Elisabeth und ich. Leipzig 1935.
Larisch-Wallersee II = Marie Louise Larisch-Wallersee, Meine Vergangenheit. Wahrheit über Kaiser Franz Joseph/Schratt. Kaiserin Elisabeth/Andrássy. Kronprinz Rudolf/Vetschera (sic). Berlin 1913.
Gabriele *Praschl-Bichler*/J. Cachée, „... von dem müden Haupte nehm' die Krone ich herab", Kaiserin Elisabeth privat. Wien, München, Berlin 1995.
Hans und Marga *Rall,* Die Wittelsbacher in Lebensbildern. Graz, Wien, Köln 1986.
Felix *Schlagintweit,* Ein verliebtes Wesen. Erinnerungen eines Münchner Arztes. München 1946.
Richard *Sexau,* Fürst und Arzt. Dr. med. Herzog Carl Theodor in Bayern. Schicksal zwischen Wittelsbach und Habsburg. Graz, Wien, Köln 1963.
Brigitte *Sokop,* Jene Gräfin Larisch. Marie Louise Gräfin Larisch-

Wallersee, Vertraute der Kaiserin, Verfemte nach Mayerling. Wien, Köln, Weimar 1992.
Prinzessin *Stephanie* von Belgien, Fürstin von Lónyay, Ich sollte Kaiserin werden. Lebenserinnerungen der letzten Kronprinzessin von Österreich-Ungarn. Leipzig 1935.
Gisbert *Spiegelfeld,* Mein Stammbaum steht in Österreich. Graz 1987.
(Gräfin Irma *Sztáray,)* Aus den letzten Jahren der Kaiserin Elisabeth. Wien 1909.
Jürg *Willi,* Die Zweierbeziehung. Reinbek bei Hamburg 1975.

Die Gedichtzitate der Kaiserin sind dem Werk *Kaiserin Elisabeth – Das poetische Tagebuch,* herausgegeben von Brigitte Hamann, Wien 1984, entnommen.

Alle im Buch erstmals veröffentlichten Brief- und Tagebuchzitate sowie alle abgebildeten Photographien der Kaiserin Elisabeth entstammen Privatarchiven. Das Bild auf S. 123 zeigt die Kaiserin mit ihrem Lieblingsbruder Herzog Carl Theodor („Gackel") in Bayern.